KB177535

임동석중국사상100

장 자

莊 子

莊周 撰 / 林東錫 譯註

象犀珠玉瑢怪珍之物有悦於人之耳目而不適於用用之則弊而取之則竭悅於人之耳目而適於用用之而不弊取之而不竭賢不肖之所得各因其才仁智之所見各隨其分求無不獲者惟書乎

丁亥菊秋錄東坡李氏山房藏書記 丘堂 呂元九

"상아, 물소 뿔, 진주, 옥. 진괴한 이런 물건들은 사람의 이목은 즐겁게 하지만 쓰임에는 적절하지 않다. 그런가 하면 금석이나 초목, 실, 삼베, 오곡, 육재는 쓰임에는 적절하나 이를 사용하면 닳아지고 취하면 고갈된다. 그렇다면 사람의 이목을 즐겁게 하면서 이를 사용하기에도 적절하며, 써도 닳지 아니하고 취하여도 고갈되지 않고, 똑똑한 자나 불초한 자라도 그를 통해 얻는 바가 각기 그 자신의 재능에 따라주고, 어진 사람이나 지혜로운 사람이나 그를 통해 보는 바가 각기 그 자신의 분수에 따라주되 무엇이든지 구하여 얻지 못할 것이 없는 것은 오직 책뿐이로다!"

《소동파전집》(34) 〈이씨산방장서기〉에서 구당(丘堂) 여원구(呂元九) 선생의 글씨

책 머리에

일찍이 《장자》를 읽으며 "박실한 본래의 바탕대로만 하면 천하에 그 무엇도 그와 아름다움을 다툴 수 없다"(樸素而天下莫能與之爭美. 〈天下篇〉)라는 구절에 힘이 빠졌던 적이 있다. 어리고 젊은 나이에 어찌 그 깊은 뜻을 터득했다고 할 수 있었겠는가? 그럼에도 이것이 나를 사로잡고 나서 늘 《장자》를 들춰보면서, 뜻도 모르면서 신기한 구절, 마음에 와 닿는 구절이 없을까 편린片鱗을 찾기에 바빴다. 모든 경經이란 단장취의斷章取義한 구절도 그 가치를 지니기는 하나 앞뒤 배경이나 상황을 모른 채 그저 낱 구절을 두고 무엇을 느꼈다거나 그 구절이 전체를 대변하는 것이라 여기는 것은 실로 위험하기 그지없는 행동임을 나이가 들면서 차츰 깨닫게 되자 은근히 겁이 나기 시작하였다.

이에 천학의 둔재이지만 《장자》 전체를 초보적으로나마 한 번 섭렵해 보리라 하고 덤빈 것이 벌써 10여 년이 넘었다. 그런데 문자로 쓰여진 내용을 넘어 그 속에 들어 있는 깊은 뜻은 날이 갈수록 내 자신으로 하여금 '나는 무식無識한 자, 무지無知한 자, 무모無謀한 자'라고 중얼거리도록 덜컥 겁을 주어, 《장자》는 나를 삼무三無로 끌고 들어가는 두려운 책이라는 생각에 내 자신이 왜소해지고 겁에 휩싸여 그만둘까 하고 사실 몇 번을 고통 속에 괴로워하였다. 더 나아가 이를 책으로 낸다는 것은 '삼무' 중에 '무모'함을 최선의 가치로 여기는 한 사례로서 천하에 그 유례가 없는 '무모 극치'의 주인공이 되어 비웃음을 사게 될 것임은 자명한 일일 것이리라. 내 어찌 장자를 알겠는가? 어찌 장자의 내용을 이해하겠는가? 어찌 내 시대도 다르고 언어체계도 다른 나만의 모국어로써 풀이해낼 수 있겠는가? 아니 알지도 못하면서 어찌 내 얕은 어휘로써 이를 설명한다는 것인가? 이는 이려측해(以蠡測海, 표주박으로 바닷물의 양을 잼)요, 이관규천(以管窺天, 대롱으로 하늘을 살핌)이다. 아니 그만만 해도 위안을 받을 수 있는 평가이리라.

그럼에도 결국 버리지 못한 채 「중국사상100」 전체의 '보벽용補壁用'이라는 구실을 달아 슬며시 끼워 넣고 말았다. 이 때 나는 늘 도연명陶淵明의 '불구심해不求甚解'라는 독서법으로 나를 변호하곤 한다. "그래, 와 닿는 구절만 유관流觀하는 것도 내 하나의 삶이지 뭘! 어찌 그 큰 대인, 진인들의 사상을 훤히 깨달을 수 있겠는가! 깨달았다면 득도한 것이며, 득도했다면 이런 작업을 하고자 하였겠는가?"

독자들께서는 살펴 읽어주시기를 바란다.

줄포茁浦 임동석이 부곽재負郭齋에서 적음.

일러두기

1. 이 책은 청淸 곽경번郭慶藩의 《장자집석莊子集釋》(中華書局, 諸子集成本, 1995, 北京)을 기본으로 하고 그밖에 현대 백화어 주석본을 고루 참고하여 우리말로 번역한 것이다.
2. 원의에 가깝도록 번역하고자 하였으나 워낙 문장이 어렵고 함의가 깊어 일부는 앞뒤의 문맥과 전체 뜻을 감안하여 수식어나 부사어를 더하여 풀이한 것도 있다.
3. 원문은 현대 중국의 문장부호를 원용하였으며 대화체와 문단 구성에 따라 단락을 나누었다.
4. 인명, 지명, 주요 어휘와 개념을 나타내는 구절 등은 따로 분리하여 주석을 더하였다.
5. 「참고 및 관련자료」난을 설정하여 본문이 전재되거나 인용된 다른 문헌을 찾아 이를 제시하였으며 본문 속에 역대 이래 논란이 되었던 구절이나 문장을 설명하였다.
6. 문장의 분류는 역대 이래 확정된 것은 없으며 현재 많은 주석본이나 백화어 번역본 등도 장별 분류를 하지 않거나 혹 분류를 한다 해도 각기 그 기준이 다르다. 본 책의 전체 번호와 괄호 안의 해당 편 소속 번호는 진고응陳鼓應의 《장자금주금역》을 따랐으나 이는 절대적이거나 확정적인 것은 아니지만 내용 분류와 독자의 편의를 위하여 임시로 제시한 것이다.
7. 각 장마다의 한글 제목은 본인이 임의로 부여한 것으로 해당 장 전체의 의미를 포괄하는 것은 아니며 내용 중 일부 구절이거나 표현의 적절한 것을 선택한 것일 뿐이다.
8. 부록으로 장자서문과 일부 서록을 제시하여 연구자의 도움이 되도록 하였다.

9. 이 책의 역주작업에 기본적으로 참고한 문헌만 제시하면 다음과 같다.

　①《莊子集釋》(4책) 淸, 郭慶藩(撰) 新編諸子集成本 中華書局(北京) 1995

　②《莊子今註今譯》(3책) 陳鼓應 中華書局(香港) 1991

　③《莊子今註今譯》(修訂本 2책) 陳鼓應 臺灣商務印書館(臺北) 1999

　④《莊子譯注》劉建國, 顧寶田 吉林文史出版社(長春) 1993

　⑤《莊子全譯》張耿光 貴州人民出版社(貴陽) 1992

　⑥《新譯莊子讀本》黃錦鋐 三民書局(臺北) 1979

　⑦《白話莊子》李申 岳麓書社(長沙) 1996

　⑧《南華眞經》四部叢刊本(北京) 1996

　기타 공구서 및 방증 자료로 사용한 문헌은 생략함.

해 제

　장자(B.C.369~B.C.286)는 이름이 주周이며 전국시대 송宋나라 몽(蒙, 지금의 河南 商丘縣 동북쪽, 혹 安徽 蒙縣이라고도 함) 사람으로 전국시대 뛰어난 사상가이며 전설적인 철학자이다. 노자老子와 열자列子의 사상을 이어받아 도가道家의 대표 학자로 '노장老莊'이라 병칭되기도 한다. 그에 대한 전은 사마천《사기》 老莊申韓 列傳에 실려 있다.(본책 부록을 볼 것)《사기》에 의하면 그는 양(梁, 魏) 혜왕(惠王: B.C.369~B.C.335 재위), 제齊 宣王(威王: B.C.356~B.C.320 재위)과 동시대 인물로 아주 박학하여 들여다보지 않은 분야가 없을 정도라 하였다. 저서 10여만 언言에 이르는 방대한 양이며 노자에 기초를 두었고, 유가와 묵가를 맹렬하게 배척하였으며 당시 석학이라 자처하는 자로서 그 누구도 그의 공격에서 벗어날 수 없었다 하였다. 이러한 기록으로 보아 장자는 맹자(孟子, B.C.372~B.C.298)와 거의 동시대 인물이었다. 그럼에도 맹자는 장자를 거론한 곳이 없고, 장자 역시 맹자에 대하여 일언반구도 언급한 곳이 없다. 이에 대하여 주자(朱子, 朱熹)는 맹자는 대량(大梁, 魏나라 도읍, 지금의 河南 開封) 이남으로 내려가 본 적이 없고, 장자는 남쪽 자신의 활동 범위를 벗어난 적이 없어 서로 모르고 살았기 때문일 것이라 하였다.

　좌우간 장자는 통이 크고 끝간 데를 알 수 없이 현원玄遠한 생각을 가진 특이한 인물이었다. 그는 노자의 도道에 근거를 두고 유심주의唯心主義의 신비한 색채를 띠고 있었으며 '무위자연無爲自然'의 대도를 주장하고 인위를 배척하였다. 그리고 유가의 인의仁義 따위는 속박이며 하잘 것 없는 것이라 치부하였다. 그리고 만물에 대하여는 상대성을 강조하고 사람으로서의 주관적 인식론을 제창하였다. 그리하여 "道, 物, 俗, 差, 功, 趣" 등의 잣대를 설정하여 "以道觀之, 以物觀之, 以俗觀之, 以差觀之, 以功觀之, 以趣觀之" 등의 명제를 제시하기도 하여 인간의 관점을 한없이 넓힐 수 있는 기틀을 마련해 주었다. 나아가 노자와

양주楊朱의 '귀생貴生', '위아爲我'를 근거로 자신 특유의 '달생達生', '망아忘我' 등 고답적인 경지의 개념을 창출하였다. 그를 바탕으로 숙명론, 명정론命定論 등을 과감하게 대체론大體論에 접합하여 우주 만물에 대한 평등 개념과 '관유觀游'의 새로운 세상을 열어 보여주기도 하였다.

이러한 장자의 사상은 긴 시간을 거쳐 위진魏晉 시대에 이르러 크게 주목을 받기 시작하였다. 바로 당시 현학玄學이라는 새로운 학문의 교재로 최적으로 여겼던 것이 바로 이 도가의 신비수의 철학이었기 때문이다. 이에 당시 '삼현학三玄學', 즉《주역》,《노자》,《장자》로 칭해지면서 정식 주석서를 필요로 하게 되자 드디어 상수向秀와 곽상郭象 등이 나선 것이다. 지금 곽상 주《장자》가 전하고 있으며 이는《세설신어世說新語》에 의하면 〈추수秋水〉, 〈지락至樂〉, 〈마제馬蹄〉 3편을 제외하고는 모두 상수의 주를 베낀 것이라 하였다. 그리고 곽상은 당시 전하던 33편을 정리하고 주석한 것으로 지금도 널리 인정받고 있다.

한편 이《장자》는 원래《한서》예문지藝文志에는 모두 52편으로 저록되어 있으나 지금 전하는 것은 바로 곽상 주의 33편일 뿐이며 내편(7), 외편(15), 잡편(11)으로서 그 중 내편은 장자 자신의 저술이지만 외편과 잡편은 장자의 문인 제자나 그 뒤 도가 학술을 신봉하는 이들이 부가해 써넣은 것으로 보고 있다.

다음으로 당대唐代에 이르러 마침 당 왕조가 李氏로써 도교道敎를 정식 종교로 인정하고 숭앙함에 따라 '도가의 사상서'가 '종교의 경전'으로 격상하게 된다. 즉 현종玄宗 천보天寶 연간에《장자》를《남화진경南華眞經》으로,《열자》를《충허지덕진경沖虛至德眞經》으로(742) 명명하면서 기존《노자》의《도덕경》과 함께 모두 '진경'으로 이름을 부여하여 '도교삼경道敎三經'으로 확정하게 된다. 한편 이들에 대한 호칭도 노자는 '太上老君'으로, 장자는 '南華眞人'으로 하여 도교의 교주로 추앙하면서 '제자학諸子學의 사상가'에서 '종교 신앙대상의 성인'으로 자격이 바뀌게 되었다. 장자를 '남화진인'이라 부른 것은 그가 한때 조주(曹州, 지금의 山東 曹縣) 남화산南華山에 은거하여 취명한 것이라 한다.

　그 뒤 宋元대를 거쳐 明淸대에 이르도록《장자》南華眞經에 대한 연구와 주석서는 헤아릴 수 없을 정도로 봇물을 이루었다. 우선 〈사고전서四庫全書〉에 수록된 《남화진경신전南華眞經新傳》(宋, 王雱),《장자구의莊子口義》(宋, 林希逸),《남화진경 의해찬미南華眞經義海纂微》(宋, 褚伯秀),《장자익莊子翼》(明, 焦竑) 외에도 당唐 성현영 成玄英의《남화진경주소南華眞經注疏》, 청淸 곽경번郭慶藩의《장자집석莊子集釋》, 마서륜馬敍倫의《장자의증莊子義證》, 왕선겸王先謙의《장자집해莊子集解》 등은 지금도 널리 애용되고 있다. 그 외에 중국의 현대 주석본, 백화어 역주본, 평석본 등은 지금 시대에 맞추어 대량으로 출간되고 있으며 국내에도 오랫 동안 많은 번역, 주석본이 간행되어 쉽게 접할 수 있는 고전으로 자리잡고 있다.

차 례

莊子 을

〈雜篇〉

25. 칙양則陽

26. 외물外物

27. 우언寓言

28. 양왕讓王

29. 도척盜跖

30. 설검說劍

莊子 上

〈內篇〉

14. 천운天運

15. 각의刻意

16. 선성繕性

22. 지북유知北遊

〈牽駱圖〉낙타를 끌고 있는 사람. "人爲(人僞)와 自然" 畵像磚(漢) 楡林 段家灣墓 출토

잡편雜篇

　「잡편」은 흔히 「내편」의 이본理本과 「외편」의 사적事迹을 함께
하여 이사理事를 위주로 다룬 것이라 보고 있다. 그러나 이 역시
명확한 구분은 될 수 없다. 이 「잡편」은 〈경상초庚桑楚〉, 〈서무귀
徐无鬼〉, 〈칙양則陽〉, 〈외물外物〉, 〈우언寓言〉, 〈양왕讓王〉, 〈도척
盜跖〉, 〈설검說劍〉, 〈어부漁父〉, 〈열어구列禦寇〉, 〈천하天下〉 등
11편으로 구성되어 있으며 이러한 편명은 「외편」의 각 편들과
마찬가지로 전체 주제를 포괄하는 것이 아니라 첫 장의 머리글자를
취하여 이름을 삼은 것이다.

장자

23. 경상초 庚桑楚

'경상초庚桑楚'는 사람 이름이다. 첫 장에 이의 일화를 실음으로써 편명을 삼은 것이다. 본편은 비교적 많은 내용이 뒤섞여 있다. 주로 무위無爲에 대한 토론과 인지認知로서는 시비是非를 결정할 수 없음에 대한 것 등이다.

"어린아이가 종일 울어도 목이 쉬지 않는 것은 자연과 지극히 조화되어 있기 때문이며, 하루 종일 주먹을 쥐고 있어도 손이 저리지 않은 것은 그 덕이 온전하기 때문이며, 하루 종일 눈을 뜨고 있어도 눈을 깜빡이지 않는 것은 외계의 사물에 집착하는 마음이 없기 때문이다."

149
(23-1)
네 자신을 내세우려 하였기 때문

　노담老聃의 제자로 경상초庚桑楚라는 이가 있었다. 노담의 도를 약간 터득하고는 북쪽의 외루산畏壘山에 살면서 그는 하인들 중에 지혜가 뛰어난 자를 내보내고, 하녀들 중에서도 인의仁義를 아는 자를 멀리한 채 못난 자들과 함께 기거하고 멍청한 자를 부렸다. 3년이 지나자 외루 지방에 크게 풍년이 들었다. 이에 외루의 백성들은 서로 이렇게 말하였다.

　"경상자庚桑子가 처음 왔을 때, 우리는 놀라며 그를 이상하게 보았었다. 이제 하루 이틀로 보아서는 별로 큰일을 한 것 같지 않은데 일년이 지나고 보니 엄청난 여유를 남겨주었다. 아마도 그는 성인聖人에 가까운 사람인가 보다! 우리가 어찌 그 분을 윗자리에 앉히고 사직을 맡을 분으로 모시지 않을 수 있겠나?"

　경상초는 그 이야기를 듣고서 남쪽을 향해 앉은 채 언짢은 얼굴을 하고 있었다. 제자들이 이상히 여겨 그 이유를 묻자 경상초는 이렇게 말하였다.

　"너희들은 어찌 내가 이상하다 여기느냐? 무릇 봄의 양기가 움직이면 온갖 풀들이 생겨나고, 가을을 만나면 만물은 열매를 맺는다. 무릇 봄이나 가을이 어찌 그렇게 하지 못하도록 할 수 있겠느냐? 그것은 자연의 도에 의해 그렇게 되는 것이다. 내 듣건대 지인至人은 조그만 방 안에 조용히 숨어살고, 백성들은 날뛰면서 어디로 갈지 모른다 하였는데, 지금 외루의 백성들이 마음속으로 나를 현인들 사이에 떠받들어 놓으려고 하고 있다. 이는 내가 나 자신을 내세우려 한 것이로다! 이는 곧 노자의 도에 어긋나는 것이니 그 때문에 내가 언짢아한 것이란다."

제자가 말하였다.

"그렇지 않습니다. 무릇 보통의 조그만 도랑에서는 큰 고기는 몸을 돌릴 수 없으나 도롱뇽이나 미꾸라지 같은 작은 것은 마음대로 몸을 움직일 수 있습니다. 한 길 높이의 언덕이라면 큰 짐승들은 그 몸을 감출 곳이 없지만 교활한 여우라면 그만만 해도 적당한 곳이라 여길 것입니다. 게다가 무릇 똑똑한 자를 존중하고 능력 있는 자에게 벼슬을 내려 선한 일과 이로움을 앞세우도록 한 것은 옛날 요순堯舜 때부터 그렇게 한 것인데 하물며 외루 지방의 백성들이야 더 말할 게 있겠습니까! 선생님께서는 그들의 요구를 들어 주십시오!"

경상초가 말하였다.

"너희들 이리 오너라! 수레를 입에 물 정도로 큰 짐승일지라도 자신의 무리를 떠나 산을 내려오면 그물과 올가미의 재난을 면치 못한다. 배를 삼킬 만큼 큰 물고기라도 물에서 벗어나 뭍으로 올라오면 조그만 땅강아지나 개미라도 그를 괴롭힐 수 있는 것이란다. 그 때문에 조수鳥獸는 높은 것을 마다하지 아니하며, 어별魚鼈은 깊은 곳을 싫다고 하지 않는다. 무릇 자신의 육체와 생명을 온전히 하는 사람은 그의 몸을 숨김에 있어 깊고 아득한 것을 마다하지 않는 것이란다.

또 저 두 사람 요순을 어찌 칭찬할 만하다고 하겠느냐! 그들이 그 변설로 한 짓이란 함부로 담장이나 무너뜨리고 그 안에 잡초만 무성하게 만든 것과 다름이 없으며, 그들은 머리카락을 골라가며 빗질하고 쌀알을 세어가며 밥을 짓는 것과 같은 일을 한 것이란다. 그렇게 작은 일에 얽매어서야 어찌 세상을 구제할 수 있겠느냐! 똑똑한 자를 등용하면 사람들은 저마다 등용되려 다투게 될 것이요, 지혜 있는 자에게 벼슬을 내리면 백성은 모두 간악해져서 서로를 속이게 되는 것이다. 이런 일로는 백성들을 후덕하게 할 수가 없단다. 다만 백성들로 하여금 자신의 이익만을 힘쓰도록 하면 자식이 아비를 죽이고 신하가 임금을 죽이는 일까지 생기게 되며, 대낮에 도둑질을 하거나 한낮에 남의 집 담장을 뚫고 들어가는 일이 생기게 될 것이다. 내 너희들에게 일러주노라. 대란의 근본은 틀림없이 요순

시대로부터 싹트게 된 것이며 이는 천대千代의 후에까지 미치게 될 것이다. 천세가 지나고 나면 필경 사람과 사람이 서로를 잡아먹게 되는 일이 벌어지게 될 것이다!"

老聃之役, 有庚桑楚者, 偏得老聃之道, 以北居畏壘之山, 其臣之畫然知者去之, 其妾之挈然仁者遠之; 擁腫之與居, 鞅掌之爲使. 居三年, 畏壘大穰.

畏壘之民相與言曰:「庚桑子之始來, 吾洒然異之. 今吾日計之而不足, 歲計之而有餘, 庶幾其聖人乎! 子胡不相與尸而祝之, 社而稷之乎?」

庚桑子聞之, 南面而不釋然. 弟子異之.

庚桑子曰:「弟子何異乎予? 夫春氣發而百草生, 正得秋而萬寶成. 夫春與秋, 豈无得而然哉? 天道已行矣! 吾聞至人, 尸居環堵之室, 而百姓猖狂不知所如往. 今以畏壘之細民而竊竊焉欲俎豆予于賢人之間, 我其杓之人邪! 吾是以不釋於老聃之言.」

弟子曰:「不然. 夫尋常之溝, 巨魚无所還其體, 而鯢鰌爲之制; 步仞之丘, 巨獸无所隱其軀, 而孼狐爲之祥. 且夫尊賢授能, 先善與利. 自古堯舜以然, 而況畏壘之民乎! 夫子亦聽矣!」

庚桑子曰:「小子來! 夫函車之獸, 介而離山, 則不免於罔罟之患; 吞舟之魚, 碭而失水, 則螻蟻能苦之. 故鳥獸不厭高, 魚鼈不厭深. 夫全其形生之人, 藏其身也, 不厭深眇而已矣. 且夫二子者, 又何足以稱揚哉! 是其於辯也, 將妄鑿垣牆而殖蓬蒿也. 簡髮而櫛, 數米而炊, 竊竊乎又何足以濟世哉! 擧賢則民相軋, 任知則民相盜. 之數物者, 不足以厚民. 民之於利甚勤, 子有殺父, 臣有殺君, 正晝爲盜, 日中穴阫. 吾語女, 大亂之本, 必生於堯舜之間, 其末存乎千世之後. 千世之後, 其必有人與人相食者也!」

【役】학생, 제자. 문인. 선생님의 부림을 받음을 말함.

【庚桑楚】성은 庚桑, 이름은 楚. 《列子》黃帝篇에는 '亢倉子'로 되어 있음.

【畏壘】산 이름. 魯나라 경내에 있다 함.

【挈然仁者】仁愛를 끌어들임.

【擁腫】뭉쳐 있음. 여기서는 순박하고 둔한 사람을 뜻함. 첩운연면어.

【軮掌】노역으로 분주하며 고생을 하는 자. 첩운연면어.

【大穰】크게 풍년을 이룸.

【尸】'主'와 같은 뜻임.

【環堵之室】사방이 벽만으로 되어 있는 아주 누추한 집.

【俎豆】제사를 지내기 위하여 갖추는 물건들. 흔히 제사나 예절을 뜻하는 말로 쓰임.

【杓】'적'(的)으로 읽으며 많은 사람들이 주목하는 대상을 뜻함.

【鯢鰌】도롱뇽이나 미꾸라지.

【吞舟之魚】배를 삼킬 만한 큰 물고기. 참고란을 볼 것.

【碭】제멋대로 놀다가 물에서 나옴.

【螻蟻】땅강아지나 개미.

참고 및 관련 자료

1. 《新序》雜事(二)

客曰:「君獨不聞海大魚乎? 網弗能止, 繳不能牽, 碭而失水, 陸居則螻蟻得意焉. 且夫齊, 亦君之水也, 君已有齊, 奚以薛爲? 君若無齊, 城薛, 猶且無益也.」靖郭君大悅, 罷民, 弗城薛也.

2. 《韓非子》說林下

靖郭君將城薛, 客多以諫者. 靖郭君謂謁者曰:「毋爲客通.」齊人有請見者曰:「臣請三言而已. 過三言, 臣請烹.」靖郭君因見之. 客趨進曰:「海大魚.」因反走. 靖郭君曰:「請聞其說.」客曰:「臣不敢以死爲戲.」靖郭君曰:「願爲寡人言之.」答曰:「君聞大魚乎? 網不能止, 繳不能結也, 蕩而失水, 螻蟻得意焉. 今夫齊亦君之海也. 君長有齊, 奚以薛爲君? 失齊, 雖隆薛城至於天, 猶無益也.」靖郭君曰:「善.」乃輟, 不城薛.

3.《戰國策》齊策(一)

靖郭君將城薛, 客多以諫. 靖郭君謂謁者:「无爲客通.」齊人有請者曰:「臣請三言而已矣! 益一言, 臣請烹.」靖郭君因見之. 客趨而進曰:「海大魚.」因反走. 君曰:「客有於此」客曰:「鄙臣不敢以死爲戲.」君曰:「亡, 更言之.」對曰:「君不聞大魚乎? 網不能止, 鉤不能牽, 蕩而失水, 則螻蟻得意焉. 今夫齊, 亦君之水也. 君長有齊陰, 奚以薛爲? 夫齊, 雖隆薛之城到於天, 猶之無益也.」君曰:「善.」乃輟城薛.

4.《淮南子》人間訓

靖郭君將城薛, 賓客多止之, 弗聽. 靖郭君謂謁者曰:「無爲賓通言.」齊人有請見者曰:「臣請道三言而已, 過三言請烹.」靖郭君聞而見之. 賓趨而進, 再拜而興, 因稱曰:「海大魚.」則反走. 靖郭君止之曰:「願聞其說.」賓曰:「臣不敢以死爲熙.」靖郭君曰:「先生不遠道而至此, 爲寡人稱之.」賓曰:「海大魚. 網弗能止也, 鉤弗能牽也. 蕩而失水, 則螻蟻皆得志焉. 今夫齊, 君之淵也. 君失齊, 則薛能自存乎?」靖郭君曰:「善.」乃止不城薛. 此所謂虧於耳, 忤於心, 而得事實者也. 夫以無城薛止城薛, 其於以行說, 乃不若海大魚.

5.《幼學瓊林》1242

惡人籍勢, 曰如虎負嵎; 窮人無歸, 曰如魚失水.

150
(23-2)

어린아이가 종일 울어도 목이 쉬지 않는 이유

남영주南榮趎가 크게 놀라 바로 앉으며 말하였다.

"저처럼 이미 나이 든 사람은 어떻게 수양을 해야 장차 말씀하신 것처럼 될 수 있습니까?"

경상자가 말하였다.

"그대의 육신을 온전히 하고 그대의 삶을 보전하며, 여러 가지에 얽매여 마음 쓰는 일이 없도록 하시오. 그렇게 3년만 지나면 내가 말한 것처럼 될 수 있을 것이오."

남영주가 말하였다.

"눈의 모양을 두고 말하자면 제가 보기에는 장님도 우리와 다른 것이 없지만 장님은 스스로 보지 못하며, 귀의 모양을 두고 말하자면 귀머거리도 우리와 다를 바 없지만 스스로 듣지 못하고, 마음의 형체를 두고 말하자면 미친 사람도 우리와 다를 것이 없는데도 미친 자는 스스로 바른 생각을 할 수가 없습니다. 형체는 모두 비슷하되 그러한 차이가 나는 것은 무엇이 그들 사이를 가로막고 있는 것일까요? 제가 도를 추구하였으되 도를 터득할 수 없었습니다. 지금 저에게 '육신을 온전히 하고 삶을 보전하며, 여러 가지에 마음을 쓰지 말라'고 하셨습니다. 저는 애써 그 도를 들었으나 겨우 귀에만 와 닿았을 뿐입니다!"

경상자가 말하였다.

"내가 할 말은 다하였네. 작은 땅벌은 큰 콩벌레를 길러내지 못하고, 작은 월越나라 닭은 큰 고니의 알을 품지 못하나, 몸집이 큰 노魯나라

닭은 그렇게 할 수 있다네. 닭을 닭에 비교하면 그 본성은 같으나 하나는 가능하고 다른 하나는 불가능한 것은 그들의 타고난 크기가 본래부터 크고 작은 차이가 있기 때문이지. 지금 나로서는 재주가 보잘것없어 그대를 교화시킬 수 없네. 그대는 어찌하여 남쪽으로 노자를 뵈러 가지 않는가?"

남영주는 식량을 싸 짊어지고 이레 낮밤을 걸려 노자가 있는 곳에 이르렀다.

노자가 말하였다.

"그대는 경상초에게서 온 것이겠지?"

남영주가 말하였다.

"그렇습니다."

노자가 물었다.

"그대는 어찌 이토록 많은 사람들과 함께 왔는가?"

남영주는 놀라서 그의 뒤를 돌아다보았다.

노자가 말하였다.

"그대는 내 말뜻을 잘 알아듣지 못하는가?"

남영주는 고개를 숙이고 부끄러워하다가 하늘을 우러러 탄식하며 말하였다.

"지금 저는 대답할 말을 잊었습니다. 이 때문에 여쭈어야 할 말도 놓치고 말았습니다."

노자가 물었다.

"그게 무슨 말인가?"

남영주는 이렇게 말하였다.

"저에게 지혜가 없으면 사람들은 저를 어리석은 남영주라 부를 것이요, 저에게 지혜가 있다면 도리어 제 몸을 괴롭히게 될 것입니다. 어질지 않으면 곧 남을 해치게 될 것이며 어질다면 도리어 제 몸을 괴롭히는게 될 것입니다. 그리고 제가 의롭지 못하면 남에게 해를 입히게 될 것이요, 의롭다면 도리어 저 자신이 근심거리가 될 것입니다. 제가 어찌하면 이런 곤경에서 벗어날 수 있을까요? 이상 세 가지가 제가 걱정하는 바입니다. 그리하여 경상초의 소개로 선생께 여쭙고자 온 것입니다."

노자가 말하였다.

"방금 나는 그대의 두 눈썹 사이를 보고 그대의 문제를 알았다네. 이제 그대의 말을 듣고 보니 내 생각이 맞았다고 여기게 되었네. 그대는 깊이 근심하기를 마치 부모를 여읜 듯하면서 장대를 들고 바다 깊이를 재려는 모습을 하고 있군. 그대는 이미 본성을 잃어버린 사람이라네. 아득하도다! 그대 본래의 성정으로 돌아가려 하지만 돌아갈 수 없으니 가련한 일일세."

남영주는 간청하여 학사學舍에 들어가 노자가 옳다고 생각하는 것을 불러들여 수양하는 한편, 노자가 일러준 본성에 어긋나는 인의仁義는 버리겠다고 열흘 동안을 근심하다가 다시 노자를 찾아갔다.

노자가 말하였다.

"그대는 스스로의 마음을 깨끗이 씻어 익어가고 있군, 그 모습이여! 그러나 마음속에는 아직도 사악한 것이 남아 있는 듯하네. 무릇 바깥일에 얽매어 있는 자는 마음이 뒤흔들려 자신을 바로잡을 수가 없으니 그대는 안으로 모든 것을 잠그게. 또 안의 일에 얽매인 자는 이를 묶어 바로잡을 수가 없으니 그대는 밖으로 이를 닫아걸게. 이처럼 안팎으로 얽매어 있는 자는 도덕이 있다 해도 이를 스스로 지켜낼 수 없거늘 하물며 그저 도덕이 무엇이라 듣기만 하고 흉내내어 행하는 자임에랴!"

남영주가 말하였다.

"마을 사람이 병이 나서 그에게 문병을 갔을 때, 그 환자가 자신의 병에 대하여 설명하고 있다면 그의 병은 아직 중병이 아닐 것입니다. 제가 선생님께 대도大道를 듣는 것은 비유컨대 약을 먹어 도리어 그 병이 더 깊어지도록 하는 것과 같습니다. 저는 생명을 지켜내는 근본 원리를 듣고 싶을 뿐입니다."

노자가 말하였다.

"생명을 지켜내는 원리란 능히 지혜를 버리고 소박함을 지킬 수 있는 것이냐? 능히 본성을 잃지 않을 수 있느냐? 점을 치지 아니하고도 능히 길흉을 알아낼 수 있는 것이냐? 본성에만 그치지 않을 수 있는 것이냐?

자신의 욕구를 그치게 할 수 있는 것이냐? 능히 남에게 책임을 미루지 아니하고 허물을 자신에게서 찾을 수 있는 것이냐? 능히 자유자재할 수 있는 것이냐? 능히 순진하여 앎이라는 것을 없앨 수 있는 것이냐? 능히 어린아이처럼 될 수 있는 것이냐? 어린아이는 종일 울어도 목이 쉬지 않는데 그것은 자연과 지극히 조화되어 있기 때문이다. 또 하루 종일 주먹을 쥐고 있어도 손이 저리지 않은 것은 그 덕이 온전하기 때문이지. 그리고 하루 종일 눈을 뜨고 있어도 눈을 깜빡이지 않는 것은 외계의 사물에 집착하는 마음이 없기 때문이라네. 어린아이는 길을 가도 가는 곳을 알지 못하고, 앉아 있어도 할 일을 알지 못하지. 외계의 사물에 순응하고 물결치는 대로 자기를 맡기는 것, 이것을 일러 생명을 지켜내는 도라는 것이라 할 뿐이지."

남영주가 물었다.

"그렇다면 바로 이것이 지인至人의 덕이라는 것입니까?"

노자가 말하였다.

"그렇지는 않네. 이것은 바로 얼음이 녹아 물로 돌아가는 것과 같은 상태라고 부르는 것인데 그대는 그렇게 할 수 있겠나? 무릇 지인이란 땅 위에서는 사람들과 더불어 어울려 살고 함께 하늘의 도를 즐기는 사람들이지. 사람이나 사물, 이익과 손해 등에 얽혀 남과 다투는 일이 없으며, 괴이한 짓을 하지 않으며 어떤 모의도 하지 않고, 어떤 일을 함께 이루겠다고 나서지도 않는다네. 자유자재로 갔다가는 아무 거리낌 없이 돌아오지. 이를 일러 생명을 지키는 도라고 부를 뿐이지."

남영주가 물었다.

"그렇다면 이 정도로 지극하다는 것입니까?"

노자가 말하였다.

"아직은 아닐세. 내 진실로 그대에게 일러주었지. '어린아이처럼 될 수 있는가?'라고. 어린아이란 행동하면서도 무엇을 하는지 알지 못하고 어디를 걸어가면서도 어디로 가는지 모르지. 몸은 마치 마른 나무의 가지와 같고, 마음은 불꺼진 재와 같다네. 만약 이런 사람이라면 그에게는 재난도 다가오지 아니하고 복이라는 것도 찾아오지 않는다네. 화복이 없는데 어찌 인간 세상의 재앙이라는 것이 있을 수 있겠나!"

南榮趎蹴然正坐曰:「若趎之年者已長矣, 將惡乎托業以及此言邪?」

庚桑子曰:「全汝形, 抱汝生无使汝思慮營營. 若此三年, 則可以及此言矣.」

南榮趎曰:「目之與形, 吾不知其異也, 而盲者不能自見; 耳之與形, 吾不知其異也, 而聾者不能自聞; 心之與形, 吾不知其異也, 而狂者不能自得. 形之與形亦辟矣, 而物或間之邪, 欲相求而不能相得? 今謂趎曰:『全汝形, 抱汝生, 勿使汝思慮營營.』趎勉聞道耳矣!」

庚桑子曰:「辭盡矣. 奔蜂不能化藿蠋, 越雞不能伏鵠卵, 魯雞固能矣. 雞之與雞, 其德非不同也, 有能與不能者, 其才固有巨小也. 今吾才小, 不足以化子. 子胡不南見老子!」

南榮趎贏糧, 七日七夜至老子之所.

老子曰:「子自楚之所來乎?」

南榮趎曰:「唯.」

老子曰:「子何與人偕來之衆也?」

南榮趎懼然顧其後.

老子曰:「子不知吾所謂乎?」

南榮趎俯而慙, 仰而歎曰:「今者吾忘吾答, 因失吾問.」

老子曰:「何謂也?」

南榮趎曰:「不知乎? 人謂我朱愚. 知乎? 反愁我軀. 不仁則害人, 仁則反愁我身; 不義則傷彼, 義則反愁我己. 我安逃此而可? 此三言者, 趎之所患也, 顧因楚而問之.」

老子曰:「向吾見若眉睫之間, 吾因以得汝矣, 今汝又言而信之. 若規規然若喪父母, 揭竿而求諸海也. 女亡人哉, 惘惘乎! 汝欲反汝情性而无由入, 可憐哉!」

南榮趎請入就舍, 召其所好, 去其所惡, 十日自愁, 復見老子.

老子曰:「汝自酒濯, 孰哉鬱鬱乎! 然而其中津津乎猶有惡也. 夫外韄者不可繁而捉, 將內揵; 內韄者不可繆而捉, 將外揵. 外內韄者, 道德不能持, 而況放道而行者乎!」

南榮趎曰:「里人有病, 里人問之, 病者能言其病, 然其病病者, 猶未病也. 若趎之聞大道, 譬猶飲藥以加病也, 趎願聞衛生之經而已矣.」

老子曰:「衛生之經, 能抱一乎? 能勿失乎? 能无卜筮而知吉凶乎? 能止乎? 能已乎? 能舍諸人而求諸己乎? 能翛然乎? 能侗然乎? 能兒子乎? 兒子終日嗥而嗌不嗄, 和之至也; 終日握而手不掜, 共其德也; 終日視而目不瞬, 偏不在外也. 行不知所之, 居不知所為, 與物委蛇, 而同其波. 是衛生之經已.」

南榮趎曰:「然則是至人之德已乎?」

曰:「非也. 是乃所謂冰解凍釋者, 能乎? 夫至人者, 相與交食乎地而交樂乎天, 不以人物利害相攖, 不相與為怪, 不相與為謀, 不相與為事, 翛然而往, 侗然而來. 是謂衛生之經已.」

曰:「然則是至乎?」

曰:「未也. 吾固告汝曰:『能兒子乎?』兒子動不知所為, 行不知所之, 身若槁木之枝而心若死灰. 若是者, 禍亦不至, 福亦不來. 禍福无有, 惡有人災也!」

【南榮趎】인명. 庚桑楚의 제자.
【托業】受學함.
【藿蠋】콩대에 자라는 해충의 일종.

【朱愚】 지극히 우둔한 사람을 빗대어 쓴 말.

【鞿】 칼집의 끈. 여기서는 얽매임을 뜻함. 마음이 그러한 곳에 갇힘.

【內揵】 '揵'은 '閉'와 같음.

【病病者】《노자》 71장 참조.

【抱一】《노자》 10장 참조.

【无卜筮而知吉凶】《管子》 心術篇(下)에 실려 있는 구절.

【能兒子乎】《노자》 10장 참조.

【終日嗥而嗌不嗄】《노자》 55장.

【瞚】 '瞬'의 본자임.

참고 및 관련 자료

1.《老子》 71장

知, 不知, 上; 不知, 知, 病. 聖人不病, 以其病病. 夫唯病病, 是以不病.

2.《老子》 10장

載營魄抱一, 能無離乎? 專氣致柔, 能嬰兒乎? 滌除玄覽, 能無疵乎? 愛國治民,
能無爲乎? 天門開闔, 能爲雌乎? 明白四達, 能無知乎? 生之畜之. 生而不有, 爲而
不恃, 長而不宰, 是謂玄德.

3.《老子》 55장

含德之厚, 比於赤子. 毒蟲不螫, 猛獸不據, 攫鳥不搏. 骨弱筋柔而握固, 未知牝牡之
合而脧作, 精之至也. 終日號而不嗄, 和之至也.

4.《列子》 天瑞篇

人自生至終, 大化有四: 嬰孩也, 老耄也, 死亡也. 其在嬰孩, 氣專志一, 和之至也;
物不傷焉, 德莫加焉. 其在少壯, 則血氣飄溢, 欲慮充起; 物所功焉, 德故衰焉. 其在
老耄, 則欲慮柔焉; 體將休焉, 物莫先焉. 雖未及嬰孩之全, 方於少壯, 間矣. 其在死
亡也, 則之於息焉, 反其極矣.

151
(23-3) 천민天民과 천자天子

　마음이 태연하고 안정되어 있는 사람은 자연스러운 빛을 발한다. 사람이란 스스로 자신의 사람됨을 드러내게 되는 것이며 물건은 스스로 그 물건됨을 드러내는 것이다.

　사람이 능히 스스로 자신을 닦아야 비로소 그 떳떳한 모습을 가질 수 있는 것이며 사람이 자연에 터를 잡게 되면 자연도 또한 그를 돕는다. 이를 일러 '천민天民'이라 하며 하늘이 도와주는 사람은 일러 '천자天子'라 한다.

　宇泰定者, 發乎天光. 發乎天光者, 人見其人, 物見其物. 人有脩者, 乃今有恆; 有恆者, 人舍之天助之. 人之所舍, 謂之天民; 天之所助, 謂之天子.

【宇】 '心宇'의 뜻으로 풀이함.
【天光】 자연스러운 빛.

152
(23-4) 학자의 병폐

　학자는 그가 배울 수 없는 바를 배우려 하고, 행하는 자는 실행할 수 없는 일을 하려하며, 말 잘하는 자는 말로 수 없는 것을 말하려 한다.
　참된 지혜는 그것이 알 수 없는 곳에서 그쳐야 그것이 지극한 앎이다. 만약 이에 따르지 않으면 자연의 도가 이를 무너뜨리게 된다.

　學者, 學其所不能學也; 行者, 行其所不能行也; 辯者, 辯其所不能辯也. 知止乎其所不能知, 至矣; 若有不卽是者, 天鈞敗之.

【天鈞】 자연의 理性. 자연스럽게 균형을 이룸.

153
(23-5)
천지를 벗어날 수 없으니

외물의 변화에 대비하여 그 형체를 잘 추스르며 물러나 은거하여 생각을 하지 않음으로써 자신의 마음을 바르게 지키고, 자신이 속에 지닌 성정을 공경히 하여 외부의 변화에 동틸해야 한다. 그렇게 하였는데도 온갖 재난이 찾아온다면 이는 모두가 하늘의 뜻이지 사람의 탓은 아니다.

안정된 마음을 어지럽혀서는 안되며 자신의 마음[靈臺]에 그러한 불행이 들어오도록 해서는 안된다. 마음이란 그것이 의지하는 것이 있으니 그것이 무엇인지를 알 수 없기 때문에 자기 자신이 지탱해 낼 수가 없는 것이다. 자신의 마음을 밝혀 보지 아니하고 밖으로만 작용하면 언제나 자신 본연을 잃게 된다. 또 외부로부터의 작용이 마음속에 들어올 때 갖가지 생각을 버리지 못하는 경우에도 역시 언제나 자기 본연의 것을 잃게 된다.

불선不善을 여러 사람들이 분명하게 바라보는 데에서 행하면 사람들이 그를 죽일 것이며, 불선을 아무도 보지 않는 어둠 속에서 행하면 귀신이 그를 죽이게 될 것이다. 사람들에 대해서도 분명히 할 것이며 귀신에 대해서도 분명히 한 연후라야 홀로 행동할 수 있는 것이다.

안에 품은 마음과 맞아떨어지는 자는 행동에도 이름이 나기를 바라지 않으며 밖의 일에 의도한 대로 되는 자는 돈을 벌기에 기대를 가지게 된다. 이름이 나기를 바라지 않는 자라야 항상 떳떳한 빛을 발하게 되며 돈 벌기에 뜻을 둔자는 오직 장사꾼에 지나지 않는다. 사람들은 자기를 돋보이게 하려고 발돋움을 하고 있는 꼴을 남들이 지켜보고 있음에도 여전히 그렇게 우뚝 솟고자 한다.

사물과 함께 자신을 비워두는 자에게는 사물이 그 안에 들어갈 수 있지만, 사물과 가로막아 서는 자는 그 자신조차도 능히 용납할 빈 곳이 없으니 어찌 남을 받아들일 수 있겠는가! 남을 받아들일 수 없으면 누구와도 친할 수 없고 친한 자가 없으면 모두가 남이 되고 만다.

무기라 해도 뜻이 상처를 입는 것만큼의 상처를 입히지 못하나니 막야鎮鎁 같은 명검일지라도 그에 미치지 못한다. 사람을 괴롭히는 것으로 음양 기에 의한 것보다 큰 것이 없으니 하늘과 땅 사이에서는 그로부터 벗어날 수가 없지만 그러나 음양이 해를 끼치는 것이 아니라 바로 사람의 마음이 그렇게 만드는 것이다.

備物以將形, 藏不虞以生心, 敬中以達彼, 若是而萬惡至者, 皆天也, 而非人也, 不足以滑成, 不可內於靈臺. 靈臺者有持, 而不知其所持, 而不可持者也.

不見其誠己而發, 每發而不當, 業入而不舍, 每更爲失.

爲不善乎顯明之中者, 人得而誅之; 爲不善乎幽闇之中者, 鬼得而誅之. 明乎人, 明乎鬼者, 然後能獨行.

券內者, 行乎无名; 券外者, 志乎期費. 行乎无名者, 唯庸有光; 志乎期費者, 唯賈人也, 人見其跂, 猶之魁然.

與物窮者, 物入焉; 與物且者, 其身之不能容, 焉能容人! 不能容人者无親, 无親者盡人.

兵莫憯於志, 鎮鎁爲下; 寇莫大於陰陽, 无所逃於天地之間. 非陰陽賊之, 心則使之也.

【滑成】성덕(成德)을 혼란스럽게 함.

【靈臺】심령. 마음을 가리킴. ‘靈府’와 같음.

【券內】券은 契로 풀이함(契合). 안에 품은 마음과 맞아떨어짐.

【庸有光】庸은 ‘일상, 평상시’의 뜻. 평상시 光輝가 있음.

【與物且】‘且’는 ‘阻’와 같음. 외물에 막혀 서로 어긋남.

【鎭鋣】‘莫耶’로도 쓰며 干將과 더불어 吳나라에서 나는 가장 예리한 명검.

154 죽어서도 숨을 곳이 없는 곳으로

(23-6)

도道는 모든 것과 통한다. 그것이 분화하면 성취도 있게 되고, 성취가 있고 나면 훼멸도 있다. 다만 분화에서 미움을 나타내는 것은 분화하게 됨으로써 온전함을 구하기 때문이요, 온전함이 옳지 못하다는 것은 이미 온전한 상태에서도 끊임없이 온전함을 추구하기 때문이다. 그러므로 밖으로만 나가고 자기 본성으로 돌아오지 않으면 죽어 귀신이 될 것이다. 밖으로 내달으면서 얻는 바가 있다면 그것은 죽음일 것이다. 이미 그의 본성이 훼멸되었다면 비록 실제로 살아 있더라도 죽어 귀신이 된 것이나 다를 바가 없다. 유형의 형체가 무형의 도를 본받아야 안정을 얻게 되는 것이다.

만물이 태어나는 것은 본래부터 근본이 없는 것이며 죽어서도 따로 숨을 곳이 없는 곳으로 들어가는 것이 아니다. 실재하기는 하되 어디 머물 곳이 없고, 성장은 하되 그 시작과 끝이 없다. 나오는 곳은 있으나 그 출처가 없는 것이 진실한 존재이다. 실재는 있으되 그것이 차지하고 있는 공간은 없다. 이것이 상하 사방 집인 우宇라는 것이요 성장은 하되 그 시작과 끝이 없으니 이것이 무궁한 시간인 주宙라는 것이다.

도라는 것은 삶에도, 죽음에도, 생겨나는 것에도, 죽어 가는 것에도 작용한다. 없어지고 생겨나게 하면서도 그 형체는 드러나지 않으니 이를 일러 천문天門이라 한다. 천문은 곧 무유無有이다. 만물은 모두 무유에서 나온다. 유有는 유로써 존재할 수 없으며, 반드시 무유無有에서 나와야 한다. 무유는 한결같이 무유일 따름이며 성인은 이 속에 자신을 감추어 담고 있는 것이다.

道通. 其分也成也, 其成也毁也. 所惡乎分者, 其分也以備; 所以惡乎備者, 其有以備. 故出而不反, 見其鬼; 出而得, 是謂得死. 滅而有實, 鬼之一也. 以有形者象无形者而定矣.

出无本, 入无竅. 有實而无乎處, 有長而无乎本剽, 有所出而无竅者有實. 有實而无乎處者, 宇也. 有長而无本剽者, 宙也. 有乎生, 有乎死, 有乎出, 有乎入, 入出而无見其形, 是謂天門. 天門者, 无有也, 萬物出乎无有. 有不能以有爲有, 必出乎无有, 而无有一无有. 聖人藏乎是.

【本剽】本末, 始終과 같은 뜻.
【宇·宙】'上下四方'을 宇라 하며 '古往今來'를 宙라 함. 즉 空間과 時間을 통틀어 표현한 말.
【天門】《老子》1장의 "衆妙之門"과 같음. 자연 섭리의 오묘한 모든 문.

참고 및 관련 자료

1.《老子》1장

道可道, 非常道; 名可名, 非常名. 無, 名天地之始; 有, 名萬物之母. 故常無, 欲以觀其妙; 常有, 欲以觀其徼. 此兩者, 同出而異名, 同謂之玄. 玄之又玄, 衆妙之門.

155
(23-7) 생사란 기氣가 모이고 흩어지는 것

옛 사람들의 지혜에는 지극한 바가 있었다. 어떤 지극함인가?

처음에는 그 어떤 물체도 존재하지 않았던 것으로 여긴 것이니 이는 지극하고 완전한 경지로서 여기에 더 이상 보탤 것이 없다.

그 다음으로는 사물의 존재는 인정하되 삶을 죽음과 같은 것으로 보고 죽음을 되돌아가는 것이라 여긴 것이다. 이것은 이미 분별이 생겼다는 뜻이다.

그 다음으로 당초에는 아무 것도 없었는데 뒤에 생명이 나오고 생명은 곧 죽는 것이라는 것이다. 이것은 무無를 머리로 삼고 생명을 몸으로 삼고 죽음을 궁둥이로 삼는 것이다. 누가 유무사생有無死生이 하나라는 것을 알겠는가마는 나는 그와 더불어 벗이 된다는 것이다.

이 세 가지에는 비록 차이가 있으나 똑같이 같은 조상을 모신 족속인 셈이다. 초楚나라 왕족 소씨昭氏와 경씨景氏는 그 직책과 임무로 널리 알려졌고, 갑씨甲氏는 그 봉지封地로 말미암아 널리 알려졌으되 결국 성씨로 보면 하나가 아니지만 조상은 같다.

생명이 있다는 것은 기가 모이고 흩어진다는 것이다. 분명히 말하여 시비는 일정치 않다. 일찍이 시비가 일정치 않다는 것을 말하려 해도 이는 말로 할 수도 없는 것이다. 비록 그렇다고는 하나 이러한 이치는 쉽게 알 수 있는 것이 아니다. 이를테면 납제臘祭를 드릴 때 처녑과 굽은 따로 떼어내야 하겠지만 떼어버리면 온전한 소가 못 되는 까닭에 그럴 수가 없다고 하는 것이다. 또 집을 보는 사람은 정전正殿과 묘당廟堂을 두루 보았다 하더라도 그 집 변소까지 보아야 완전하게 본 것이 된다. 이 때문에 시비의 추이가 일정치 않다고 하는 것이다.

시험삼아 시비가 일정치 않다는 것에 대하여 논의해 보기로 하자. 이것은 삶을 근본으로 삼고 지혜를 표준으로 삼기에 시비가 생겨난 것이라 할 수 있다. 결과로 보아 명분과 실제의 구분이 있음으로 해서 자신을 위주로 하게 되는 것이다. 그래서 남들로 하여금 자기의 명분을 따르게 하고 죽음으로 그 명분을 보상한다. 이렇게 되면 유용有用한 것을 슬기로운 것이라 하고 무용無用한 것을 어리석다 여기며, 통달을 영예로 알고 곤궁함을 치욕으로 여기게 된다. 시비가 일정치 않다 함은 지금 사람들을 두고 하는 말이며 매미와 작은 비둘기가 붕새를 비웃었던 것과 같은 것이다.

古之人, 其知有所至矣. 惡乎至? 有以爲未始有物者, 至矣, 盡矣, 弗可以加矣. 其次以爲有物矣, 將以生爲喪也, 以死爲反也, 是以分已. 其次曰始无有, 旣而有生, 生俄而死; 以无有爲首, 以生爲體, 以死爲尻; 孰知有无死生之一守者, 吾與之爲友. 是三者雖異, 公族也. 昭景也, 著戴也, 甲氏也, 著封也, 非一也.

有生, 黬也, 披然曰移是. 嘗言移是, 非所言也. 雖然, 不可知者也. 臘者之有膍胲, 可散而不可散也; 觀室者周於寢廟, 又適其偃溲焉, 爲是擧移是.

請常言移是. 是以生爲本, 以知爲師, 因以乘是非; 果有名實, 因以己爲質, 使人以爲己節, 因以死償節. 若然者, 以用爲知, 以不用爲愚, 以徹爲名, 以窮爲辱. 移是, 今之人也, 是蜩與學鳩同於同也.

【三者】 '以无爲首, 以生爲體, 以死爲尻'의 세 가지.

【昭景】 초나라 귀족의 성씨인 昭氏와 景氏.

【甲氏】 楚나라는 昭氏, 景氏, 屈氏의 三大姓이 있으며 여기서의 甲氏는 屈氏를 뜻하는 것이 아닌가 함.

【移是】 시비가 고정되지 못하고 옮겨다님.

【臘】 매년 12월에 지내는 제사 이름.

【膍胲】 쇠고기 중의 비(膍)는 처녑 부분(牛百葉). 해(胲)는 굽 부분의 살. 모두 臘祭를 지낼 때 쓰는 祭肉을 말함.

【偃溲】 화장실. 변소.

156
(23-8) 남의 발을 밟았다면

시장에서 남의 발을 밟았다면 자신의 세심하지 못함을 사과해야 하지만 형이라면 그저 따뜻한 눈길로 보아주면 되고, 부모가 자식을 밟았다면 아무 말이 없어도 된다. 그러므로 지극한 예禮는 자기와 남을 구별하지 않고, 지극한 의義는 자기와 사물을 구분하지 않으며, 지극한 지智는 모의하는 일이 없으며, 지극한 인仁은 새삼스러운 친근함이 없고, 지극한 신信은 금전으로 담보를 삼을 필요가 없다라고 하는 것이다.

蹍市人之足, 則辭以放驁, 兄則以嫗, 大親則已矣. 故曰, 至禮有
不人, 至義不物, 至知不謀, 至仁無親, 至信辟金.

【蹍】 '踐', '躡'과 같음. '밟다'의 뜻.
【放驁】 세심하지 못함을 말함. '驁'는 '敖'와 같음.
【大親】 부모를 뜻함.
【嫗】 따뜻한 눈길로 가엾게 여김.(嫗誋之)
【辟金】 금전을 담보로 할 필요는 없음.

157
(23-9) 도를 손상시키는 것들

뜻의 어그러짐을 버리고 마음의 묶임을 풀어버리며 덕을 해치는 것을 없애고 도를 막는 것을 치워 통하게 해야 한다.

귀함, 부유함, 현달함, 장엄함, 명예, 이익의 이 여섯 가지는 뜻을 어지럽히는 것이다.

용모, 동요함, 얼굴색, 이치를 따짐, 기氣를 내세움, 뜻을 굳건히 함의 이 여섯 가지는 마음을 얽어 묶는 것이다. 그리고 미움, 욕심, 즐거움, 노함, 슬픔, 즐거움의 이 여섯 가지는 덕을 손상시키는 것이다. 그리고 떠남, 다가옴, 취함, 줌, 허락함, 지혜, 능력의 이 여섯 가지는 도를 막는 것이다.

이 네 종류의 여섯 가지가 가슴속에서 들끓지 않으면 마음이 바르게 될 것이요, 바르게 되면 고요함을 얻을 것이며, 고요함을 얻으면 밝아질 것이며, 밝아지면 비우게 되고, 비우면 하는 것도 없고 하지 않는 것도 없게 된다.

도道라는 것은 덕이 흠모하는 대상이며 삶이란 덕의 빛이다. 성性이란 삶의 바탕이며 이 성의 움직임을 일러 행위[爲]라 한다. 행위가 인위[僞]에 의해 작용하는 것을 일러 잃는다[失]라 한다. 지知는 사물과 접촉하여 생겨나며 지知는 모책을 짜는 것이다. 그러나 지자知者가 알지 못하는 것은 사물을 흘겨보기 때문이다. 움직여 행하되 부득이 어쩔 수 없이 움직이는 것을 일러 덕德이라 하며, 움직여 행하되 자신을 위하여 하지 않는 것을 일러 치治라 한다. 명분은 본성을 반대로 하는 것이지만 실질은 서로가 도에 순응하는 것이다.

徹志之勃, 解心之謬, 去德之累, 達道之塞.

貴富顯嚴名利六者, 勃志也. 容動色理氣意六者, 謬心也. 惡欲喜怒哀樂六者, 累德也. 去就取與知能六者, 塞道也.

此四六者不盪胸中則正, 正則靜, 靜則明, 明則虛, 虛則无爲而无不爲也.

道者, 德之欽也; 生者, 德之光也. 性者, 生之質也. 性之動, 謂之爲; 爲之僞, 謂之失. 知者, 接也; 知者, 謨也; 知者之所不知, 猶睨也. 動以不得已之謂德, 動而非我之謂治, 名相反而實相順也.

【勃】 '悖, 亂'과 같은 뜻임.
【謬】 '繆'와 같음. 끈으로 묶음.
【睨】 지나쳐 봄. 진실을 보지 못함.

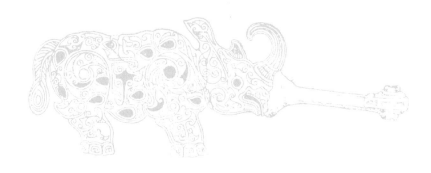

158
(23-10)
벌레들은 오직
벌레 노릇에 능하기 때문에

　예羿는 작은 과녁조차 맞히는 데에는 뛰어났으나 남들로 하여금 자신을 칭찬하지 못하도록 하는 데에는 졸렬하였다. 성인은 자연스러운 일을 잘 하지만 사람이 하는 일에는 졸렬하다. 자연스러운 일이나 사람의 일 모두를 잘 하는 것은 오직 전인全人만이 가능하다. 벌레들은 오직 벌레 노릇에 능하기 때문에 벌레는 자연과 합치할 수 있다. 전인이 어찌 자연스러움을 알겠는가? 어찌 사람으로서의 천연스러움을 알겠는가? 하물며 내 자신의 천연스러움과 사람의 일을 어찌 구분하겠는가!

　羿工乎中微而拙乎使人無己譽. 聖人工乎天而拙乎人. 夫工乎天而俍乎人者, 唯全人能之. 唯蟲能蟲, 唯蟲能天. 全人惡天? 惡人之天? 而況吾天乎人乎!

【羿】有窮后羿. 활쏘기에 뛰어났던 인물.
【俍】'良'과 같음. 잘함. 우수함.
【全人惡天】'전인이 어찌 천연스러움을 알거나 일부러 꾸미겠는가'의 뜻.

천하를 새장으로 삼는다면

새 한 마리가 예羿에게 날아가면 예는 틀림없이 이를 쏘아 잡으니이는 그의 위력이다. 그러나 천하를 새장으로 삼는다면 새들은 도망칠곳이 없게 된다. 이 까닭으로 탕湯임금은 이윤伊尹을 요리사라는 직분으로새장을 삼아 가두었고, 진 목공秦穆公은 나섯 징의 양가죽을 새장으로삼아 백리해百里奚를 가두었던 것이다. 따라서 그가 좋아하는 것으로써새장을 삼지 않고는 그를 얻을 수 있는 경우란 있을 수 없었다.

一雀適羿, 羿必得之, 威也; 以天下爲之籠, 則雀無所逃. 是故湯以庖人籠伊尹, 秦穆公以五羊之皮籠百里奚. 是故非以其所好籠之而可得者, 無有也.

【威】위력.
【百里奚】五羖大夫. 虞나라 출신으로 춘추시대 秦 穆公에게 중용되었던 인물.
(131 참조)

참고 및 관련 자료

1.《韓非子》難三

宋人語曰:「一雀過羿, 羿必得之, 則羿誣矣. 以天下爲之羅, 則羿不失矣.」

160
(23-12) 부득이 할 수밖에 없는 행동

다리를 잘리는 형벌을 받은 자가 법도에 얽매이지 않는 것은 명예 따위에는 초연하기 때문이며, 서미胥靡가 높은 곳에 올라가도 두려워하지 않는 것은 죽음과 삶을 버렸기 때문이요, 위협을 받더라도 보복하지 않는 것은 타인의 존재를 잊었기 때문이다. 타인의 존재를 잊기 때문에 이로써 하늘과 사람이 하나가 되는 것이다. 그러므로 남을 공경하되 기뻐하지 않고, 남을 모욕하되 성내지 않을 수 있는 것은 오직 하늘과 하나로 조화를 이룬 사람만이 해낼 수 있는 일이다.

마음에 노여움이 일었어도 드러내지 않으면 그 노여움은 노여움이 되지 아니하며 일을 하려 하면서도 하지 않는 것이라 여기면 그것은 무위無爲로 귀결된다. 고요하고자 하면 마음을 평온히 가져야 하며, 신과 같이 되고자 하면 마음이 자연에 순응해야 한다. 작위을 하되 합당히 되고자 하면 자연에 따라 부득이하게 행동하여야 한다. 그렇듯 부득이하게 행동하는 것과 같음이 성인聖人의 도이다.

介者拸畫, 外非譽也; 胥靡登高而不懼, 遺死生也. 夫復謵不餽而
忘人, 忘人, 因以爲天人矣. 故敬之而不喜, 侮之而不怒者, 唯同乎天
和者爲然. 出怒不怒, 則怒出於不怒矣; 出爲无爲, 則爲出於无爲矣.
欲靜則平氣, 欲神則順心, 有爲也欲當, 則緣於不得已, 不得已之類,
聖人之道.

【介】 '兀'과 같음. 다리를 잘린 형벌을 받아 하나의 다리로만 걷는 자.
【拸畫】 법도나 규율에 얽매이지 않음. 畫는 용모를 꾸미는 것. 拸는 버리다의 뜻.
　'侈畫'로 표기된 편본도 있음.
【胥靡】 徒役에 처해진 죄인. 흔히 殷 高宗을 도운 傳說을 말할 때 쓰임.
【復謵不餽】 위협을 받아도 이에 보복하지 않음.
【天和】 우주 만물의 和氣.

24. 서무귀徐无鬼

'서무귀徐无鬼'는 역시 인명이다. 첫 장에 거론된 인명으로 편명을 삼을 것이며 내용은 상당히 복잡하다. 그러나 주된 내용은 역시 무위無爲에 대한 것이며 유가에서 주장하는 예약에 대한 비평 등을 담고 있다.

"무릇 천하를 다스리는 일이 말을 먹이는 것과 무엇이 다르겠습니까! 그저 말을 해치는 것들을 제거해 주기만 하면 됩니다!"

莊子

161
(24-1) 산림에 은거하는 것이 고통스러워

서무귀徐无鬼가 여상女商의 소개로 위魏 무후武候를 만나자 무후가 그를 위로하며 말하였다.

"선생께서는 지치셨습니다! 산림에 은서하는 것이 고통스러워 나를 만나러 오신 것이군요."

서무귀가 말하였다.

"나는 임금을 위로하고자 하는데 어찌 임금께서 저를 위로하신다는 것입니까! 임금께서는 기욕嗜欲을 채우기 위해 호오好惡를 앞세우고자 하면 성명性命의 참모습이 병이 들 것입니다. 그리고 임금께서 기욕을 버리고 오호의 감정을 물리치고자 한다면 이목이 괴로워할 것입니다. 제가 이런 것 때문에 임금을 위로하고자 하는데 임금께서 어찌 저를 위로하시려 하십니까!"

무후는 아무렇지도 않은 듯 대꾸도 하지 않았다.

잠시 후 서무귀가 말하였다.

"시험삼아 임금께 말씀드리겠습니다. 저는 개를 감정할 수 있습니다. 질이 낮은 개는 아무 것이나 배가 부를 때까지 찾아 먹으니 이는 삵쾡이의 본성과 같습니다. 중간급의 개는 마치 해를 바라보듯 하며, 질이 높은 개는 스스로를 잊은 듯 언제나 한결같습니다. 그러나 제가 개를 감정하는 정도는 말을 감정하는 실력만 못합니다. 저는 말을 감정하면서 말 이빨이 먹줄을 댄 듯 곧고, 목덜미는 고리가 휜 것처럼 곡선을 이루며, 머리는 곡척矩을 댄 것처럼 모가 나고, 눈은 원척規으로 그린 듯 둥근 것이 국마國馬

입니다. 그렇지만 국마는 천하마天下馬만은 못합니다. 천하마는 천성天成의 재질을 갖추고 있어 마치 아무 것도 없는 듯 고요하고 그 스스로를 잊은 듯 한결같습니다. 만약 이러한 말이라면 질풍같이 달려 먼지를 끊어 자신이 어디를 가고 있는지도 모릅니다."

무후는 크게 기뻐하며 웃었다.

서무귀가 나오자 여상이 물었다.

"선생만이 유독 어떻게 우리 임금을 설득하셨는지요? 제가 임금님을 설복시키는 방법은 횡으로는 시경, 서경, 예, 악으로 하였고, 종으로는 주서周書의 금판金板과 육도六弢의 내용을 들어 말하는 것이었습니다. 그리하여 정사에 도움을 드리고 공을 세운 일이 수도 없이 많았지만 우리 임금님은 제 말에 대해 이를 드러내고 웃으신 적이 한번도 없었습니다. 지금 선생께서는 어떻게 우리 임금을 설득하셔서 임금으로 하여금 이렇게 즐겁도록 하셨습니까?"

서무귀가 말하였다.

"나는 곧바로 임금께 내가 개와 말을 감정하는 이야기를 해드렸을 뿐이오."

여상이 말하였다.

"그렇습니까?"

서무귀는 이렇게 말하였다.

"당신은 저 월越나라의 유배당한 사람 이야기를 듣지 못하셨습니까? 나라를 떠난 지 며칠 만에 그는 전에 알고 있던 사람을 만나자 기뻐하였지만, 나라를 떠난 지 수십 일이 되자 전에 자기 나라에서 스쳐 만난 사람을 보고도 기뻐하였으며, 일년이 되자 자신이 아는 사람과 비슷하게 생긴 사람만 보아도 기뻐하였다고 하오. 역시 나라를 떠나 세월이 흐를수록 사람을 그리워하는 마음이 깊어지는 법이 아니겠소? 사람이란 황량한 고장에 가서 잡초 우거져 족제비 다니던 길까지 묻혀버린 곳에서 오랫동안 홀로 있게 되면 사람 발자국 소리만 들어도 기뻐하는 법인데, 하물며 형제나 친척의 웃음소리가 곁에서 들릴 때야 어찌하겠소! 너무 오래 되었소. 임금께서는 진인眞人의 말이나 웃음소리를 가까이서 들어 본 지가!"

徐无鬼因女商見魏武侯, 武侯勞之曰:「先生病矣! 苦於山林之勞, 故乃肯見於寡人.」

徐无鬼曰:「我則勞於君, 君有何勞於我! 君將盈耆欲, 長好惡, 則性命之情病矣; 君將黜耆欲, 掔好惡, 則耳目病矣. 我將勞君, 君有何勞於我!」

武侯超然不對.

少焉, 徐无鬼曰:「嘗語君, 吾相狗也. 下之質執飽而止, 是狸德也; 中之質若視日, 上之質若亡其一. 吾相狗, 又不若吾相馬也. 吾相馬, 直者中繩, 曲者中鉤, 方者中矩, 圓者中規, 是國馬也, 而未若天下馬也. 天下馬有成材, 若卹若失, 若喪其一, 若是者, 超軼絶塵, 不知其所.」

武侯大悅而笑.

徐无鬼出, 女商曰:「先生獨何以說吾君乎? 吾所以說吾君者, 橫說之則以詩書禮樂, 從說之則以金板六弢, 奉事而大有功者不可爲數, 而吾君未嘗啓齒. 今先生何以說吾君, 使吾君說若此乎?」

徐无鬼曰:「吾直告之吾相狗馬耳.」

女商曰:「若是乎?」

曰:「子不聞夫越之流人乎? 去國數日, 見其所知而喜; 去國旬月, 見所嘗見於國中者喜; 及期年也, 見似人者而喜矣; 不亦去人滋久, 思人滋深乎? 夫逃虛空者, 藜藋柱乎鼪鼬之逕, 踉位其空, 聞人足音跫然而喜矣, 又況乎昆弟親戚之謦欬其側者乎! 久矣夫, 莫以真人之言謦欬吾君之側乎!」

【徐无鬼】 인명. 魏나라의 은자.

【女商】 魏나라 武侯의 총신.

【病】 困憊함.

【狸德】 狸는 貍와 같음. 德은 기능, 타고난 능력. 살쾡이와 같은 능력을 말함.

【成材】 타고난 재능이나 자질.

【金板六弢】 '六弢'는 '六韜'와 같음. 姜太公의 병법. 太公兵法을 가리킴. '金板'은 '金匱의 石室에 보관하다'의 뜻.

【流人】 쫓겨나 유랑하는 사람.

【似人】 鄕里의 촌사람 같음을 말함.

【藜藿】 명아주나 야생 콩대와 같은 잡초.

【鼪鼬】 족제비. 혹은 날다람쥐. 야생동물을 뜻함.

【謦欬】 소리내어 웃음.

162
(24-2)
술과 고기 맛을 보고 싶소?

서무귀가 무후를 만나자 무후가 이렇게 말하였다.

"선생께서는 산 속에 살아 하찮은 밤이니 먹고, 파나 부추 따위를 싫증이 나도록 먹으며 나의 요구를 거절한 지 오래 되었소! 지금은 늙으셨소? 술과 고기 맛을 보고 싶어 오신 것인가요? 과인 역시 사직을 위한 복이 있어 오신 것인가요?"

서무귀가 말하였다.

"하늘이 나를 빈천한 속으로 낳아주셔서 일찍이 임금의 술과 고기를 감히 먹어본 적이 없습니다. 장차 임금을 위로하기 위해 찾아온 것이외다."

무후가 말하였다.

"무슨 소리요. 어찌 나를 위로한단 말이오?"

서무귀가 말하였다.

"임금님의 정신과 육체를 위로해 드리겠습니다."

임금이 물었다.

"그게 무슨 뜻이오?"

서무귀가 말하였다.

"천지가 만물을 길러주는 이치는 한결같습니다. 높은 데 오른다고 해서 더 길어지는 것이 아니며 아래에 처한다고 해서 더 짧아지는 것이 아닙니다. 나 홀로 만승의 군주가 되어 자신의 나라 전체 백성에게 고통을 주면서 자신의 이목耳目과 비구鼻口의 욕망을 충족시키고 있다면 임금의 심신이 스스로 이를 허락하지 않을 것입니다. 무릇 심신이란 남과 조화를 이루기를 좋아하고, 간악하게 남을 괴롭히는 것을 싫어합니다. 무릇 간악하게 자신만을 위한다면 이것이 바로 병입니다. 그래서 임금을 위로하고자 하는 것입니다. 오직 임금만이 이러한 병의 길로 가고 있는 것은 무슨 이유이겠습니까?"

무후가 말하였다.

"선생을 만나고자 한 지 오래 되었습니다. 나는 백성을 사랑하고 의義를 위해 전쟁을 그치려 합니다. 그렇게 하면 되겠습니까?"

서무귀가 말하였다.

"안됩니다. 백성을 사랑한다는 것이 바로 백성을 해코지하는 시작이며, 의를 위하여 전쟁을 그만두겠다는 것이 바로 전쟁을 일으키는 근본입니다. 임금께서 이로부터 정치를 펴고자 하신다면 거의 성공하기 어렵습니다. 무릇 훌륭한 일을 이루겠다는 것이 곧 악의 바탕이니 임금께서 비록 인의仁義를 행한다 해도 거의 거짓이 되고 말 것입니다! 그런 형식이 굳어지면 그러한 형식을 조성하게 되고 그렇게 하여 성취가 이루어지면 침벌이 있게 되고 변화가 고정되면 밖으로 전쟁을 할 수밖에 없습니다.

임금께서는 역시 여초麗譙의 누각 위에서 군대를 사열하겠다는 생각을 버려야 하며, 치단錙壇의 궁궐 앞에 보병과 기병을 집합시켜 멋진 모습을 보겠다는 생각도 하지 말아야 합니다. 그리고 덕을 버리고 이치에 어긋나는 일을 하지 말 것이며, 계교로 남을 이기려 하지도 말아야 하며, 계략으로 남을 이기겠다는 생각도 버리시고, 전쟁으로 남을 이기겠다는 생각도 버려야 합니다.

무릇 남의 나라 백성들을 죽이고 다른 나라 땅을 빼앗아 자기의 사사로운 육체와 정신을 만족시키려 한다면 그러한 전쟁이란 어느 편이 옳은 것인지 알 수 없지 않습니까? 승리가 어느 편의 것이란 말입니까? 임금께서는 그러한 일은 그치느니만 못합니다. 가슴속의 정성을 닦아 천지의 상정常情에 호응하되 그 이치를 뒤틀어놓는 일은 없어야 합니다. 무릇 백성들이란 죽음으로부터 벗어날 수 있으면 그것으로 그만인데 임금께서 어찌 전쟁을 그만두시겠다는 따위의 생각을 하실 필요가 있겠습니까!"

徐无鬼見武侯曰:「先生居山林, 食茅栗厭葱韭, 以賓寡人, 久矣夫! 今老邪? 其欲干酒肉之味邪? 其寡人亦有社稷之福邪?」

徐无鬼曰:「天鬼生於貧賤, 未嘗敢飲食君之酒肉, 將來勞君也.」

君曰:「何哉, 奚勞寡人?」

曰:「勞君之神與形.」

武侯曰:「何謂邪?」

徐无鬼曰:「天地之養也一, 登高不可以爲長, 居下不可以爲短. 吾獨爲萬乘之主, 以苦一國之民, 以養耳目鼻口, 夫神者不自許也. 夫神者, 好和而惡姦; 夫姦, 病也, 故勞之. 唯君所病之, 何也?」

武侯曰:「欲見先生久矣. 吾欲愛民而爲義偃兵, 其可乎?」

徐无鬼曰:「不可. 愛民, 害民之始也; 爲義偃兵, 造兵之本也; 君自此爲之, 則殆不成. 凡成美, 惡器也; 君雖爲仁義, 幾且偽哉! 形固造形, 成固有伐, 變固外戰. 君亦必无盛鶴列於麗譙之間, 无徒驥於錙壇之宮, 无藏逆於得, 无以巧勝人, 无以謀勝人, 无以戰勝人. 夫殺人之士民, 兼人之士地, 以養吾私與吾神者, 其戰不知孰善? 勝之惡乎在? 君若勿已矣, 修胸中之誠, 以應天地之情而勿攖. 夫民死已脫矣, 吾將惡乎用夫偃兵哉!」

【茅栗】작은 밤.
【葱韭】파나 부추.
【偃兵】군사행동을 포기하거나 없앰. 무력으로 일을 처리하는 것을 피함.
【鶴列】군대를 포진함. 학이 날 때의 모습으로 진열을 배치함을 뜻함. 군대의 장렬한 집합과 사열을 뜻함.
【麗譙】樓臺 이름. 혹 높은 누각을 뜻하는 말이라고도 함.
【徒驥】步騎. 보병과 기마병. 즉 군대.
【錙壇】궁궐 이름. 제사를 지내는 궁궐이라 함.

163
(24-3) 어찌 무엇인가 해야 한다고 여깁니까!

황제黃帝가 대외大隗를 만나려고 구자산具茨山으로 갔다. 방명方明이 마부가 되고 창우昌寓가 참승驂乘이 되며, 장약張若과 습붕謵朋이 앞에서 인도하고 곤혼昆閽과 골계滑稽가 수레 뒤를 따랐다. 양성襄城의 들에 이르러 이들 일곱 명의 성인들은 그만 길을 잃었으며 물어볼 데도 없었다. 마침 말을 먹이는 아이를 만나 길을 물었다.

"너는 구자산이 어디인지 알고 있느냐?"

동자가 말하였다.

"예."

"그러면 너는 대외라는 분이 계신 곳을 알고 있느냐?"

"예."

황제가 말하였다.

"신통하구나. 어린아이여! 구자산을 알고 있을 뿐만 아니라 대외가 계신 곳까지 알고 있다니. 그렇다면 천하를 다스리는 방법도 청하여 물어보자."

동자가 말하였다.

"무릇 천하를 다스리는 사람은 역시 있는 대로 지내기만 하면 됩니다. 어찌 무엇인가 해야 한다고 여기십니까! 저는 어려서부터 이 육합六合 속에서 유유히 살아오다가 그만 아무것도 볼 수 없는 눈병이 들고 말았습니다. 어떤 어른이 저에게 '너는 해를 수레로 삼아 타고 양성의 들에서 유유히 살아야 한다'라고 가르쳐 주었습니다. 지금은 제 병이 약간 나은 듯하니 저는 다시 육합의 밖으로 나가 노닐고자 합니다. 무릇 천하를 다스리는 것도 이와 같을 뿐이니 어찌 애써 무언가 해야 한다고 여기십니까!"

황제가 말하였다.

"천하를 다스리는 일이라면 진실로 너의 일은 아니다. 비록 그렇기는 하나 그래도 천하를 다스리는 방법을 일러주었으면 한다."

동자는 사양하였다.

황제가 다시 묻자 동자는 이렇게 말하였다.

"무릇 천하를 다스리는 일이 말을 먹이는 것과 무엇이 다르겠습니까! 그저 말을 해치는 것들을 제거해 주기만 하면 됩니다!"

황제는 그에게 재배하고 머리를 조아리고는 '천사'天師라 칭하고는 물러섰다.

黃帝將見大隗乎具茨之山, 方明爲御, 昌寓驂乘, 張若諿朋前馬, 昆閽滑稽後車; 至於襄城之野, 七聖皆迷, 无所問塗.

適遇牧馬童子, 問塗焉, 曰:「若知具茨之山乎?」

曰:「然.」

「若知大隗之所存乎?」

曰:「然.」

黃帝曰:「異哉小童! 非徒知具茨之山, 又知大隗之所存. 請問爲天下.」

小童曰:「夫爲天下者, 亦若此而已矣, 又奚事焉! 予少而自遊於六合之內, 予適有瞀病, 有長者敎予曰:『若乘日之車而遊於襄城之野.』今予病少瘳, 予又且復遊於六合之外. 夫爲天下亦若此而已. 予又奚事焉!」

黃帝曰:「夫爲天下者, 則誠非吾子之事. 雖然, 請問爲天下.」

小童辭.

黃帝又問. 小童曰:「夫爲天下者, 亦奚以異乎牧馬者哉! 亦去其害馬者而已矣!」

黃帝再拜稽首, 稱天師而退.

【大隗】 가공의 인물. 大道라는 뜻임.
【具茨】 산 이름. 河南 榮陽 密縣에 있으며 지금은 泰隗山이라 함.
【襄城】 지명. 지금의 河南 襄城縣.
【瞀】 눈이 부심. 눈이 현기증이 남.

164
(24-4) 농부는 농사일이 없으면
즐거움을 느끼지 못한다

지략을 일삼는 자는 자신의 모책이 쓰일 곳이 없으면 즐거움을 느끼지 못하고, 변설이 능한 자는 자신의 의견을 펼 곳이 없으면 즐거움을 느끼지 못하며, 일을 잘 살피는 자는 말다툼으로 상대방을 이기지 않으면 즐거움을 느끼지 못한다. 이들은 모두 외물에 사로잡힌 자들이다.

세상의 영화를 구하는 선비는 조정에서 출세하고, 백성을 잘 다스리는 자는 벼슬을 얻어 그 몸을 영예롭게 하며, 무력을 가진 자는 난관을 맞아 자신의 실력을 발휘하고, 용감한 자는 환난을 당하여 기개를 떨치며, 전략에 뛰어난 자는 전쟁을 즐기고, 산 속에 숨어 사는 자는 청렴淸廉하다는 명성을 추구하고, 법률에 밝은 선비는 치세治世의 법망을 넓히며, 예악禮樂을 받드는 자는 거동을 공손히 하며, 인의仁義를 내세우는 자는 교제를 귀히 여긴다.

농부는 농사일이 없으면 즐거움을 느끼지 못하며, 상인은 장사할 일이 없으면 즐거움을 느끼지 못한다. 서민들은 아침저녁으로 할 일이 있으면 근면해지고, 장인匠人들은 정교하게 만들 기계가 있으면 열심히 일한다. 돈과 재물이 쌓이지 않으면 탐욕이 많은 자들은 근심을 하고, 권세를 이루지 못하면 뽐내기 좋아하는 사람은 슬픔을 느낀다. 세력이나 물질을 좇아가는 사람은 변란이 일어나기를 바란다.

이들은 모두 그 시세에 따라 자신이 할 일만 있으면 거기에 사로잡혀 무위無爲를 실천할 수가 없다. 이들은 모두 시간의 변화에 따라 이끌려 다니는 사람들로써 도를 따르고 거기에서 변화할 수가 없다. 스스로의 육체와 정신을 바삐 움직여 온갖 외물外物에 빠진 채 종신토록 자기 본연의 모습으로 돌아오지 못하니 슬픈 일이 아닌가!

知士无思慮之變則不樂, 辯士无談說之序則不樂, 察士无凌誶之
事則不樂, 皆囿於物者也.

招世之士與朝, 中民之士榮官, 筋力之士矜難, 勇敢之士奮患, 兵革
之士樂戰, 枯槁之士宿名, 法律之士廣治, 禮敎之士敬容, 仁義之士
貴際. 農夫无草萊之事則不比, 商賈无市井之事則不比. 庶人有旦
暮之業則勸, 百工有器械之巧則壯. 錢財不積則貪者憂, 權勢不尤
則夸者悲. 勢物之徒樂變, 遭時有所用, 不能无爲也. 此皆順比於歲,
不易於物者也. 馳其形性, 潛之萬物, 終身不反, 悲夫!

【淩誶】 자질구레함. 낱낱이 분석함.
【招世】 세상의 영화를 구함.
【宿名】 명성에 뜻을 둠.

참고 및 관련 자료

1. 《說苑》: 談叢篇

無思慮之心, 則不達, 無談說之辭, 則不樂.

165
(24-5)

타야 할 배의 뱃사공과 싸움을 하면

장자가 말하였다.

"활을 쏘는 사람이 맞히려 하지 않았는데도 맞혔을 경우 사람들은 이를 일러 활을 잘 쏜다고 한다면 전하가 모두 예羿가 될 것입니다. 그럴 경우 맞습니까?"

혜자惠子가 말하였다.

"그럴 수 있지요."

장자가 다시 물었다.

"이 세상에 모두가 옳다고 인정하는 것은 없는 법이요. 사람들이 각기 옳다고 하는 바를 옳다고 한다면 사람들 모두가 요堯와 같은 성인이 될 것입니다. 그럴 경우 맞습니까?"

혜자가 말하였다.

"그럴 수 있지요."

장자가 말하였다.

"그렇다면 유가儒家, 묵가墨家, 양주楊朱와 공손룡公孫龍 네 학파에 선생까지 합치면 다섯이 되는데 과연 누구의 논리가 옳은 것입니까? 혹은 노거魯遽와 같은 경우입니까? 노거의 제자가 '저는 선생님의 도를 터득하였습니다. 겨울에 나무 없이 솥의 물을 끓일 수 있고, 여름에는 얼음을 만들 수 있습니다'라고 하자, 노거가 '그것은 양陽으로써 양기를 불러오는 것이며 음陰으로 음기를 불러오는 것일 뿐 내가 말하는 도는 아니다. 내 그대에게 도라는 것을 보여 주겠다'라고 대답하고는 이에 그를 위해 거문고를 연주하였습니다. 거문고 하나는 대청 마루에 놓고 다른 하나는 방에다 놓은 다음 한쪽에서 궁宮의 음을 퉁기자 다른 한쪽에서도 궁의 줄이 움직였고, 또 한쪽에는 각角의 음을 퉁기자 다른 한쪽에서도 각의 줄이 움직여 그 음률이 똑같았습니다. 혹 한 줄의 음조를 달리하여 다섯 가지 음 어느 것에도 해당되지 않게 하고 그 줄을 퉁겼더니 다른 쪽의 스물 다섯 개의 줄이 모두 움직였답니다. 음성으로 볼 때는 다를 게 없지만 그것이 모든 음을 다루는 위치에 놓였기 때문입니다. 선생의 도라는 것도 이러한 것과 같은 것입니까?"

혜자가 말하였다.

"지금 무릇 유가와 묵가, 양주, 공손룡은 나와 변론을 전개하며 말로 서로를 배척하고 소리를 쳐 상대를 억누르려 하여 처음부터 자신이 그르다고 인정하는 이는 없으니 어찌 그와 같다고 할 수 있겠소?"

장자가 말하였다.

"제齊나라 어떤 사람이 자신의 아들은 송宋나라로 추방하고는 자신의 문지기는 도리어 다리 잘린 이를 임명하였습니다. 그런가 하면 그는 또 소리를 잘 듣기 위해 목이 긴 종을 하나 구해서는 도리어 이를 보자기로 잘 써서 두면서 소리가 나면 어쩌나 걱정을 하였습니다. 그는 또 잃어버린 자식을 찾겠다면서 그 마을 밖에까지는 나가 보지 않았다고 합니다. 각자의 변론은 이와 같은 것입니다! 무릇 초楚나라 사람으로써 남의 집 문지기 노릇을 하는 사람 집에 기거하다가 그 문지기와 말다툼을 벌이고는 밤에 사람이 없을 때 다시 뱃사공과 다투어 그 배가 이들을 실러 언덕에 닿기도 전에 이미 원수지간이 되고 말았다 하더이다."

莊子曰:「射者非前期而中, 謂之善射, 天下皆羿也, 可乎?」

惠子曰:「可.」

莊子曰:「天下非有公是也, 而各是其所是, 天下皆堯也, 可乎?」

惠子曰:「可.」

莊子曰:「然則儒墨楊秉四, 與夫子爲五, 果孰是邪? 或者若魯遽者邪? 其弟子曰:『我得夫子之道矣, 吾能冬爨鼎而夏造冰矣.』魯遽曰:『是直以陽召陽, 以陰召陰, 非吾所謂道也. 吾示子乎吾道.』於是爲之調瑟, 廢一於堂, 廢一於於室, 鼓宮宮動, 鼓角角動, 音律同矣. 夫或改調一弦, 於五音无當也, 鼓之, 二十五弦皆動, 未始異於聲, 而音之君已. 且若是者邪?」

惠子曰:「今夫儒墨楊秉, 且方與我以辯, 相拂以辭, 相鎮以聲, 而未始吾非也, 則奚若矣?」

莊子曰:「齊人蹢子於宋者, 其命閽也不以完, 其求鈃鍾也以束縛, 其求唐子也而未始出域, 有遺類矣! 夫楚人寄而蹢閽者; 夜半於無人之時而與舟人鬪, 未始離於岑而足以造於怨也.」

【魯遽】 周나라 초기의 인물이라 함.

【廢】 '두다'(置)의 뜻.

【儒墨楊秉】 儒家와 墨家, 그리고 楊朱와 公孫龍子. '秉'은 公孫龍子의 字임.

【鼓宮】 '음악을 연주하다'의 뜻. 宮은 宮商角徵羽의 五音을 대표하여 말한 것.

【閽】 문지기. 수문장.

【遺類】 대략 비슷함.

【鈃鍾】 목이 긴 자루가 있는 종으로 좋은 소리를 듣기 위하여 구한 것인데 도리어 이를 헝겊으로 싸서 소리가 나면 어쩌나 걱정을 하였음을 말함.

【唐子】 잃어버린 자식을 뜻함.

【未始離於岑】 '岑'은 岸. 배가 아직 언덕에 도착하지 않았음을 뜻함. '離'는 '닿다'의 뜻. 이는 온통 논쟁과 다툼으로 어떤 논리가 시작되기도 전에 좌충우돌하는 다섯 변론가의 비정상적인 이전투구와 같은 상황을 비유한 것임.

166
(24-6)

혜시惠施의 무덤 앞에서

장자가 어떤 사람의 장례에 가다가 혜시惠施의 무덤 앞을 지나게 되었다.
장자가 종자從者들을 돌아보며 말하였다.

"영郢 사람 하나가 코끝에 흰 흙을 파리 날개 크기만큼이나 바르고 석수
石手에게 그것을 깎아내어 주도록 하였다. 석수는 도끼를 바람소리 나게
휘둘러 그것을 깎아냈다. 흰 흙이 모두 깎여 떨어졌으나 그의 코는 조금도
다치지 않았고, 영 사람은 낯빛 하나 변하지 않은 채 그대로 서 있었다.

송宋 원군元君이 그 말을 듣고 석수를 불러 '어디 내게도 한번 보여주도록
하라' 하자 석수는 이렇게 대답하였단다.

'제가 전에는 그렇게 깎아 낼 수 있었습니다. 비록 그렇기는 하나
제가 그 기술을 발휘할 바탕이었던 영 땅 그 사람이 죽어 사라진 지
오래되었습니다.'

선생(혜시)이 죽고 말았으니 나에게도 그런 바탕이 없구나. 나와 더불어
이야기할 자가 없어졌구나."

莊子送葬, 過惠子之墓, 顧謂從者曰:「郢人堊漫其鼻端, 若蠅翼,
使匠石斲之. 匠石運斤成風, 聽而斲之, 盡堊而鼻不傷, 郢人立不
失容. 宋元君聞之, 召匠石曰:『嘗試爲寡人爲之.』匠石曰:『臣則嘗
能斲之. 雖然, 臣之質死久矣.』自夫子之死也, 吾无以爲質矣, 吾无
與言之矣.」

【郢】 춘추시대 楚나라의 도읍. 지금의 湖北 江陵市.

【堊】 白堊土. 생석회의 흙. 흰흙.

【斤】 도끼(斧).

【質】 대상. 바탕.

【斤】 도끼(斧).

참고 및 관련 자료

1. 《說苑》: 談叢篇

鍾子期死, 而伯牙絶絃破琴, 知世莫可爲鼓也; 惠施卒, 而莊子深瞑不言, 見世莫可與語也.

2. 《淮南子》脩務訓

是故鍾子期死而伯牙絶絃破琴, 知世莫賞也; 惠施死而莊子寢說者, 見世莫可爲語者也.

167
(24-7) 관중管仲이 병이 들자

관중管仲이 병이 나자 제齊 환공桓公이 그를 문병하며 말하였다.

"중보仲父께서는 병이 깊으십니다. 꺼리는 말이지만 하지 않을 수 없구려! 그러니 과인은 나라를 누구에게 맡겨야 되겠소?"

관중이 되물었다.

"임금께서는 누구에게 맡기려 하십니까?"

환공이 말하였다.

"포숙아鮑叔牙를 생각하고 있소."

관중이 말하였다.

"안됩니다. 그는 사람됨이 결백하면서도 착하기만 한 선비입니다. 그는 자기와 같지 않은 사람과는 친하게 지내지 않을 뿐 아니라 게다가 한번 남의 잘못을 듣기만 하면 평생을 두고 잊지 않는 사람입니다. 그에게 나라를 맡기시면 위로는 임금을 배반하고 아래로는 백성의 뜻을 거역하여 임금께 죄를 짓게 될 것은 오랜 시간이 걸리지 않을 것입니다!"

환공이 물었다.

"그렇다면 누가 좋겠소?"

관중이 대답하였다.

"어쩔 수 없다면 습붕隰朋이 좋을 것입니다. 그의 사람됨은 위로 임금의 존재를 잊고 밑으로는 백성의 뜻을 배반하지 않을 것입니다. 그는 황제黃帝만 못함을 부끄럽게 여기며 자신만 못한 사람을 불쌍히 여깁니다. 남에게 덕을 주는 사람을 일러 성聖이라 하고, 남에게 재물을 주는 자를 일러

현賢이라 합니다. 현명함을 내세워 남에게 임하면서 사람을 얻은 경우란 없습니다. 하지만 어질면서도 남의 밑에 처신하여 사람을 얻지 못한 경우란 없습니다. 그런 사람은 나라 일을 하면서도 세세한 것까지 들으려 하지 않을 것이요, 집안 일에서도 하찮은 것을 살펴보겠다고 하지 않을 것입니다. 어쩔 수 없다면 습붕이 좋을 것입니다."

管仲有病, 桓公問之曰:「仲父之病病矣, 可不諱云! 至於大病, 則寡人惡乎屬國而可?」

管仲曰:「公誰欲與?」

公曰:「鮑叔牙.」

曰:「不可. 其爲人, 潔廉善士也, 其於不己若者不比之, 又一聞人之過, 終身不忘. 使之治國, 上且鉤乎君, 下且逆乎民. 其得罪於君也, 將弗久矣!」

公曰:「然則孰可?」

對曰:「勿已, 則隰朋可. 其爲人也, 上忘而下不畔, 愧不若黃帝而哀不己若者. 以德分人謂之聖, 以財分人謂之賢. 以賢臨人, 未有得人者也; 以賢下人, 未有不得人者也. 其於國有不聞也, 其於家有不見也. 勿已, 則隰朋可.」

【齊桓公】춘추오패의 수장으로 제나라 군주. 관중, 포숙의 도움으로 패자에 오름. 관중의 공로를 높여 환공이 관중을 仲父로 부름. 《史記》齊太公世家 등 참조.
【屬國】屬은 촉(囑)과 같음. 囑國. 나라를 委囑함.
【隰朋】齊 桓公의 신하.

1. 《列子》 力命篇

及管夷吾有病, 小白問之, 曰:「仲父之病病矣, 可不諱. 云至於大病, 則寡人惡乎屬國而可?」夷吾曰:「公誰欲歟?」小白曰:「鮑叔牙可.」曰:「不可; 其爲人也, 潔廉善士也, 其於不己若者不比之人, 一聞人之過, 終身不忘. 使之理國, 上且鉤乎君, 下鉤逆乎民. 其得罪於君也, 將弗久矣.」小白曰:「然則孰可?」對曰:「勿已, 則隰朋可. 其爲人也, 上忘而下不叛, 愧其不若黃帝而哀不己若者. 以德分人謂之聖人, 以財分人謂之賢人. 以賢臨人, 未有得人者也; 以賢下人者, 未有不得人者也. 其於國有不聞也, 其於家有不見也. 勿已, 則隰朋可.」然則管夷吾非薄鮑叔也, 不得不薄; 非厚隰朋也, 不得不厚. 厚之於始, 或薄之於終; 薄之於終, 或厚之於始. 厚薄之去來, 弗由我也.

2. 《史記》 管晏列傳

管仲曰:「吾始困時, 嘗與鮑叔賈, 分財利, 多者與, 鮑叔不以我爲貪, 知我貧也. 吾嘗爲鮑叔謀事而更窮困, 鮑叔不以我爲愚, 知時有利不利也. 吾嘗三仕, 三見逐於君, 鮑叔不以我爲不肖, 知我不遭時也. 吾嘗三戰三走, 鮑叔不以我爲怯, 知我有老母也. 公子糾敗, 召忽死之, 吾幽囚受辱, 鮑叔不以我爲無恥, 知我不羞小節而恥功名不顯於天下也. 生我者父母, 知我者鮑子也.」

3. 《說苑》 復恩篇

鮑叔死, 管仲擧上袒而哭之, 泣下如雨, 從者曰:「非君父子也, 此亦有說乎?」管仲曰:「非夫子所知也, 吾嘗與鮑子負販於南陽, 吾三辱於市, 鮑子不以我爲怯, 知我之欲有所明也; 鮑子嘗與我有所說王者而三不見聽, 鮑子不以我爲不肖, 知我之不遇明君也; 鮑子嘗與我臨財分貨, 吾自取多者三, 鮑子不以我爲貪, 知我之不足於財也. 生我者父母, 知我者鮑子也. 士爲知己者死, 而況爲之哀乎!」

4. 《藝文類聚》 21

列子曰: 管夷吾鮑叔牙, 二人相友. 管仲曰:「吾與鮑叔賈, 分財多自與. 鮑叔不以我爲貪, 知吾有親也. 吾嘗爲鮑叔謀事, 大窮困. 鮑叔不以我爲愚, 知時有不利也. 吾嘗三仕三見逐, 鮑叔不以我爲不肖, 知不遭時也. 知我者鮑叔, 生我者父母.」

168
(24-8) 원숭이는 자신의 재주 때문에

오왕吳王이 강을 건너 원숭이들이 많이 사는 산으로 올라갔다. 많은 원숭이들이 그를 보자 두려워 달아나 깊은 숲 속으로 도망쳤다. 그런데 한 마리만이 날쌔게 뛰어다니며 나무를 오르내리면서 재주를 부리는 것이었다. 왕이 그에게 활을 쏘았더니 날아오는 화살을 손으로 낚아챘다. 왕은 시종들에게 명하여 계속 활을 쏘도록 하여 원숭이는 결국 화살에 맞아 죽고 말았다.

임금이 그의 친구 안불의顔不疑를 돌아다보며 이렇게 말하였다.

"이 원숭이는 자기 재주를 자랑하고 자기의 날램만 믿고서 내게 오만하게 굴다가 이렇게 죽고 말았소! 경계로 삼을지어다! 아, 그대들은 남에게 오만한 얼굴빛으로 대함이 없어야 하리라!"

안불의는 돌아가 동오董梧를 스승으로 모시고 지금까지의 교만한 얼굴빛을 버리며 눈이나 귀의 쾌락을 멀리 하고 높은 벼슬자리도 사양하고 말았다. 3년이 지나자 온 나라 사람들이 그를 칭찬하게 되었다.

吳王浮於江, 登乎狙之山. 衆狙見之, 恂然棄而走, 逃於深蓁. 有一狙焉, 委蛇攫抓, 見巧乎王. 王射之, 敏給搏捷矢. 王命相者趨射之, 狙執死.

王顧謂其友顔不疑曰:「之狙也, 伐其巧, 恃其便以敖予, 以至此殛也! 戒之哉! 嗟乎, 无以汝色驕人哉!」顔不疑歸而師董梧以鋤其色, 去樂辭顯, 三年而國人稱之.

【怕然】놀라 당황한 표정이나 태도.
【敏給】敏捷함.
【顔不疑】인명. 오왕의 친구.
【董梧】오나라의 賢人.
【鋤】호미로 김을 매듯 없애버림.

169
(24-9) 내가 내 자신을 팔려고

   남백자기南伯子綦가 안석案席에 기대어 앉아 하늘을 우러러보며 한숨을
내쉬었다. 안성자顔成子가 들어와 뵙고 이렇게 말하였다.

   "선생님께서는 매우 훌륭한 인물이시군요. 형해形骸는 마른 나무와
같이 할 수 있고 마음도 불 꺼진 재와 같이 만들 수 있는 것입니까?"

   남백자기가 말하였다.

   "나는 일찍이 산의 굴속에서 살았던 적이 있었다. 그때 제齊나라 임금
전화田禾가 나를 보겠다고 찾아 온 적이 있었는데, 제나라 백성들은 그
일을 세 번이나 축하하였다고 한다. 이것은 내가 먼저 명성을 얻고자
하였기에 그가 나를 알아 본 것이요, 곧 내가 나를 팔려고 하였기에
그가 그런 나를 사고자 하였던 것이다. 만약 내가 그런 생각을 가지고
있지 않았다면 그가 어떻게 나의 그러함을 알 수 있었겠느냐? 만약 내가
나를 팔고자 하지 않았다면 그가 어떻게 그런 나를 사고자 하였겠느냐?
아! 나는 스스로의 본성을 잃고 있는 사람을 슬프다고 여겼다. 나는
또 남을 슬프게 여기는 것을 슬퍼하였다. 그리고 나아가 다시 나는 남을
슬프게 여기는 그 슬픔을 슬퍼하였다. 그 뒤에 나는 그러한 것으로부터
날로 멀리 벗어나게 된 것이다."

   南伯子綦隱几而坐, 仰天而噓. 顔成子入見曰:「夫子, 物之尤也.
形固可使若槁骸, 心固可使若死灰乎?」

曰:「吾嘗居山穴之中矣. 當是時也, 田禾一覩我, 而齊國之衆三賀之. 我必先之, 彼故知之; 我必賣之, 彼故鬻之. 若我而不有之, 彼惡得而知之? 若我而不賣之, 彼惡得而鬻之? 嗟乎! 我悲人之自喪者, 吾又悲夫悲人者, 吾又悲夫悲人之悲者, 其後而日遠矣.」

【南伯子綦】〈齊物論〉에 보이는 南郭子綦와 같은 인물.
【顏成子】남백자기의 제자.
【槁骸】나무가 죽어 해골처럼 말라버린 다음, 아무런 시간과 공간의 의식을 가지고 있지 않은 상태.
【死灰】불씨가 완전히 꺼진, 타고 남은 재. 역시 무상무념의 경지를 뜻함.
【田禾】齊나라 太公 田和. 禾는 和와 같음.
【日遠】앞서 말한 자신을 팔고 나아가 그러한 것을 슬픔으로 여겨 연속된 감정의 고리로부터 날로 멀어져 결국 槁骸나 死灰처럼 될 수 있었다는 뜻.

170
(24-10)
불언지언不言之言

　중니가 초楚나라에 가자 초왕이 공자를 위하여 주연을 베풀었다. 손숙오孫叔敖는 술잔을 들고 서 있고, 시남의료市南宜僚는 술을 받아 제祭를 올리며 말하였다.

　"옛사람이여! 이런 때에 무슨 말이라도 있었겠지요.."

　공자가 말하였다.

　"나는 불언지언不言之言이라는 것을 들은 적이 있소. 아직 이야기해 본 일이 없으니 이에 말해 보겠습니다. 시남의료는 구슬놀이를 하며 초나라와 송나라 사이의 전쟁을 해결하였고. 손숙오는 깃으로 만든 부채를 들고 달게 잠을 자면서도 영郢 땅 사람들이 난을 막았다고 하더이다. 내게 석 자 길이의 입만 있었더라면 좀더 말을 잘할 수 있었을 텐데!"

　그 두 사람의 행동은 부도지도不道之道이며 공자의 말은 불언지변不言之辯이다. 그러므로 덕이란 하나의 도에 귀결되고, 변론이란 지식으로는 알 수 없는 경지에 머물러야만 지극한 것이다. 도가 하나로 통일되어 있는 곳이라면 덕은 그에게 합치되지 않을 수 없다. 지식으로써 알 수 없는 것이라면 변론으로 밝혀낼 수 없는 것이다. 그럼에도 도는 없이 덕을 내세우고, 알지도 못하면서 변론을 내세워 명분을 내세우는 유가儒家나 묵가墨家는 그 자체가 흉한 존재일 뿐이다.

　그러므로 바다는 동쪽으로 흐르는 강물을 사양하지 아니하고 받아들이기에 크기가 지극한 것이며, 성인은 하늘과 땅을 아울러 포괄하고 그 은택恩澤을 온 천하에 미치고 있으나 사람들은 그가 누구인지도 모른다.

이 까닭으로 그는 살아서는 아무런 작위爵位도 없고, 죽어서도 시호諡號가 없으며, 재물이 모이지도 않고, 명성이 알려지지도 않았으니 그를 일러 대인大人이라고 하는 것이다.

개가 잘 짖는 것만으로 훌륭하고 좋은 개가 아니듯이 사람도 말을 잘한다고 똑똑한 것은 아니니 하물며 위대함에 있어서랴! 무릇 스스로 위대하다고 하는 것은 위대할 수가 없거늘 하물며 덕德에 있어서랴! 무릇 큰 것이란 하늘과 땅만한 것이 없지만 그것이 그토록 위대하기를 원하여 그렇게 위대하게 된 것이겠는가! 위대한 갖춤을 아는 자는 그렇게 되기를 원하는 것이 없으며, 잃는 것도 없고 버리는 것도 없으며 외물이 자신의 본성을 바꾸는 일도 없다. 자신의 본성으로 돌아가 끝없이 옛 도에 따르되 꾸밈이 없는 것이 대인의 진실함이다.

仲尼之楚, 楚王觴之, 孫叔敖執爵而立, 市南宜僚受酒而祭曰:「古之人乎! 於此言己.」

曰:「丘也聞不言之言矣, 未之嘗言, 於此乎言之. 市南宜僚弄丸而兩家之難解, 孫叔敖甘寢秉羽而郢人投兵. 丘願有喙三尺!」

彼之謂不道之道, 此之謂不言之辯, 故德總乎道之所一. 而言休乎知之所不知, 至矣. 道之所一者, 德不能同也; 知之所不能知者, 辯不能擧也; 名若儒墨而凶矣. 故海不辭東流, 大之至也; 聖人并包天地, 澤及天下, 而不知其誰氏. 是故生无爵, 死无諡, 實不聚, 名不立, 此之謂大人.

狗不以善吠爲良, 人不以善言爲賢, 而況爲大乎! 夫爲大不足以爲大, 而況爲德乎! 夫大莫若天地, 然奚求焉而大備矣! 知大備者, 无求, 无失, 无棄, 不以物易己也. 反己而不窮, 循古而不摩, 大人之誠.

【孫叔敖】초나라의 훌륭한 재상. 楚 莊王을 도와 어진 정치를 베풀었음. 그러나 시대로 보아 孔子와는 만날 수 없음.

【爵】술잔.

【市南宜僚】인명. 熊宜僚. 시 남쪽에 살아 市南子라 불렸음.

【難解】해결하기 어려운 문제. 구체적으로 白公의 난을 가리킨다 함.

【不摩】췌마(揣摩, 남의 속셈을 헤아리는 심령술)에 마음을 허비하지 아니함. 여기서는 이를 위해 자신의 마음을 수식하고 꾸밈을 뜻함.

171
(24-11)
자기子綦의 여덟 아들

　　자기子綦에게 아들이 여덟 있었다. 어느 날 그들을 앞에 세워 놓고 구방인九方歅을 불러 말하였다.

　　"나를 위해 내 아들들의 관상을 봐 주시오. 누가 좋은 운수를 타고났소?"

　　구방인이 말하였다.

　　"곤梱이 상서로운 운을 타고났군요."

　　자기는 놀라운 듯 기뻐하면서 말하였다.

　　"어떤 운수요?"

　　구방인이 말하였다.

　　"곤은 장차 나라의 임금과 같은 것을 먹으며 일생을 마칠 상이오."

　　그러자 자기는 갑자기 눈물을 흘리며 말하였다.

　　"내 자식이 어쩌다 그런 지극한 지경에 이르게 된다는 것인가!"

　　구방인이 말하였다.

　　"나의 임금과 같은 것을 먹는다면 그 은택恩澤이 삼족에 미칠 것인데 하물며 그 부모야 더 말할 나위가 있겠소! 지금 선생께서 그 말을 듣고 우는 것은 그 복을 거스르는 것이 됩니다. 자식은 운수가 좋은데 아버지는 불운한 것입니다."

　　자기가 말하였다.

　　"인선생, 당신이 어찌 족히 아는 자라고 하여 곤이 상서로운 운이라 하오? 술과 고기가 코와 입으로 마음껏 들어간다는 것이라면 그것들이 어디에서 오는지 당신이 어찌 족히 알겠소? 내 가축을 기른 일이 없는데

암양이 집 서남쪽 모퉁이에서 생겨나고, 사냥을 즐긴 일도 없는데 메추라기가 집 동북쪽에서 생겨나는 것과 같은 이야기인데도 당신은 괴이하다 여기지 않으니 그야말로 어찌된 것이오? 나는 내 아들과 함께 천지 자연에서 노닐고 있으며 나는 하늘에 따라 즐기고 있으며, 나는 그들과 더불어 땅에 순응하여 먹을 것을 구하고 있소. 나는 그들과 더불어 어떤 일을 꾸미지 않으며, 그들과 어떤 계책도 꾸미지 않으며 그들과 더불어 어떠한 괴이한 일도 하지 않습니다. 나는 그들과 함께 천지의 참모습에 따라 행동하며 외물 때문에 마음이 흔들리지도 않고 있으며, 나는 자연과 하나가 되어 그들과 어떤 일이 의당한지조차 따지지도 않고 있습니다. 그런데 지금 내 자식에게 세속의 보상이 돌아오다니! 무릇 괴이한 징조가 있으면 틀림없이 괴이한 행동이 있게 마련입니다. 위험하군요. 이는 나와 내 자식의 죄는 아닐 것이니 아마 하늘이 그렇게 만든 것이겠지! 나는 그 때문에 우는 것이오.”

얼마 되지 않아 곤을 연燕나라로 보냈는데 도중에 도적들이 그를 잡았다. 도적들은 그를 온전한 몸으로 팔면 도망칠 염려가 있으니 그의 다리를 자른 뒤 팔아버리는 것이 좋을 것이라고 하였다. 이에 곤은 다리가 잘린 채 제齊나라로 팔려 갔다. 마침 그는 귀족 거공渠公의 집 문을 지키는 일을 하면서 평생 고기를 먹고살다가 죽었다.

子綦有八子, 陳諸前, 召九方歅曰:「爲我相吾子, 孰爲祥?」

九方歅曰:「梱也爲祥.」

子綦瞿然喜曰:「奚若?」

曰:「梱也將與國君同食以終其身.」

子綦索然出涕曰:「吾子何爲以至於是極也!」

九方歅曰:「夫與國君同食, 澤及三族, 而況父母乎! 今夫子聞之而泣, 是禦福也. 子則祥矣, 父則不祥.」

子綦曰:「歂, 汝何足以識之, 而梱祥邪? 盡於酒肉入於鼻口矣, 而何足以知其所自來? 吾未嘗爲牧而牂生於奧, 未嘗好田而鶉生於宎, 若勿怪, 何邪? 吾所與吾子遊者, 遊於天地. 吾與之邀樂於天, 吾與之邀食於地; 吾不與之爲事, 不與之爲謀, 不與之爲怪; 吾與之乘天地之誠而不以物與之相攖, 吾與之一委蛇而不與之爲事所宜. 今也然有世俗之償焉! 凡有怪徵者, 必有怪行, 殆乎, 非我與吾子之罪, 幾天與之也! 吾是以泣也.」

无幾何而使梱之於燕, 盜得之於道, 全而鬻之則難, 不若刖之則易, 於是乎刖而鬻之於齊, 適當渠公之街, 然身食肉而終.

【子綦】초나라의 대신 司馬子綦. 혹은 앞에 보였던 南郭子綦로 보기도 함.
【九方歂】초나라의 유명한 관상가.
【梱】자기의 아들 이름.
【三族】父族, 母族, 妻族. 온 집안을 뜻함.
【奧】서남쪽의 귀퉁이(구석)를 말함.
【宎】동북쪽의 귀퉁이(구석).
【當渠公之街】渠公은 齊나라의 부유한 집안. '當'은 '掌'과 같으며 가는 거리와 맞닿은 대문. 곤이 이 문을 지키는 일을 관장하였음을 뜻함.

172
(24-12)
어짊을 뛰어넘어야

설결齧缺이 길에서 허유許由를 만나자 이렇게 물었다.

"그대는 장차 어디로 가려 하시오?"

허유가 대답하였다.

"요임금으로부터 도망치려는 것이오."

설결이 말하였다.

"그게 무슨 말이오?"

허유는 이렇게 말하였다.

"요임금은 부지런히 인仁을 펴기에 힘쓰고 있으나 나는 그것이 천하의 웃음거리가 될까 두렵다오. 후세에는 그런 사람들이 사람을 서로 잡아먹게 될 거요! 무릇 백성이란 모아들이기 어려운 것들이오. 사랑해주면 친해오며, 이득을 주면 모여들며, 칭찬하면 열심히 일을 하지만 그들이 싫어하는 짓을 하면 흩어져 버리고 말지요. 사랑과 이득은 모두 인의仁義로부터 나오는 것인데 그 인의라는 명목을 버리고 진정으로 사랑하고 이득을 주는 자는 적고, 인의라는 명목을 이용하기만 하는 사람은 많지요. 무릇 인의라는 행위는 단지 성실함을 없애는 것일 뿐이며 탐욕에 찬 자들이 이를 빌려 이용하는 도구일 뿐이지요. 이는 한 사람이 천하의 모든 이들에게 이득을 줄 수 있다고 단정하는 것이니 비유컨대 이는 마치 한 사람의 눈으로 잠깐 보고 만물을 하나로 여기는 것과 같소. 무릇 요라는 자는 현인이 천하에 이득을 주는 것만 알았지, 그런 자가 천하에 적해가 된다는 것은 모르고 있소. 오직 어질다는 것을 넘어선 자 만이 이를 알 뿐이라오!"

齧缺遇許由, 曰:「子將奚之?」

曰:「將逃堯.」

曰:「奚謂邪?」

曰:「夫堯畜畜然仁, 吾恐其爲天下笑. 後世其人與人相食與! 夫民, 不難聚也; 愛之則親, 利之則至, 譽之則勸, 致其所惡則散. 愛利出乎仁義, 損仁義者寡, 利仁義者衆. 夫仁義之行, 唯且无誠, 且假夫禽貪者器. 是以一人之斷制利天下, 譬之猶一覕也. 夫堯知賢人之利天下也, 而不知其賊天下也, 夫唯外乎賢者知之矣!」

【禽貪者器】금수처럼 탐욕을 부리는 工具.

【覕】'瞥'과 같음. '한번 보다'의 뜻.

173
(24-13) 돼지 몸에 붙어사는 이

　남의 학설에 무턱대고 즐거워하는 자가 있고, 편안히 안주하는 자가 있고, 외물外物에 의해 심신에 괴로움을 당하는 자가 있다.

　남의 학설을 무조건 따르는 자는 한 분 선생의 말을 배우고 나면 매우 만족하며 그것으로 충분하다 여긴다. 그리고 처음 사물이 존재하지 않았던 상태가 사물의 참모습이라는 것을 알지 못한다. 그 때문에 남의 의견만 따르는 자라고 하는 것이다.

　편안히 안주하는 자는 돼지 몸에 붙어사는 이와 같은 자들이다. 거칠고 긴 털이 난 곳을 골라 살면서, 그곳을 넓은 궁전이나 커다란 정원이라 여기며 발굽이 굽은 안쪽이나 젖 사이, 사타구니를 편하고 좋은 집이라 여긴다. 이러한 자들은 백정이 팔을 한번 휘둘러 돼지를 죽인 뒤 마른 풀을 깔고 불을 붙여 그 위에 돼지를 놓으면 자기도 돼지와 함께 타 버리고 만다는 사실을 알지 못한다. 이는 자기가 사는 곳에만 집착하여 그 안에서 살고 죽어 가기 때문에 일시적인 안일에만 안주한다고 하는 것이다.

　외물로 인해 심신에 괴로움을 당하는 자는 순舜과 같은 자들이다. 양고기는 개미를 좋아하지 않지만, 개미는 양고기를 좋아하여 모여드는데, 이는 양고기에서 누린내가 풍겨 나오기 때문이다. 순은 인의仁義라는 누린내로 백성들을 유혹한 것이다. 그러므로 순이 사는 곳을 세 번 옮길 때마다 마을을 이루었다. 등鄧이라는 고장으로 옮겼을 때에는 10여 만 호나 모여 들었다. 요堯임금은 그가 성실하다는 말을 듣고 그에게 황무지를 맡기며 이곳을 다스려 은택恩澤을 베풀어달라고 말하였다.

순은 불모의 땅을 맡은 뒤 이윽고 나이가 들어 눈과 귀가 어두워졌으나 그래도 돌아가 쉬려 하지 않았다. 그래서 이들을 소위 외물에 빠져 심신을 괴롭히는 자라고 하는 것이다.

이 까닭으로 신인神人은 많은 사람들이 모이는 것을 싫어하며, 그들이 모이되 그들과 화합하지 아니한다. 화합하면 이들을 따라야 하기 때문이다. 그래서 굳이 친하려 하지도 않을뿐더러 소원하게 굴지도 않는다. 덕을 지니고 조화로운 마음을 유지하면서 천지 자연에 순응하는 자를 진인眞人이라 한다.

개미처럼 양고기에 모여드는 지혜를 버리고, 물고기가 물을 잊은 듯한 삶을 보내며, 양고기처럼 개미를 유혹하려는 생각도 버린다. 눈에 비치는 대로 사물을 보고, 귀에 들리는 대로 들으며, 마음은 본성으로 돌아가 자연스럽게 행동한다. 이러한 사람은 그의 마음이 먹줄을 친 것처럼 곧고 그 변화는 자연 법칙을 따르기만 할 뿐이다. 옛날의 진인眞人은 천지 자연의 도에 따라 행동하여 일부러 무언가를 하는 것으로 천지 자연의 변화에 참견하는 일을 하지 않았다.

옛날의 진인은 자연의 도를 얻어야 살고 잃으면 죽었으며, 명분을 얻으면 죽고 명분을 잃으면 살았다.

有暖姝者, 有濡需者, 有卷婁者.

所謂暖姝者, 學一先生之言, 則暖暖姝姝而私自說也, 自以爲足矣, 而未知未始有物也, 是以謂暖姝者也.

濡需者, 豕蝨是也, 擇疏鬣自以爲廣宮大囿, 奎蹏曲隈, 乳間股脚, 自以爲安室利處, 不知屠者之一旦鼓臂布草操煙火, 而己與豕俱焦也. 此以域進, 此以域退, 此其所謂濡需者也.

卷婁者, 舜也. 羊肉不慕蟻, 蟻慕羊肉, 羊肉羶也. 舜有羶行, 百姓悅之, 故三徙成都, 至鄧之虛而十有萬家. 堯聞舜之賢, 擧之童土之地,

曰冀得其來之澤. 舜擧乎童土之地, 年齒長矣, 聰明衰矣, 而不得休歸,
所謂卷婁者也.

　是以神人惡衆至, 衆至則不比, 不比則不利也. 故无所甚親, 无所
甚疏, 拘德煬和以順天下, 此謂眞人. 於蟻棄知, 於魚得計, 於羊棄意.

　以目視目, 以耳聽耳, 以心復心. 若然者, 其平也繩, 其變也循. 古之
眞人, 以天待人, 不以人入天. 古之眞人, 得之也生, 失之也死; 得之
也死, 失之也生.

【暖姝】 스스로 만족하는 모습.
【濡濡】 편안함을 누리며 자득하는 모습.
【卷婁】 拘攣과 같음. 육체가 힘들도록 노력하는 모습.
【疏鬣】 성기게 난 짐승의 갈기 털.
【奎蹏】 奎는 두 넓적다리 사이를 뜻하며 제(蹏)는 蹄와 같음.
【曲隈】 두 넓적다리 사이의 깊은 안쪽이라 함.
【鄧之虛】 지명 지금의 河南 南陽 부근. 虛는 墟와 같음.
【童土】 禿土. 즉 황무지.
【煬和】 ‘煬’은 ‘養’과 같음.
【繩】 줄로 잰 듯이 평평하고 똑바름.

174
(24-14)
올빼미의 눈은
낮에는 보지 못하지만

약으로써 실근實菫, 도라지, 계옹鷄癰, 시령豕苓 같은 것은 때에 따라 병을 치료하는 각기 주된 효능이 있다. 어찌 어느 것이 좋다고 말할 수 있겠는가!

월나라 구천句踐은 싸움에 패하여 3천 명의 군사를 이끌고 회계산會稽山으로 숨어들었다. 그때 월나라의 대부大夫 문종文種만이 망한 나라가 다시 일어날 것을 알고 있었다. 그러나 그도 그것이 도리어 자신에게는 불운한 일이 되리라는 것을 알지 못하였다. 그러므로 '올빼미의 눈은 낮에는 보지 못하지만 밤에는 잘 보이고, 학의 다리는 길어야 그 마디에 맞는 것이요 이를 자르면 슬퍼한다'라 하는 것이다.

그래서 '바람이 불면 강물이 줄고, 햇빛이 쬐어도 역시 강물이 준다. 그러나 바람과 햇빛이 서로 강물을 줄게 해도 강이 조금도 흔들리지 않는 것은 강물은 근원이 있고 그 근원에 의지하여 흘러가기 때문이다'라고 하는 것이다.

본래부터 물이 흙을 적셔줌에는 빈틈이 없고 그림자가 사람을 따르는 것에도 빈틈이 없으며, 사물과 사물과의 관계도 빈틈이 없다. 그러나 눈의 시력은 위태로운 것이고 귀의 청력도 위태로운 것이며, 마음의 작용도 위태로운 것이다. 모든 능력이란 그것을 지니고 있다는 자체가 위태로운 것이다. 본성으로부터 떠나서 위태로워지게 되면 이미 고치기 어렵다.

재화災禍는 더욱 더 불어나기만 하는 것이기 때문에 본래의 모습으로 되돌리려면 많은 공이 필요하고, 오랜 시간이 흘러야 나타나게 된다. 그런데도 사람들은 그런 능력을 자기의 보물이라 여기고 있으니 역시 슬픈 일이 아닌가! 그러므로 나라를 망치고 백성들을 살육하는 일이 그치지 않는데도 그 화禍의 원인을 물어보아야 하는 것은 알지 못하고 있다.

藥也, 其實堇也, 桔梗也, 雞廱也, 豕零也, 是時爲帝者也, 何可勝言!

句踐也以甲楯三千棲於會稽. 唯種也能知亡之所以存, 唯種也不知其身之所以愁. 故曰: 鴟目有所適, 鶴脛有所節, 解之也悲.

故曰, 風之過河也有損焉, 日之過河也有損焉. 請只風與日相與守河, 而河以爲未始其攖也, 恃源而往者也. 故水之守土也審, 影之守人也審, 物之守物也審.

故目之於明也殆. 耳之於聰也殆. 心之於殉也殆. 凡能其於府也殆, 殆之成也不給改. 禍之長也玆萃, 其反也緣功, 其果也待久. 而人以爲己寶, 不亦悲乎! 故有亡國戮民无已, 不知問是也.

【實堇】烏頭라는 약초. 風과 冷痺를 치료하는 데에 쓰임.

【桔梗】도라지. 식용 또는 약초로 사용하며 心腹의 血瘀症을 치료하는 데 쓰임.

【雞廱】雞頭草. ‘雞壅’으로도 표기함.

【豕零】猪苓이라는 약초로 뿌리는 돼지 불알처럼 생겼으며 渴症을 치료하는 데에 사용한다 함.

【種】越王 勾踐을 도와 吳나라를 멸한 大夫 文種. 范蠡와 함께 당시 월나라의 중신이었음.

【玆萃】‘玆’는 ‘滋’와 같으며 ‘萃’는 ‘聚’와 같음. 점점 불어남을 뜻함.

【緣功】內功을 따름. 자연의 본성으로 돌아감을 뜻함.

175
(24-15) 본성의 위대한 불혹의 경지

그러므로 발이 땅을 밟을 때, 비록 밟는 곳은 작지만 밟지 않은 땅이 있음을 믿고 비로소 마음대로 걸을 수 있는 것이다. 이처럼 사람이 아는 바도 적으나 그가 알 수 없는 지식이 있음을 믿고 비로소 천도天道의 자연을 알 수 있는 것이다. 만물의 근원이 하나라는 대일大一을 알고, 만물의 근원이 지극히 고요하다는 대음大陰을 알며, 만물을 분화 없이 하나로 보는 대목大目을 알고, 자연의 조화가 균등히 작용하는 대균大均을 알며, 자연이란 일정한 법도가 있음의 대방大方을 알며, 자연이란 진실하다는 대신大信을 알고, 자연이란 안정된 것이라는 대정大定을 알게 되면 지극한 경지에 이를 수 있다.

대일은 통달하게 해주며, 대음은 묶인 것을 풀어주고, 대목은 만물을 보게 해 주며, 대균大均은 본성에 따르도록 해주며, 대방은 체득하도록 해주며, 대신은 자연을 살피도록 해주며, 대정은 지속하게 해준다.

자연을 따라 다하면 천도天道가 비춰주어 사람의 지혜는 저절로 밝아진다. 어둠 속에 만물을 주관하는 작용이 있고, 태초부터 상대彼我가 있다. 그렇다면 무엇을 이해한다 해도 그것을 알고 있지 못한 사람과 다를 바가 없다. 오히려 아무 것도 모르는 경지에 이른 뒤에야 그것을 알게 되는 것이다. 그것을 추구해 보면 한계가 있을 수 없고, 한계가 없을 수도 없으며, 뒤섞여 있는 듯하면서도 그 속에는 실제 이치가 있다. 이것은 옛날부터 지금까지 바뀌지 아니하고 손상된 일도 없다. 그러니 천지에는 근본 원리를 증명하지 못한다고 하겠는가! 사람들은 어찌하여 이를 물어보지 아니한

채 그토록 미혹함에 빠져 있을까! 의혹이 없는 것으로써 의혹을 풀어 줌으로써 불혹不惑의 경지로 되돌아가게 하면 이것이 바로 본성의 위대한 불혹의 경지가 되는 것이다.

故足之於地也踐, 雖踐, 恃其所不蹍而後善博也; 人之於知也少, 雖少, 恃其所不知而後知天之所謂也.

知大一, 知大陰, 知大目, 知大均, 知大方, 知大信, 知大定, 至矣.

大一通之, 大陰解之, 大目視之, 大均緣之, 大方體之, 大信稽之, 大定持之.

盡有天循有照, 冥有樞, 始有彼. 則其解之也似不解之者, 其知之也似不知之也, 不知而後知之. 其問之也, 不可以有崖, 而不可以无崖. 頡滑有實, 古今不代, 而不可以虧, 則可不謂有大揚攉乎! 闔不亦問是已, 奚惑然爲! 以不惑解惑, 復於不惑, 是尚大不惑.

【蹍】 '踐', '踏'과 같음.
【大一】 천지 미분화 상태의 모습. 道를 가리킴.
【大陰】 지극히 靜的인 상태.
【頡滑】 만물의 뒤섞여 있음을 나타내는 쌍성연면어.
【揚攉】 자연의 묘한 이치를 드러내어 이를 실제로 논증함.

25. 칙양則陽

'칙양則陽'은 사람 이름이며 첫 장의 이 이름을 편명으로 삼은 것이다. 주로 고사를 원용하여 염담恬淡, 청허淸虛, 순임順任의 취지를 밝혔고 나아가 인사와 권세에 대한 미련을 비평하고 나섰으며, 뒤에는 우주의 기원과 사물의 본체를 거론하기도 하였다.

"나면서부터 아름다운 자에게 거울을 주어도 남이 그것을 알려 주지 않으면 그가 남보다 아름답다는 것을 알지 못한다. 그러나 그가 알거나 혹 모르거나, 또 그것을 들었거나 듣지 못하였거나 그가 아름답다는 것은 끝내 그만두게 할 수 없으며 사람들이 그 아름다움을 좋아하는 것도 그만두게 할 수는 없는 것이다. 그것이 본성이다."

176
(25-1) 외물과의 동화

칙양則陽이 초楚나라로 유람하러 가자 이절夷節이 임금에게 그를 추천하였지만 초왕은 아직 그를 만나고 싶어하지 않자 이절은 돌아가 버렸다. 팽양彭陽, 則陽이 왕과王果를 만나자 이렇게 말하였다.

"선생께서는 어찌하여 나를 임금께 소개해 주지 않으시오?"

왕과가 말하였다.

"나는 공열휴公閱休만 못하오."

칙양이 물었다.

"공열휴란 어떤 인물이오?"

왕과가 말하였다.

"그는 겨울이면 강에서 작살로 자라를 잡고, 여름이면 산그늘에서 쉬면서 지나가는 사람이 물으면 '여기가 우리 집이오'라고 대답하였다 하오. 이절이 임금께 말씀드려도 왕께서 거절하는데 하물며 나 같은 자가 어쩌겠소! 무릇 이절의 사람됨이란 덕은 없고 지혜만 있어 스스로를 자연에 맡기면서도 신명神明으로 외물外物을 접하지 않고, 부귀를 누리는 자리에 미혹되어 있소. 그와 가까이하면 덕으로 도움을 받지 못하고 오히려 서로의 덕을 저버리게 되오. 헐벗은 자가 봄이 되어서야 옷을 빌리고, 더위를 먹은 자가 겨울이 되어서야 찬바람을 쐬는 거나 마찬가지라오. 초왕의 사람됨은 그 겉모습이 존엄하고, 죄에 대해서는 호랑이 같아 용서가 없으며, 말재주가 있어 올바른 덕을 지닌 사람이 아니라면 누가 그를 꺾을 수 있겠소!

그러므로 성인은 곤궁할 때 가족들로 하여금 그 가난함을 잊게 만들고, 출세하였을 때에는 임금이나 대신들로 하여금 그 작위와 관록을 잊게 하여 자연스럽게 겸양하게 만드는 법이오.

그는 외물에 대하여는 그것과 동화되어 즐기고 남에게는 서로를 도와 통하여 즐기면서도 자신을 지킨다오. 그 때문에 말없이 있으면서도 남과 화목하고, 남과 서 있기만 해도 부자 사이처럼 정이 통한다오. 그는 집에 들어앉아 있는 잠깐 사이라도 세상에 베푸는 바가 있는 것이라오. 그의 남에게 대하여 마음 씀이 그토록 원대하니 그 때문에 공열휴에게 부탁해야 한다고 말씀드린 것입니다."

則陽游於楚, 夷節言之於王, 王未之見, 夷節歸.

彭陽見王果曰:「夫子何不譚我於王?」

王果曰:「我不若公閱休.」

彭陽曰:「公閱休奚爲者邪?」

曰:「冬則擉鼈於江, 夏則休乎山樊. 有過而問者, 曰:『此予宅也.』夫夷節已不能, 而況我乎! 吾又不若夷節. 夫夷節之爲人也, 无德而有知, 不自許, 以之神其交, 固顚冥乎富貴之地, 非相助以德, 相助消也. 夫凍者假衣於春, 暍者反冬乎冷風. 夫楚王之爲人也, 形尊而嚴; 其於罪也, 無赦如虎; 非夫佞人正德, 其孰能橈焉!

故聖人, 其窮也使家人忘其貧, 其達也使王公忘爵祿而化卑. 其於物也, 與之爲娛矣; 其於人也, 樂物之通而保己焉; 故或不言而飮人以和, 與人並立而使人化. 父子之宜, 彼其乎歸居, 而一閒其所施. 其於人心者, 若是其遠也. 故曰待公閱休.」

【則陽】 사람 이름. 성은 彭이며 이름은 陽, 자는 則陽. 魯나라 사람.

【夷節】 역시 사람 이름. 성은 夷, 이름은 節이며 楚나라 신하.

【王果】 초나라의 현인.

【公閱休】 은자. 자연과 합한 덕을 가진 인물.

【擉】 물고기 등을 작살로 찔러 잡음.

【佞人正德】 佞幸을 바라는 소인과 덕을 바르게 잡고 실천하는 선비.

【橈】 굽히다. 꺾다. '撓'의 가차자.

177
(25-2) 성인은 만물의 속박을 달관하고 있다

　성인은 만물의 속박을 달관하고 있으며 모든 것을 일체로 보고 있다. 그러면서도 그렇게 되는 이유를 모르고 있는 것은 그것이 그의 본성이기 때문이다. 천명으로 돌아가 행동하고 하늘을 스승으로 삼고 있으니 사람들이 그를 성인이라 부르는 것뿐이다. 지혜 때문에 걱정하면서 행하는 일에 떳떳함이 없으며 얼마 지속하지 못한 채 멈추게 되고 마는 것이니 이를 어찌할 것인가!

　나면서부터 아름다운 자에게 거울을 주어도 남이 그것을 알려 주지 않으면 그가 남보다 아름답다는 것을 알지 못한다. 그러나 그가 알거나 혹 모르거나, 또 그것을 들었거나 듣지 못하였거나 그가 아름답다는 것은 끝내 그만두게 할 수 없으며 사람들이 그 아름다움을 좋아하는 것도 그만두게 할 수는 없는 것이다. 그것은 그것이 본성이다.

　성인은 사람들을 사랑하기에 사람들이 그에게 성인이라는 이름을 붙여준 것이지만 남이 그에게 말해 주지 않으면 그 성인도 자신이 남을 사랑한다는 것을 알지 못한다. 그러나 그것을 알고 있거나 혹은 모르고 있거나, 또는 그것을 들었거나 듣지 못하였거나, 그가 사람을 사랑한다는 것은 끝내 그만두게 할 수 없으며 사람이 그에게 편안함을 느끼게 하는 것도 그만두게 할 수 없다. 그것은 본성이다.

聖人達綢繆, 周盡一體矣, 而不知其然, 性也. 復命搖作而以天爲師,
人則從而命之也. 憂乎知, 而所行恒无幾時, 其有止也, 若之何!

生而美者, 人與之鑑, 不告則不知其美於人也. 若知之, 若不知之,
若聞之, 若不聞之, 其可喜也終无已, 人之好之亦无已, 性也. 聖人之愛
人也, 人與之名, 不告則不知其愛人也. 若知之, 若不知之, 若聞之, 若不
聞之, 其愛人也終无已, 人之安之亦无已, 性也.

【綢繆】 '결박, 속박'의 뜻.
【搖作】 '動作'과 같음.

178
(25-3) 시작도 끝도, 시간도 없다

옛 고국이나 고향은 그곳을 떠나 있는 사람이 멀리서 바라만 보아도 가슴이 트인다. 비록 언덕과 초목에 가려 십분의 일밖에 보이지 않는다 해도 여전히 마음은 시원하다. 하물며 전에 보고 듣던 것은 다시 보고 들음이 마치 열 길의 높은 누각에 달아놓은 것을 여러 사람들 속에서 쳐다보는 것처럼 명확할 때임에랴!

염상씨再相氏는 자연의 도리에 통달하여 되어 가는 대로 자신을 내맡기고, 만물과 함께 시작도 끝도 없었으며, 시간도 없었고 시간의 때에 맞추고자 함도 없었다. 날마다 만물과 더불어 변화하되 한결같이 흔들림이 없었으니 어찌 이런 경지를 버린 적이 있었겠는가! 무릇 자연을 스승으로 삼으면서도 자연을 스승으로 삼지 않은 것은 외물外物을 따라 함께 행하기 때문이었으니 그가 일로 삼을 일이라는 것이 어떠하였겠는가?

무릇 성인에게는 처음부터 하늘도 없고 사람도 없으며, 시작도 없고 사물도 없었다. 세상과 더불어 행함에 폐기함도 없었으며, 그 행하는 바는 온전히 갖추어져 있지만 자신을 손상함도 없었다. 이렇듯 자연과 합치되었으니 그 어떠하였겠는가?

탕湯임금은 사어司御인 문윤등항門尹登恒을 얻어 이를 위하여 스승을 삼았는데, 그 스승을 따라 어디에도 갇힘이 없었고 그 되어가는 대로 맡겨 성취를 이루었다. 그에 따를 명분도 맡기고 그 명분도 법대로 두어 그 두 가지가 드러나 보일 수 있었던 것이다. 공자도 생각을 없애고 이를 스승으로 삼았다. 용성씨容成氏는 이렇게 말하였다.

"하루라도 제외하면 일년이란 있을 수 없고, 안이 없으면 밖이 없다."

舊國舊都, 望之暢然; 雖使丘陵草木之緡, 入之者十九, 猶之暢然. 況見見聞聞者也, 以十仞之臺縣衆閒者也!

冉相氏得其環中以隨成, 與物无終无始, 无幾无時. 日與物化者, 一不化者也, 闔嘗舍之! 夫師天而不得師天, 與物皆殉, 其以爲事也若之何?

夫聖人未始有天, 未始有人, 未始有始, 未始有物, 與世偕行而不替, 所行之備而不洫, 其合之也若之何?

湯得其司御門尹登恒爲之傅之, 從師而不囿, 得其隨成. 爲之司其名; 之名嬴法, 得其兩見. 仲尼之盡慮, 爲之傅之.

容成氏曰:「除日无歲, 无內无外.」

【舊國舊都】本性을 비유하여 이른 말.
【緡】희미하여 제대로 분별을 하지 못함을 뜻함.
【冉相氏】고대의 제왕 이름.
【闔嘗舍之】'어찌 일찍이 그를 버리겠는가?'의 뜻.
【替】'폐기하다, 폐지하다'(廢)의 뜻.
【司御門尹登恒】司御는 관직 명칭. 門尹登恒은 사람 이름. 그러나 사어와 문윤, 등항을 각기 세 사람으로 보는 경우도 있음.
【爲之司其名~爲之傅之】이 구절은 탈락이나 착간이 있는 것이 아닌가 함.
【容成氏】전설상 고대 曆書(달력)를 만든 사람이라 함.

179
(25-4)

와각지쟁蝸角之爭

위魏나라 혜왕惠王 영瑩이 제齊나라 위왕威王 모田牟와 맹약을 맺었으나 위왕이 그를 배반하였다. 위 혜왕이 노하여 자객으로 하여금 그를 찔러 죽이고자 하였다.

위나라 서수犀首가 그 이야기를 듣고 부끄럽게 여겨 이렇게 말하였다.

"임금께서는 만승萬乘의 군주로써 일개 필부를 보내어 원수를 갚다니요! 저에게 20만의 군사를 내려 주시어 임금님을 위해 제나라를 공격하게 해주십시오. 그 나라의 백성들을 사로잡고 소와 말을 끌어와 제나라 임금으로 하여금 분함을 못 이겨 등창이 나도록 한 뒤 그 나라를 뽑아버리 겠습니다. 그리고 제나라의 장군인 전기田忌를 내쫓아버린 다음 그의 등을 쳐서 등뼈를 분질러 놓겠습니다."

그러자 위나라 계자季子가 이를 듣고 부끄럽게 여겨 이렇게 말하였다.

"열 길 높이의 성을 쌓았는데 누군가가 그 열 길이나 되는 성을 무너뜨린다면 그것을 쌓은 일꾼들만 고생한 셈이 되지요. 지금 전쟁이 일어나지 않은 지 7년이나 되었는데 이는 천하의 제왕이 될 기틀이 마련된 것입니다. 공손연 公孫衍 서수는 난을 일으키고자 하는 자이니 그의 말을 들어서는 안됩니다."

위나라 화자華子가 이를 듣고 부끄럽게 여겨 이렇게 말하였다.

"제나라를 치자고 떠들고 다니는 자는 난을 일으키는 인물이며, 제나라를 치지 말자고 떠들고 다니는 자 역시 난을 일으키는 자입니다. 제나라를 정벌하자고 떠드는 자와 치지 말자고 떠들고 다니는 자가 모두 난을 일으키는 자라고 말하는 사람도 역시 난을 일으키는 자입니다."

위 혜왕이 말하였다.

"그러니 어찌하면 좋겠소."

화자가 말하였다.

"임금께서는 올바른 도를 추구하시면 그뿐입니다!"

혜자가 이를 듣고 위왕에게 대진인戴晉人을 소개하자 대진인은 이렇게 말하였다.

"소위 달팽이라는 벌레에 대하여 임금께서는 알고 계시지요?"

임금이 말하였다.

"그렇소."

"달팽이의 왼쪽 뿔에 나라 하나가 있어 이를 촉씨觸氏라고 부르며, 오른쪽 뿔에도 나라 하나가 있어 이를 만씨蠻氏라고 불렀습니다. 마침 이 두 나라가 영토 문제로 전쟁을 벌였는데 죽어 넘어진 시체가 수 만이나 되었고 패하여 도망친 자들을 추격하여 15일 만에야 돌아왔습니다."

임금이 말하였다.

"아! 그 무슨 허황된 말인가?"

대진인이 말하였다.

"제가 그럼 실질적인 이야기를 해 드리겠습니다. 임금께서는 천지의 사방과 상하가 끝이 있다고 생각하십니까?"

임금이 말하였다.

"끝이 없겠지."

대진인이 말하였다.

"마음이 무궁한 경지에 노닐다 보면, 돌이켜 이 나라라는 것은 있는지 없는지 하는 상태가 되겠지요?"

임금이 말하였다.

"그렇겠지요."

그러자 대진인은 이렇게 말하였다.

"이렇게 다 트인 넓은 세상 안에 위나라가 있습니다. 그 위나라 안에 이 수도 대량이 있습니다. 그 대량 가운데에 임금님이 계십니다. 왕께서는 만씨와 무슨 구별이 됩니까?"

임금이 말하였다.

"구별이 없지요."

대진인이 나가자 임금은 멍청히 자기 자신을 잊은 듯하였다.

대진인이 나가고 혜자가 들어와 뵙자 임금이 말하였다.

"그 객은 큰 인물이오. 성인이라도 그를 당해내지 못할 것이오."

혜자가 말하였다.

"피리를 불면 높은 소리가 나지만, 칼자루 끝의 구멍을 불면 휴 하는 소리가 날 뿐입니다. 요순堯舜은 사람들로부터 영예로움을 받는 인물들이지만 이들도 대진인 앞에서 하는 말이란 비유컨대 그 휴 하는 소리에 불과할 것입니다."

魏瑩與田侯牟約, 田侯牟背之. 魏瑩怒, 將使人刺之.

犀首公孫衍聞而恥之曰:「君爲萬乘之君也, 而以匹夫從讐! 衍請受甲二十萬, 爲君攻之, 虜其人民, 係其牛馬, 使其君內熱發於背. 然後拔其國. 忌也出走, 然後抶其背, 折其脊.」

季子聞而恥之曰:「築十仞之城, 城者旣十仞矣, 則又壞之, 此胥靡之所苦也. 今兵不起七年矣, 此王之基也. 衍亂人, 不可聽也.」

華子聞而醜之曰:「善言伐齊者, 亂人也; 善言勿伐者, 亦亂人也; 謂伐之與不伐亂人也者, 又亂人也.」

君曰:「然則若何?」

曰:「君求其道而已矣!」

惠子聞之而見戴晉人. 戴晉人曰:「有所謂蝸者, 君知之乎?」

曰:「然.」

「有國於蝸之左角者曰觸氏, 有國於蝸之右角者曰蠻氏, 時相與爭地而戰, 伏尸數萬, 逐北旬有五日而後反.」

君曰:「噫! 其虛言與?」

曰:「臣請爲君實之. 君以意在四方上下有窮乎?」

君曰:「無窮.」

曰:「知遊心於無窮, 而反在通達之國, 若存若亡乎?」

君曰:「然.」

曰:「通達之中有魏, 於魏中有梁, 於梁中有王. 王與蠻氏, 有辯乎?」

君曰:「無辯.」

客出而君惝然若有亡也.

客出, 惠子見. 君曰:「客, 大人也, 聖人不足以當之.」

惠子曰:「夫吹筦也, 猶有嗃也; 吹劍首者, 吷而已矣. 堯舜, 人之所譽也; 道堯舜於戴晉人之前, 譬猶一吷也.」

【魏瑩】梁(魏)나라 惠王의 이름. 수도를 大梁(지금의 河南 開封)으로 옮겨 이후 魏나라를 흔히 梁나라라 불렀음.《孟子》첫머리에 등장하는 戰國時代 魏나라 군주. 혹 위앵(魏罃)으로도 표기함.

【田侯牟】'田侯'는 田氏 齊의 제후라는 뜻. 齊나라 威王을 가리킴. 이름은 田牟. 그러나《史記》에는 이름이 田因이라 하였음.

【犀首】원래 관직 이름.

【公孫衍】전국시대 인물.《史記》및《戰國策》등 참조.

【田忌】전국시대 齊나라 장군.

【季子】위나라의 匠人.

【胥靡】徒役의 형을 받은 사람을 일컫는 말.

【華子】위나라의 匠人.

【戴晉人】梁(魏)나라의 현인.

【梁】위나라의 다른 칭호. 魏 惠王 31년에 秦나라의 침략을 견디지 못하여 도읍을 大梁(지금의 河南 開封)으로 옮겨 그 뒤 흔히 양나라라 부름.

【筦】'管'과 같음.

【劍首】劍의 環頭 부분에 있는 작은 구멍.

【吷】'혈'로 읽으며 아주 미세한 소리.

180
(25·5)

말 많고 재주를 피우는 공자

공자가 초楚나라로 가는 길에 의구산蟻丘山 아래 장을 파는 사람 집에 묵었다. 그때 그 이웃의 남녀 종이 지붕 위에 올라가 내려다보았다. 자로子路가 여쭈었다.

"저기 옹기종기 모여 있는 사람들은 무엇을 하는 사람들입니까?"

중니仲尼가 말하였다.

"저들은 성인으로서 하인이 되어 일하는 사람들이다. 스스로 백성 속에 묻혀 농사꾼처럼 밭두둑에 자신을 숨기고 있어 그 명성은 사라졌으나 그 뜻만은 무궁한 가운데에서 노닐고 있다. 그 입은 비록 말을 하고 있으나 그 마음은 말로 해 본 적이 없다. 또 바야흐로 그 마음은 세속에서 멀리 떨어져 세상과 함께 어울리려 하지 않고 있다. 그들은 땅 속에 잠기어 사는 자들로써 아마 시남의료市南宜僚가 아닐까?"

자로가 가서 그들을 불러오고자 하였더니 공자가 말렸다.

"그만두어라! 그는 내가 자신을 알아보았다는 것도 알고 있고, 내가 초나라로 간다는 것도 알고 있다. 그는 내가 초나라에 가면 틀림없이 초왕으로 하여금 자신을 부르게 할 것이라고 생각하고 있다. 그는 내가 말 많고 재주를 피우는 자라고 생각할 것이다. 무릇 이와 같은 사람들은 말 많고 재주를 피우는 자의 말을 듣는 것만도 수치라고 생각하고 있거늘 하물며 직접 만나는 것임에랴! 가본들 그가 어찌 거기에 그대로 있겠느냐?"

자로가 가서 보니 그의 집은 텅 비어 있었다.

孔子之楚, 舍於蟻丘之漿. 其鄰有夫妻臣妾登極者, 子路曰:「是稯稯何爲者邪?」

仲尼曰:「是聖人僕也. 是自埋於民, 自藏於畔. 其聲銷, 其志無窮, 其口雖言, 其心未嘗言, 方且與世違而心不屑與之俱. 是陸沈者也, 是其市南宜僚邪?」

子路請往召之.

孔子曰:「已矣! 彼知丘之著於己也, 知丘之適楚也, 以丘爲必使楚王之召己也, 彼且以丘爲佞人也. 夫若然者, 其於佞人也羞聞其言, 而況親見其身乎! 而何以爲存?」

子路往視之, 其室虛矣.

【蟻丘之漿】蟻丘山 근처에서 漿을 파는 사람.
【登極】지붕의 가장 높은 곳으로 올라감.
【稯稯】'總'과 같은 뜻으로 많이 모여 있는 모습.
【陸沈】'물이 없는데도 잠겨들다'의 뜻으로 隱居를 비유한 것.

181
(25-6)
농사를 함부로 지었더니

　　장오長梧 땅에 봉封해진 사람이 자뢰子牢에게 물었다.

　　"임금이 정치를 실행함에 있어 거칠게 함부로 해서는 안될 것이며, 백성을 다스림에 있어서도 질서 없이 찢어지도록 해서는 안될 것입니다. 전에 내가 벼농사를 지어본 바, 논을 갈기를 거칠게 함부로 하였더니 그 이삭 역시 나에게 함부로 보답을 하더이다. 그리고 김매는 것을 마구 아무렇게나 하였더니 벼이삭도 역시 마구 달려 나에게 보답을 하더이다. 나는 그 이듬해에는 방법을 고쳐 가지런히 하고 깊이 갈고 김매기를 잘하였더니 그 벼이삭이 잘 여물어 나는 한 해를 실컷 먹을 수 있었다오."

　　장자가 이를 듣고 이렇게 말하였다.

　　"지금 사람들은 자신의 육신을 다스리고 그 마음을 다스림에 있어서 많은 부분이 이 봉인이 말한 것과 비슷하다. 사람이 자연으로부터 도망치고, 그 본성에서 벗어나 타고난 성정을 없애어 그 신묘함을 잃는 것은 무언가 많은 것을 하려 하기 때문이다. 그러므로 자신의 본성을 거칠게 다루면 욕망과 증오의 싹이 터 이윽고는 천성天性을 해치는 잡초가 될 것이다. 처음에 싹이 틀 때에는 자신의 몸에 도움을 줄 듯이 보이지만 곧 자신의 본성을 뽑아 버려 위쪽은 무너지고 아래쪽은 새어 빠져나올 곳을 택할 수 없는 지경에 처하게 된다. 그리하여 종기와 부스럼이 생기고 속으로 열병에 걸리고 허약한 오줌 거품이 생기니 바로 이 때문이다."

長梧封人問子牢曰:「君爲政焉勿鹵莽, 治民焉勿滅裂. 昔予爲禾, 耕而鹵莽之, 則其實亦鹵莽而報予; 芸而滅裂之, 其實亦滅裂而報予. 予來年變齊, 深其耕而孰耰之, 其禾蘩以滋, 予終年厭飧.」

莊子聞之曰:「今人之治其形, 理其心, 多有似封人之所謂, 遁其天, 離其性, 滅其情, 亡其神, 以衆爲. 故鹵莽其性者, 欲惡之孽, 爲性萑葦蒹葭, 始萌以扶吾形, 尋擢吾性; 並潰漏發, 不擇所出, 漂疽疥癕, 內熱溲膏是也.」

【長梧封人】長梧(지명)에 몽해신 사람. 봉인은 그 땅을 관리하두록 봉을 받은 사람임을 뜻함.
【子牢】공자 제자인 琴牢를 가리킴.
【鹵莽】마구 아무렇게나 일을 처리함. 연면어.
【滅裂】輕薄함을 뜻하는 첩운연면어.
【耰】'김을 매다, 밭일을 하다'의 뜻.
【厭飧】'飽食하다'의 뜻. '厭'은 '饜'과 같음.
【萑葦蒹葭】모두 갈대류의 풀들.
【漂疽】'瘭疽'와 같음. 곪아 고름이 나는 병세.
【溲膏】虛勞한 사람의 오줌에 나타나는 거품.

182
(25-7)
천하라고 해도 모두 똑같을 뿐

백구柏矩가 노담老聃에게 배우면서 이렇게 말하였다.

"천하를 두루 돌아다니며 배우고 싶습니다."

노자가 말하였다.

"그만두어라! 천하라고 해도 모두 똑같을 뿐이니라."

그러나 다시 청하자 노자가 말하였다.

"그렇다면 너는 장차 어느 곳으로부터 유람을 시작하겠느냐?"

백구가 말하였다.

"제齊나라로부터 시작하겠습니다."

이리하여 제나라에 이르러 처형된 죄인의 시체를 보고 그것을 밀어 반듯하게 눕히고 자신의 예복을 벗어 덮어 주고는 하늘을 우러러 이렇게 통곡하였다.

"그대여, 그대여! 천하에 재앙이 많거늘 그대가 먼저 당하였구나. 그대는 도둑질을 한 것인가! 사람을 죽인 것인가! 영예와 치욕을 따지게 된 연후에야 고통의 병이 드러나게 되었고, 재물을 모으게 되고부터 사람들이 다툼이 드러나게 되었다. 지금은 고통이라는 것을 세워 겁을 주고 사람들끼리 다투게 하는 재산이라는 것을 두고 사람들의 몸을 곤궁하게 하여 쉴 틈이 없도록 하는구나. 그러니 그대와 같은 꼴을 당하지 않고자 해도 그렇게 할 수 있겠는가!

옛날의 임금들은 이득을 백성들에게 있도록 하고, 손실은 자신에게 돌렸으며, 올바를 것은 백성들에게 있도록 하고, 잘못된 것은 자신의 책임으로 돌렸다. 그 때문에 한 사람이라도 잘못이 있으면 그 자리에서 물러나 스스로를 책하였던 것이다. 그런데 지금은 그렇지가 못하다. 숨어서 재물을 챙기며 그 과실이 있어도 깨닫지 못하고 있다. 크게 어려운 일을 남에게 맡기고는 감히 해내지 못하는 이들을 처형하며, 무거운 책임을 맡기고 이를 해내지 못한다고 죄를 뒤집어씌우며, 길을 멀리 만들어 놓고 가지 못한다고 주벌을 일삼는다.

백성들의 지혜를 다 써서 고갈시키고는 속임수로 그 뒤를 이어간다. 날로 속임수가 많아지니 선비와 백성이 어찌 거짓을 짓지 않을 수가 있겠는가!

무릇 힘이 부족하다고 여겨 속임수를 쓰고 지혜가 부족하다고 여기면 사기를 일삼으며, 재물이 적다고 여기면 도둑질을 일삼는다. 도둑과 절도가 횡행하니 누구에게 이 책임을 묻는 것이 옳겠는가?"

柏矩學於老聃, 曰:「請之天下遊.」

老聃曰:「已矣! 天下猶是也.」

又請之, 老聃曰:「汝將何始?」

曰:「始於齊.」

至齊, 見辜人焉, 推而强之, 解朝服而幕之, 號天而哭之曰:「子乎 子乎! 天下有大菑, 子獨先離之, 曰莫爲盜! 莫爲殺人! 榮辱立, 然後 覩所病; 貨財聚, 然後覩所爭. 今立人之所病, 聚人之所爭, 窮困人之 身使无休時, 欲无至此, 得乎!

古之君人者, 以得爲在民, 以失爲在己; 以正爲在民, 以枉爲在己; 故一形有失其形者, 退而自責. 今則不然. 匿爲物而過不識, 大爲難而 罪不敢, 重爲任而罰不勝, 遠其塗而誅不至. 民知力竭, 則以僞繼之, 日出多僞, 士民安取不僞! 夫力不足則僞, 知不足則欺, 財不足則盜. 盜竊之行, 於誰責而可乎?」

【柏矩】인명. 노자의 문인.
【辜人】사형을 집행하여 남에게 보임.
【離】'罹'와 같음.

183
(25-8)
거백옥蘧伯玉

거백옥蘧伯玉은 나이 예순이 되도록 생각이 60번이나 바뀌었다. 처음에는 옳다고 하였던 일도 나중에 가서는 모두 굴복하여 아니라고 하였던 것이다. 그러니 지금 옳다고 하는 것도 사실 59세 이전에는 그르다고 한 것이었는지도 모른다. 만물은 생겨나기는 하되 그 근원은 볼 수가 없으며 죽어나가지만 그 나가는 문을 볼 수가 없다.

사람들은 모두 자신의 지력으로 알 수 있는 그 앎이라는 것은 존중하지만, 그것으로 알 수 없는 것에 의거하여 알려고 하지는 않으니 크게 의혹스럽다 할 수 있으리라! 그만둘지어다. 그만둘지어다! 잘못을 벗어나기란 어려운 것이니 이렇게 말하는 것 역시 옳은 것인가? 과연 그런가?

蘧伯玉行年六十而六十化, 未嘗不始於是之而卒詘之以非也, 未知今之所謂是之非五十九非也. 萬物有乎生而莫見其根, 有乎出而莫見其門. 人皆尊其知之所知而莫知恃其知之所不知而後知, 可不謂大疑乎! 已乎已乎! 且无所逃. 此所謂然與, 然乎?

【蘧伯玉】춘추시대 노나라 대부.
【詘】'屈'과 같음.

1.《幼學瓊林》502

行年五十, 當知四十九年之非; 在世百年, 那有三萬六千日之樂.

2.《淮南子》原道訓

蘧伯玉年五十而知四十九年非.

3.《論語》憲問篇 注

"按莊周稱'伯玉行年五十, 而知四十九年之非'. 又曰: '伯玉行年六十, 而六十化.' 蓋其
進德之功, 老而不倦."

184
(25-9)
위衛나라 영공靈公의 무덤

공자가 태사太史 대도大弢, 백상건伯常蹇, 희위狶韋에게 물었다.

"위衛나라 영공靈公은 술 마시고 즐기는 데에만 빠져 국가의 정치는 돌보지도 않았으며, 사냥에 미쳐 제후들의 회맹에도 응하지 않았었소. 그런데도 영공이라는 시호를 붙인 것은 무슨 이유입니까?"

대도가 말하였다.

"그건 바로 그런 짓을 하였기 때문이지요."

백상건이 말하였다.

"영공에게는 처가 세 사람 있었는데 같은 욕조에서 목욕을 하곤 하였소. 그러나 사추史鰌가 명을 받들어 어전에 나올 때면 기다시피 그를 마중하여 부축해 줄 정도였소. 그의 거만한 행동은, 처들과는 그런 짓을 하였지만 현명한 이를 만날 때에는 그처럼 공경을 다하였기에 그에게 영공이라는 시호가 붙은 것이지요."

희위가 말하였다.

"무릇 영공이 죽었을 때 옛 조상들이 묻힌 묘소에 묻으려 점을 쳤더니 불길하다는 점괘가 나왔습니다. 모래 언덕에 장사 지내는 것이 도리어 길하다는 것이었습니다. 그리하여 모래 언덕을 몇 길 파내려가자 석곽石槨이 나왔습니다. 그것을 깨끗이 씻고 보았더니 그 명문에 '자손들에게 의지할 것 없이 영공은 이를 빼앗아 무덤을 삼도록 하라'라고 쓰여 있었습니다. 무릇 영공에게 영靈이라는 이름이 붙은 것은 이처럼 오래된 것입니다. 앞서 말한 두 사람이 어찌 족히 이를 알겠소!"

仲尼問於大史大弢·伯常騫·狶韋曰:「夫衛靈公飲酒湛樂, 不聽國家之政; 田獵畢弋, 不應諸侯之際; 其所以爲靈公者何邪?」

大弢曰:「是因是也.」

伯常騫曰:「夫靈公有妻三人, 同濫而浴. 史鰌奉御而進所, 搏幣而扶翼. 其慢若彼之甚也, 見賢人若此其肅也, 是其所以爲靈公也.」

狶韋曰:「夫靈公也死, 卜葬於故墓不吉, 卜葬於沙丘而吉. 掘之數仞, 得石椁焉, 洗而視之, 有銘焉, 曰:『不馮其子, 靈公奪而里之.』夫靈公之爲靈也久矣, 之二人何足以識之!」

【大史】 太史와 같음. 역사 기록을 담당한 직책.

【大弢·伯常騫·狶韋】 세 사람 모두 고대 사관의 이름.

【畢弋】 사냥 도구. 畢은 큰 그물. 弋은 화살 끝에 실을 매어 새나 짐승을 쏘는 것.

【濫】 浴槽. 鑑자의 가차로 보기도 함. 《說文》에 "鑑, 大盆也"라 함. 큰 욕조를 말함.

【史鰌】 史鰌, 史魚. 춘추시대 아주 곧았던 인물. 공자가 매우 칭찬하였으며 '尸諫'의 고사를 남기기도 하였음. 《論語》, 《說苑》, 《新序》 등 참조.

【沙丘】 지명. 盟津河의 북쪽에 있다 함.

무위無爲와 무불위無不爲

소지少知가 대공조大公調에게 물었다.

"무엇을 두고 마을의 여론이라 합니까?"

대공조가 말하였다.

"마을이란 온갖 성씨와 이름을 가진 자들이 모여 살아 풍속을 이루고 있습니다. 서로 다른 것을 합하여 하나로 삼은 것이기 때문에 그 같아진 하나를 분산시켜 놓고 보면 각기 다른 게 되고 맙니다. 지금 말 한 필의 몸체 여러 부분을 모두 분해하여 놓고 이를 가리켜 말이라 할 수 없으나, 말이 우리 눈앞에 매어져 있을 때는 그 각각의 부분들이 합쳐져 서 있기 때문에 우리는 이를 말이라 부르는 것입니다.

이 까닭으로 언덕이나 구산丘山은 낮은 흙이 쌓여 높아진 것이며, 강하江河도 작은 시냇물이 합쳐서 그렇게 큰 것이 된 것이며, 대인大人도 작은 것들이 모이고 합하여 공公을 이루는 것입니다. 이로써 밖으로부터 들어온 의견을 두고 자신의 생각에만 고집하지 않아야 하며, 자신에게서 나가는 의견이 정확하다 하더라도 남의 의견을 막아서는 안 되는 것입니다. 사시四時는 각각 그 기후가 다르지만 하늘은 어느 한편에 치우치지 아니하기 때문에 한 해를 이루는 것이며, 오관五官은 그 맡은 바 직책은 서로 다르지만 임금이 어느 하나에만 사심을 품지 않기 때문에 나라가 다스려지는 것이며, 문무文武는 서로 다른 것이지만 대인大人은 어느 한편으로 치우치지 않기 때문에 그 덕이 갖추어지는 것입니다. 만물은 각각 그 이치가 다르지만 도는 사사로움에 치우치지 아니하기 때문에 이름이 없는 것이며 이름이 없기 때문에 무위無爲

이며, 무위이기 때문에 무불위無不爲인 것입니다. 시간에는 시작과 끝이 있고 세상에는 변화가 있으며, 화복禍福은 돌고 도는 것이기에 한쪽이 어긋난 바에 이르면 다시 좋은 것이 있게 마련입니다. 모두가 각기 따르는 바가 다른 까닭에, 한쪽에 올바른 바가 있으면 다른 쪽에는 차이가 있게 마련입니다. 비유하건대 큰 연못에 온갖 생물이 모여 살면서 각기 그 정도가 있고, 큰 산 하나를 보더라도 나무나 풀들이 하나의 단壇을 이루는 것과 같습니다. 이러한 것을 일러 마을의 여론이라 하는 것입니다."

소지가 말하였다.

"그렇다면 그것을 도道라고 말해도 되겠습니까?"

대공조가 말하였다.

"그렇지가 않습니다. 지금 모든 만물의 수를 헤아려 보면, 그 수가 만 가지에 그치지를 않지만 그래도 만물萬物이라 부르는 것은 그 중 숫자로서 많다고 하는 말을 붙여서 이른 것입니다. 이 까닭으로 천지天地라고 하는 것은 형체 중에 큰 것이요, 음양陰陽이란 기氣 중에 큰 것을 말하는 것이며, 도道라는 것은 이들을 모두 공평하게 하는 것입니다. 그러한 위대함을 근거로 그것을 도라고 부른다면 가하기는 하나 이미 그저 '도'라는 이름만으로 부른다면 다른 사물과 대비되겠습니까? 그렇게 되면 마치 그저 변별하는 의미를 가진 말(어휘) 정도가 되고 말지요. 그러면 도는 마치 개와 말이나 다를 게 없게 되어 도의 진실한 모습에서 너무 멀어지고 말지요!"

少知問於大公調曰:「何謂丘里之言?」

大公調曰:「丘里者, 合十姓百名而以爲風俗也, 合異以爲同, 散同以爲異. 今指馬之百體而不得馬, 而馬係於前者, 立其百體而謂之馬也. 是故丘山積卑而爲高, 江河合小而爲大, 大人合幷而爲公. 是以自外入者, 有主而不執; 由中出者, 有正而不距. 四時殊氣, 天不賜,故歲成; 五官殊職, 君不私, 故國治; 文武殊能, 大人不賜, 故德備; 萬物殊理, 道不私, 故无名. 无名故无爲, 无爲而无不爲. 時有終始, 世有變化. 禍福淳淳, 至有所拂者而有所宜; 自殉殊面, 有所正者有所差. 比於大澤, 百材皆度; 觀於大山, 木石同壇. 此之謂丘里之言.」

少知曰:「然則謂之道, 足乎?」

大公調曰:「不然. 今計物之數, 不止於萬, 而期曰萬物者, 以數之多者號而讀之也. 是故天地者, 形之大者也; 陰陽者, 氣之大者也; 道者爲之公. 因其大而號以讀之, 則可也, 已有之矣, 乃將得比哉? 則若以斯辯, 譬猶狗馬, 其不及遠矣!」

【少知·大公調】 가설로 내세운 인물. '少知'는 '지식이 적다'는 뜻이며, '大公調'는 '공명정대하여 조화를 이루다'는 뜻을 비유하고 있음.
【丘里之言】 사회의 공론이나 여론을 뜻함. 고대 4井을 1邑이라 하고 4邑을 1丘, 5家를 1鄰, 5鄰을 1里라 하였음.
【天不賜】 '賜'는 '私'의 가차자.
【自殉殊面】 殉은 循의 가차자. '스스로 여러 가지 다른 각 방면을 따르다'의 뜻.

186
(25-11)
만물은 어떻게 생겨났을까?

소지少知가 말하였다.

"사방의 안과 육합六合 속에 있는 이 많은 만물은 처음 어디로부터 생겨 나오는 것일까요?"

대공조大公調가 말하였다.

"음과 양이 서로 응하여 서로 덮어주기도 하고 서로 다스리기도 하며, 사시가 순환하여 서로 태어나게도 하고 서로 죽이기도 하는 것입니다. 그리고 그 속에 욕망과 증오, 버리고 취하는 것이 이에 높이 치솟아 암수가 나뉘고 합하고 하여 이에 모든 것이 존재하게 된 것입니다. 안위安危가 서로 바뀌며, 화복禍福이 서로 번갈아 나타나며, 완급緩急이 서로 밀고 당기며, 취산聚散하여 만물이 생성되는 것입니다. 이러한 명분과 실질이 벼리가 될 수 있으며, 그 정미한 이치도 가히 기술할 수 있습니다. 모든 것은 질서에 따라 서로를 다스리고, 운행의 작용으로 서로를 부리며, 궁극에 이르면 되돌아오고 끝이 나면 다시 시작하는 것이라오. 이것이 만물이 지니고 있는 원리입니다. 이는 말로 아무리 지극한 것까지 표현하거나, 지혜로 아무리 끝까지 추구한다 해도 그것은 결국 드러난 사물의 범위의 지극함을 설명한 것에 불과할 뿐입니다. 그러나 도를 관찰하는 사람은 그러한 사물이 사라져 없어지는 것을 따르지도 않고 사물의 기원을 탐구하지도 않습니다. 이는 사람의 말로는 한계가 있기 때문입니다."

소지가 말하였다.

"계진季眞은 주재하는 이가 있을 수 없다고 하였고, 접자接子는 혹 누군가가 부리는 자가 있다고 하였는데, 두 사람의 논리에 대하여 어느 것이 인정에 맞으며 누구의 말이 진리에 가까운 것입니까?"

대공조가 말하였다.

"닭이 울고 개가 짖는다는 사실은 누구나 다 아는 일이오. 그러나 비록 위대한 지혜를 가진 자라 해도 그것이 어찌 그런지에 대하여는 능히 말로 설명할 수가 없으며 또 그것이 장차 어떻게 될 것인지에 대하여도 능히 자신의 뜻으로는 추리해낼 수가 없소. 이에 대하여 분석해 나가다 보면 그 정미精微함이 더 이상 어쩔 수 없는 지경에 이르게 되고, 그 크기는 범위를 정할 수 없는 정도에까지 이르게 됩니다. 그러니 혹 어떤 주재하는 자가 있어 부리고 있다는 논리와 주재하는 자란 없다는 논의는, 사물의 드러난 모습을 벗어나지 못하여 마침내 오류가 되고 맙니다. 혹 주재하는 자가 있다면 그 작용도 실재로 있어야 되는 것이며, 주재하는 자가 없다면 만물의 작용은 공허하다는 것이 되고 맙니다. 그러므로 명분이 있으면 실제가 있어야 한다는 것은 드러난 사물에 근거를 두고 있는 것이요, 명분이 없으면 실제도 없다고 하는 것은 드러난 사물이 모두 공허한 것이어야 하는 것입니다. 말로 표현하고 마음속으로 추리할 수도 있는 것은, 말하면 말할수록 더욱 소원해지고 마는 것입니다. 만물이란 생기기 전에 생기지 못하도록 막을 수도 없고, 이미 죽은 것을 죽지 않도록 막을 수도 없는 것입니다. 죽고 사는 것은 멀리 있는 것이 아니며 이치는 알 수가 없는 것입니다. 혹 누군가가 주재하고 있다는 것과 아무도 작위하는 자가 없다는 것은 결국 의심스러운 채 가설로 내세운 것입니다. 내가 그 근본을 보건대 그 가는 것은 끝이 없으며 내 그 끝을 살피건대 오는 것도 그침이 없는 것입니다. 다함도 없고 끝도 없으니 이를 말로 하면 무無로 표현하여야 만물의 도리와 같아지는 것입니다. 주재하는 자가 있다는 논리와 아무도 작위하지 않는다는 말로 하면 이는 본本일 것이며 그래야 만물과 함께 종시終始가 맞을 것입니다. 도道란 누군가가 가지고 있을 수도 없고 또한 가지고 있지 않을 수도 없습니다. 도라는 것도 역시 이름일 뿐으로 가상적으로 그렇게 부르는 것입니다. 혹 주재하는 자가 있다거나, 아무도 작위하지 않는다는 것은 만물의 한 곳만 보고 할 수 있는 것이니 어찌 자연의 위대한 도에게 모두 걸쳐 말할 수 있는 것이겠습니까? 도를 말로써 족히 할 수 있다면 하루만에 모두 다 말해낼 수 있을 것이나, 도를 말로 표현할 수 없는 것이라면 하루 종일 말하더라도 사물에 대한 것의 이야기에 그칠 것입니다. 도란 사물의 극치이니 말로 하거나 침묵으로는 다 실어낼 수가 없습니다. 말도 아니고 침묵도 아닌 것으로써 그러한 도의 지극함을 논해야 할 것입니다."

少知曰:「四方之內, 六合之裏, 萬物之所生惡起?」

大公調曰:「陰陽相照, 相蓋相治; 四時相代, 相生相殺. 欲惡去就, 於是橋起; 雌雄片合, 於是庸有. 安危相易, 禍福相生, 緩急相摩, 聚散以成. 此名實之可紀, 精微之可志也. 隨序之相理, 橋運之相使, 窮則反, 終則始; 此物之所有. 言之所盡, 知之所至, 極物而已. 觀道之人, 不隨其所廢, 不原其所起, 此議之所止.」

少知曰:「季眞之莫爲, 接子之或使, 二家之議, 孰正於其情, 孰偏於其理?」

大公調曰:「鷄鳴狗吠, 是人之所知; 雖有大知, 不能以言讀其所自化, 又不能以意測其所將爲. 斯而析之, 精至於无倫, 大至於不可圍, 或之使, 莫之爲, 未免於物, 而終以爲過. 或使則實, 莫爲則虛. 有名有實, 是物之居; 无名无實, 在物之虛. 可言可意, 言而愈疏. 未生不可忌, 已死不可徂. 死生非遠也, 理不可覩. 或之使, 莫之爲, 疑之所假. 吾觀之本, 其往无窮; 吾求之末, 其來无止. 无窮无止, 言之无也, 與物同理; 或使莫爲, 言之本也, 與物終始. 道不可有,

有不可无. 道之爲名, 所假而行. 或使莫爲, 在物一曲, 夫胡爲於大方?
言而足, 則終日言而盡道; 言而不足, 則終日言而盡物. 道物之極,
言黙不足以載; 非言非黙, 議有所極.」

【四方, 六合】 온 우주 안을 일컫는 말.
【橋起】 '갑자기 일으키다'의 뜻. '橋'는 '높다'(高)의 뜻.
【庸有】 '常有'와 같음. '庸'은 '常'의 뜻.
【季眞】 장자가 임의로 내세운 인명으로 보임. '도가 무엇인지 모르는 사람'을
뜻함
【接子】《史記》에 보이는 齊나라 稷下學士 接子가 아닌가 함.
【大方】 大道를 뜻함.

26. 외물外物

'외물外物' 역시 뜻보다는 첫 장의 두 글자로 편명을 삼은 것이다. 내용은 상당히 복잡하여 주로 양생養生과 처세處世, 자연에의 순응을 주장하면서 아울러 지조를 반대하였으며 이로써 허기虛己와 망언忘言의 경지로 들 것을 설명한 것들이다.

"본성을 뒤집으면 손상되지 않을 것이 없으며, 사심을 가지고 행동하면 그릇되지 않는 것이 없다. 성인이란 항상 주저하면서 일을 일으키기 때문에 하는 일마다 성공을 거두는 것이다."

莊子

187
(26-1) 필연의 기준이란 없다

　인간의 외부 사물들에는 꼭 어떤 필연의 기준이 있는 것이 아니다. 그래서 용봉龍逢은 주살당하였고, 비간比干은 도륙되어있으며, 기자箕子는 미친 척하고 살았고, 악래惡來는 죽음을 당하였으며, 걸왕桀王, 주왕紂王도 망하고 말았던 것이다.

　사람의 군주가 된 자들은 자신의 신하가 충성스럽기를 바라지만 충신이라고 해서 모두가 군주의 신임을 받는 것은 아니다. 그 때문에 오원伍員은 그 시체가 강물에 띄워졌고, 장홍萇弘은 죄 없이 촉蜀에서 죽어 그 피를 3년을 저장해 두었더니 푸른 옥이 되었던 것이다.

　부모 된 사람이라면 누구나 자기 자식이 효성스럽기를 바라지만 효자라고 해서 모두가 부모의 사랑을 받은 것은 아니다. 그래서 효기孝己는 괴로워하였고 증삼曾參은 비통함을 겪었던 것이다.

　나무와 나무를 마찰시키면 불이 생기고, 쇠가 불 속이 들어가면 녹아 흐른다. 음양이 뒤섞여 운행되면 하늘과 땅에 큰 변동이 일어난다. 여기에서 천둥과 번개가 나타나고, 빗속에서 벼락이 쳐 큰 홰나무槐를 태운다. 심할 경우 사람에게는 이해利害라는 두 가지 큰 우환의 함정이 있어 도망칠 수가 없다.

　놀라 두려워하는 가운데 아무 일도 이루지 못하면서 마음은 하늘과 땅 사이에 매달린 듯 불안한 것이다. 또 걱정스런 마음이 뭉쳐 근심에 빠지게 되며, 이해가 서로 마찰해 화병을 일으키는 경우는 너무나 많다. 사람들 마음속의 화기和氣를 태워 버리고 달처럼 깨끗하고 조용하던 마음이

그 불을 이겨내지 못한다. 이에 그 모든 것이 무너져 도道가 진멸盡滅되고
마는 것이다.

外物不可必, 故龍逢誅, 比干戮, 箕子狂, 惡來死, 桀紂亡.

人主莫不欲其臣之忠, 而忠未必信, 故伍員流于江, 萇弘死于蜀,
藏其血三年而化爲碧. 人親莫不欲其子之孝, 而孝未必愛, 故孝己
憂而曾參悲.

木與木相摩則然, 金與火相守則流. 陰陽錯行, 則天地大絃, 於是乎
有雷有霆, 水中有火, 乃焚大槐, 有甚憂兩陷而无所逃, 墜蜳不得成,
心若懸於天地之間, 慰暋沈屯, 利害相摩, 生火甚多, 衆人焚和, 月固
不勝火, 於是乎有償然而道盡.

【龍逢·比干】 모두 014, 047, 122를 볼 것.

【箕子】 殷나라 紂王의 숙부로 간언을 하다가 들어주지 않자 미친 행세를 하였다 함.

【惡來】 紂王의 학정에 동조하여 아첨을 부린 신하.

【桀紂】 桀은 夏나라 末王. 紂는 殷나라 말왕. 모두 폭군의 대명사로 거론됨.

【伍員】 伍子胥. 楚 平王에게 아버지와 형이 죽음을 당하자 吳나라로 망명하여
원수를 갚았으며 吳王 闔廬와 夫差를 섬겨 越나라와 대항하였던 인물. 《史記》
伍子胥列傳 참조.

【萇弘】 周나라 靈王 때의 현신으로 楚나라로 추방당하였다가 죽음을 당함.

【孝己】 殷나라 高宗의 아들로 효성으로 널리 알려진 인물.

【曾參】 曾子. 춘추시대 孔子의 弟子이며 효성으로 널리 알려짐.

【絃】 '駭'의 가차자. '놀라다'의 뜻.

【墜蜳】 놀라 두려워하는 모습을 나타내는 연면어.

【償然】 무너짐. '頹然'과 같음. 頹落하여 정도를 잃는 모습.

188
(26-2)
학철붕어 涸轍鮒魚

　　장주莊周가 집이 가난하여 감하후監河侯에게 곡식을 꾸러 찾아갔더니 감하후가 이렇게 말하는 것이었다.

　　"좋소. 내 곧 봉읍의 세금을 거두어 장차 선생께 3백 금을 빌려 드리리다. 그렇게 하면 되겠소?"

　　장자는 불끈 얼굴빛에 화를 내며 말하였다.

　　"내가 어제 오는 길에 길가에서 나를 부르는 자가 있었습니다. 내가 돌아보았더니 수레바퀴 자국 속의 고인 물에 붕어가 한 마리가 있었습니다. 내가 붕어에게 물었지요. '붕어야! 너는 어찌 된 것이냐?' 그러자 붕어가 대답하였소. '나는 동해東海 파도의 신臣입니다. 그대께서 한 말, 한 되의 물 정도로라도 저를 살려주시지 않겠습니까?' 내가 말하였소. '좋다. 내 장차 남쪽 오월吳越의 지역으로 유세하러 가는 중이니 그곳 서강西江의 물을 끌어다 너를 맞이하게 해 주리라. 되겠느냐?' 그러자 붕어는 성이 나서 얼굴빛이 변하여 말하더이다. '나는 늘 나와 함께 하던 물을 잃었기 때문에 당장 몸 둘 곳이 없는 것이다. 선생께서 이렇게 말씀하시니 어서 건어물 가게에 가서나 나를 찾아보는 게 나을 것이오'라고 말입니다."

　　莊周家貧, 故往貸粟於監河侯.

　　監河侯曰「諾. 我將得邑金, 將貸子三百金, 可乎?」

莊周忿然作色曰:「周昨來, 有中道而呼者. 周顧視車轍中, 有鮒魚焉. 周問之曰:『鮒魚來! 子何爲者邪?』對曰:「我, 東海之波臣也. 君豈有斗升之水而活我哉?』周曰:『諾. 我且南遊吳越之土, 激西江之水而迎子, 可乎?』鮒魚忿然作色曰:『吾失我常與, 我无所處. 吾得斗升之水然活耳, 君乃言此, 曾不如早索我於枯魚之肆!』」

【監河侯】하수를 관찰하고 감독하는 임무를 맡은 관직.
【邑金】封을 받은 采地. 封邑에서 나는 세금.
【鮒魚】붕어. 鯽魚.
【波臣】물을 관장하며 치수의 임무를 맡은 신하.
【吳越之土】다른 기록에는 吳越之王으로 되어 있음.
【西江】蜀江을 뜻함.

참고 및 관련 자료

1. 학철붕어(涸轍鮒魚) 고사의 원전이다.

2. 《說苑》: 善說篇

莊周貧者, 往貸粟於魏, 文侯曰:「待吾邑粟之來而獻之.」周曰:『乃今者周之來, 見道傍牛蹄中有鮒魚焉, 大息謂周曰:『我尚可活也?』周曰:『須我爲汝南見楚王, 決江淮以漑汝.』鮒魚曰:『今吾命在盆甕之中耳, 乃爲我見楚王, 決江淮以漑我, 汝卽求我枯魚之肆矣.』今周以貧故來貸粟, 而曰須我邑粟來也而賜臣, 卽來亦求臣傭肆矣.」文侯於是乃發粟百鍾, 送之莊周之室.

3. 《幼學瓊林》919

甦涸鮒, 乃濟人之急; 呼庚癸, 是乞人之糧.

4. 《幼學瓊林》1259

鮒魚困涸轍, 難得西江水, 比人之甚窘; 蛟龍得雲雨, 終非池中物, 比人有大爲.

189
(26-3)
임공자任公子가 낚은 대어

　임任나라 공자公子가 큰 낚시와 굵고 검은 줄을 준비해 50마리의 소를 미끼로 해서 회계산會稽山에 앉아 동해에 낚싯대를 느리웠다. 매일 낚시질을 계속하였으나 일년이 넘도록 고기를 잡지 못하였다. 이윽고 큰 고기가 미끼를 물어 낚시 바늘을 끌고 물 속으로 들어갔다가 솟구쳐 올라 등지느러미를 떨치자 흰 파도가 산더미처럼 일어나고 바닷물이 출렁였다. 그 소리는 귀신들의 울음과 같아 천리 사방의 사람들이 두려움에 떨었다. 임 공자는 이 고기를 잡아 포를 떠서 말렸다. 제강制江의 동쪽으로부터 창오蒼梧의 북쪽에 이르는 고장의 사람들이 이 고기를 실컷 먹지 못한 자가 없었다.
　이윽고 후세에 그런 내용을 떠벌이기를 좋아하는 사람들이 모두 놀라서 이 이야기를 전하였다.
　무릇 작은 낚싯대에 가는 줄을 달고 도랑에서 붕어 따위의 잔고기나 낚으려는 자들이 그런 대어를 낚기란 어려운 법이다. 마찬가지로 쓸데없는 소문을 꾸며 높은 명성을 얻으려 한다면 크게 통달하는 자와는 거리가 멀게 될 것이다.
　그러므로 임씨의 이러한 이야기를 들어보지 못한 사람이 세상의 경륜을 도모한다는 것은 역시 먼 일이 될 것이다.

　任公子爲大鉤巨緇, 五十犗以爲餌, 蹲乎會稽, 投竿東海, 旦旦而釣, 期年不得魚. 已而大魚食之, 牽巨鉤, 錎沒而下, 騖揚而奮鬐, 白波若山,海水震蕩, 聲侔鬼神, 憚赫千里. 任公子得若魚, 離而腊之, 自制河以東, 蒼梧已北, 莫不厭若魚者. 已而後世輇才諷說之徒, 皆驚而相告也.

夫揭竿累, 趨灌瀆, 守鯢鮒, 其於得大魚難矣. 飾小說以干縣令, 其於大達亦遠矣. 是以未嘗聞任氏之風俗, 其不可與經於世亦遠矣.

【任公子】任나라의 공자.
【巨緇】緇는 검은 색을 뜻함.
【犗】개로 읽으며 거세한 소. 犍牛, 閹牛.
【會稽山】지금의 浙江 경내에 있는 산. 월나라 땅이었음.
【鬐】물고기의 등지느러미.
【制江】淛江. 浙江의 옛 이름.
【蒼梧】산 이름. 廣西 蒼梧縣에 있음.
【輇才】'輇'(전)은 '輕'의 오기가 아닌가 함. 하찮은 재주를 뜻함.
【灌瀆】작은 물줄기들.
【鯢鮒】아주 작은 물고기들을 뜻함.
【干縣令】'干'은 '求'. '縣'은 '懸'. '令'은 '令名'. '높은 명성을 구하다'의 뜻.

190
(26-4)

무덤을 도굴하는 유자儒者의 대화

　유가儒家의 무리가 《시》와 《예》를 근거로 무덤을 도굴하면서 그 중 대유大儒가 위로부터 차례로 이렇게 말을 전하였다.

　"바야흐로 날이 새고 있다. 일이 어떻게 되어 가느냐?"

　이에 소유小儒가 말하였다.

　"아직 시신의 군유裙襦를 벗기지 못하였으며 입에는 구슬을 물고 있습니다. 《시》에는 '푸릇푸릇 보리는 무덤 가에 자라네. 살아서는 은혜도 베푼 일 없다가 죽어서는 어찌 구슬을 물었는가?'라 하였지요. 이 놈의 머리카락을 잡고 턱수염을 누르고 너 이놈의 턱을 쇠망치로 내리치고 천천히 두 볼을 벌려 입 속의 구슬이 다치지 않도록 꺼내련다."

　儒以詩禮發冢, 大儒臚傳曰:「東方作矣! 事之何若?」

　小儒曰:「未解裙襦, 口中有珠. 詩固有之曰:『青青之麥, 生於陵陂, 生不佈施, 死何含珠爲?』接其鬢, 壓其顱, 而以金椎控其頤, 徐別其頰, 无傷口中珠.」

【臚】 윗사람이 아랫사람에게 차례대로 말을 전하는 것을 '臚'라 함.
【裙襦】 '裙'은 치마. '襦'는 소매가 짧은 옷. 도굴 중에 시신의 옷을 말함.

【詩】지금의《시경》에는 전하지 않는 逸詩임. 古詩인지 혹 장자가 스스로 지은 것인지는 알 수 없다 함.

【壓其顪】壓은 '손으로 누르다'의 뜻이며 顪(훼)는 턱수염.

【徐別】천천히 분리함.

191
(26-5)

끝까지 오만한 행동을

노래자老萊子의 제자가 나무를 하러 갔다가 중니를 만나고 와서 이렇게 말하였다.

"저기 한 사람이 있는데, 상체는 길고 하체는 짧으며, 등은 굽고 귀가 머리 뒤쪽에 붙었더군요. 그러나 그 눈빛은 마치 사해四海를 경영할 듯하였습니다. 그가 누구의 아들인지 모르겠더군요?"

노래자가 말하였다.

"그는 공구孔丘이다. 불러오너라."

공자가 오자 노래자가 말하였다.

"공구여! 그대 몸의 오만함과 아는 척하는 그 태도를 버리시오. 그렇게 해야 군자가 됩니다."

공자는 읍揖을 하고 물러서서 축연蹙然히 얼굴 표정을 바꾸며 이렇게 물었다.

"그렇게 힘쓰면 저의 일도 진보가 있겠습니까?"

노래자가 말하였다.

"무릇 그대는 일세의 상처를 참지 못하다가 만세 후의 놀랄 화근을 남길 것이오. 그렇지 않다면 그대가 진실로 모자라서 그런 것이오, 아니면 지략이 거기까지 미치지 못해서 그런 것이오? 그대는 은혜를 베푸는 듯이 좋아하고 있지만, 사실 그것은 그대의 평생의 추한 모습이 될 것이오. 중간 백성의 행동일 뿐이지요. 서로 명성을 위해 끌어주고 사사로운 은혜를 위해 서로 결탁한 것이라오. 차라리 요堯를 칭찬하고 걸桀을 비난하기보다는 오히려 두 가지 모두 잊고 비난과 칭찬을 떨쳐버리시오. 본성을 뒤집으면 손상되지 않을 것이 없으며, 사심을 가지고 행동하면 그릇되지 않는 것이 없다오. 성인이란 항상 주저하면서 일을 일으키기 때문에 하는 일마다 성공을 거두는 것이랍니다. 어찌하여 그대의 행동은 끝까지 오만함만 부리고자 하오!"

老萊子之弟子出取薪, 遇仲尼, 反以告, 曰:「有人於彼, 修上而趨下, 末僂而後耳, 視若營四海, 不知其誰氏之子?」

老萊子曰:「是丘也. 召而來.」

仲尼至. 曰:「丘! 去汝躬矜與汝容知, 斯爲君子矣.」

仲尼揖而退, 蹙然改容而問曰:「業可得進乎?」

老萊子曰:「夫不忍一世之傷而驁萬世之患, 抑固窶邪, 亡其略弗及邪? 惠以歡爲驁, 終身之醜, 中民之行進焉耳, 相引以名, 相結以隱. 與其譽堯而非桀, 不如兩忘而閉其所非譽. 反无非傷也, 動无非邪也. 聖人躊躇以興事, 以每成功. 奈何哉其載焉終矜爾!」

【老萊子】 도가의 인물로《史記》老子列傳에 楚나라 사람으로 저서 15편이 있었다 하였으며, 仲尼弟子 列傳에는 周나라 老子와 楚나라 노래자를 각기 다른 사람으로 여겼음.《高士傳》등에 그 행적이 실려 있음.

【末僂】 등이 굽었음을 말함.

【躊躇】 머뭇거림을 나타내는 쌍성연면어.

【載】 행동을 뜻함.

192
(26-6)
어부에게 잡힌 신령한 거북

송宋나라 원군元君이 밤에 어떤 이가 머리를 풀어헤친 채 쪽문으로 들여다보며 이렇게 말하는 꿈을 꾸었다.

"저는 재로宰路의 못에서 왔습니다. 저는 청강清江 신의 사신이 되어 하백河伯에게 가다가 여저余且라는 어부에게 사로잡혔습니다."

원군이 깨어나 사람을 시켜 점을 치게 하였더니 이렇게 풀이하는 것이었다.

"그는 신령스런 거북입니다."

원군이 말하였다.

"어부 중에 여저란 사람이 있는가?"

신하들이 말하였다.

"있습니다."

원군이 말하였다.

"여저를 조정에 들게 하라."

다음날 여저가 조정에 들어오자 임금이 말하였다.

"무엇을 잡았는가?"

어부가 대답하였다.

"제 그물에 흰 거북이 걸렸습니다. 그 둘레가 다섯 자나 됩니다."

원군이 말하였다.

"너의 그 거북을 바쳐라."

거북이 도착하자 원군은 이 거북을 죽일까 하다가 다시 살려주기로 하면서 마음 속으로 의심이 들어 점을 치게 하였더니 이러한 풀이가 나왔다.

"거북을 죽여 점을 치면 길하다."

이에 거북을 갈라 점을 치는데, 일흔두 번이나 뚫어 점을 쳐보았더니 길흉이 어긋남이 없었다.

이에 중니가 말하였다.

"신령한 거북은 원군이 꿈에 나타날 줄은 알았지만 여저의 그물은 피하지 못하였다. 그 지력은 일흔두 번의 점에 어긋남이 없을 정도였으나 자신의 내장을 드러내는 환난은 피하지 못하였다. 이와 같으니 지혜도 곤경을 당할 때가 있고 신령스러움으로도 미치지 못하는 바가 있다. 비록 지극한 지혜가 있다 해도 만 명의 모책은 그를 당해낼 수가 있다. 물고기는 그물은 두려워할 줄 모르면서 바다새가 자신을 잡아먹는 것은 두려워한다. 작은 지혜를 버려야만 큰 지혜가 밝아지고, 선이라는 것을 버려야만 스스로 선할 수 있다. 갓난아이는 태어나 큰 스승이 없어도 말을 할 수 있다. 이는 말을 할 줄 아는 사람과 함께 하기 때문이다."

宋元君夜半而夢人被髮窺阿門, 曰:「予自宰路之淵, 予爲淸江使河伯之所, 漁者余且得予.」

元君覺, 使人占之, 曰:「此神龜也.」

君曰:「漁者有余且乎?」

左右曰:「有.」

君曰:「令余且會朝.」

明日, 余此朝. 君曰:「漁何得?」

對曰:「且之網得白龜焉, 其圓五尺.」

君曰:「獻若之龜.」

龜至, 君再欲殺之, 再欲活之, 心疑, 卜之, 曰:「殺龜以卜, 吉.」

乃剒龜以卜, 七十二鑽而无遺筴.

仲尼曰:「神龜能見夢於元君, 而不能避余且之網; 知能七十二鑽

而无遺筴, 不能避刳腸之患. 如是, 則知有所困, 神有所不及也. 雖有
至知, 萬人謀之. 魚不畏網而畏鵜鶘. 去小知而大知明, 去善而自善矣.
嬰兒生无石師而能言, 與能言者處也.」

【宋元君】 宋나라 군주. 이름은 佐, 시호는 元.

【阿門】 곁문. 側門. 旁門.

【宰路】 연못 이름.

【淸江】 長江을 뜻함. 黃河에 대비하여 부른 것.

【河伯】 河水의 신.

【余且】 어부의 이름.《史記》에는 '豫且'로 되어 있음.

【鵜鶘】 사다새. 물고기를 즐겨 잡아먹는 새.

【石師】 '碩師'로도 쓰며 큰 스승이라는 뜻.

참고 및 관련 자료

1.《史記》龜策列傳

宋元王時得龜, 亦殺而用之. 謹連其事於左方. 令好事者觀擇其中焉.

宋元王二年, 江使神龜使於河, 至於泉陽, 漁者豫且舉網得而囚之, 置之籠中. 夜半,
龜來見夢於宋元王曰:「我爲江使於河, 而幕網當吾路. 泉陽豫且得我, 我不能去.
身在患中, 莫可告語. 王有德義, 故來告訴.」元王惕然而悟. 乃召博士衛平而問
之曰:「今寡人夢見一丈夫, 延頸而長頭, 衣玄繡之衣而乘輜車, 來見夢於寡人曰:
『我爲江使於河, 而幕網當吾路. 泉陽豫且得我, 我不能去. 身在患中, 莫可告語.
王有德義, 故來告訴.』是何物也?」衛平乃援式而起, 仰天而視月之光, 觀斗所指,
定日處鄕. 規矩爲輔, 副以權衡. 四維已定, 八卦相望. 視其吉凶, 介蟲先見. 乃對元
王曰:「今昔壬子, 宿在牽牛. 河水大會, 鬼神相謀. 漢正南北, 江河固期, 南風新至,
江使先來. 白雲壅漢, 萬物盡留. 斗柄指日, 使者當囚. 玄服而乘輜車, 其名爲龜.
王急使人問而求之.」王曰:「善.」

於是王乃使人馳而往問泉陽令曰:「漁者幾何家? 名誰爲豫且? 豫且得龜, 見夢於王,
王故使我求之.」泉陽令乃使吏案籍視圖, 水上漁者五十五家, 上流之廬, 名爲豫且.

泉陽令曰:「諾.」乃與使者馳而問豫且曰:「今昔汝漁何得?」豫且曰:「夜半時舉網得龜.」使者曰:「今龜安在?」曰:「在籠中.」使者曰:「王知子得龜, 故使我求之.」豫且曰:「諾.」卽系龜而出之籠中, 獻使者.

使者載行, 出於泉陽之門. 正晝無見, 風雨晦冥. 雲蓋其上, 五采青黃; 雷雨並起, 風將而行. 入於端門, 見於東箱. 身如流水, 潤澤有光. 望見元王, 延頸而前, 三步而止, 縮頸而卻, 復其故處. 元王見而怪之, 問衛平曰:「龜見寡人, 延頸而前, 以何望也? 縮頸而復, 是何當也?」衛平對曰:「龜在患中, 而終昔囚, 王有德義, 使人活之. 今延頸而前, 以當謝也, 縮頸而卻, 欲亟去也.」元王曰:「善哉! 神至如此乎, 不可久留; 趣駕送龜, 勿令失期.」

衛平對曰:「龜者是天下之寶也, 先得此龜者爲天子, 且十言十當, 十戰十勝. 生於深淵, 長於黃土. 知天之道, 明於上古. 游三千歲, 不出其域. 安平靜正, 動不用力. 壽蔽天地, 莫知其極. 與物變化, 四時變色. 居而自匿, 伏而不食. 春倉夏黃, 秋白冬黑. 明於陰陽, 審於刑德. 先知利害, 察於禍福. 以言而當, 以戰而勝, 王能寶之, 諸侯盡服. 王勿遣也, 以安社稷.」

元王曰:「龜甚神靈, 降於上天, 陷於深淵. 在患難中. 以我爲賢. 德厚而忠信, 故來告寡人. 寡人若不遣也, 是漁者也. 漁者利其肉, 寡人貪其力, 下爲不仁, 上爲無德. 君臣無禮, 何從有福? 寡人不忍, 奈何勿遣!」

衛平對曰:「不然. 臣聞盛德不報. 重寄不龜; 天與不受, 天奪之寶. 今龜周流天下, 還復其所, 上至蒼天, 下薄泥塗. 還徧九州, 未嘗愧辱, 無所稽留. 今至泉陽, 漁者辱而囚之. 王雖遣之, 江河必怒, 務求報仇. 自以爲侵, 因神與謀. 淫雨不霽, 水不可治. 若爲枯旱, 風而揚埃, 蝗蟲暴生, 百姓失時. 王行仁義, 其罰必來. 此無佗故, 其祟在龜. 後雖悔之, 豈有及哉! 王勿遣也.」

元王慨然而歎曰:「夫逆人之使, 絕人之謀, 是不暴乎? 取人之有, 以自爲寶, 是不彊乎? 寡人聞之, 暴得者必暴亡, 彊取者必後無功. 桀紂暴彊, 身死國亡. 今我聽子, 是無仁義之名而有暴彊之道. 江河爲湯武, 我爲桀紂. 未見其利, 恐離其咎. 寡人狐疑, 安事此寶, 趣駕送龜, 勿令久留.」

衛平對曰:「不然, 王其無患. 天地之間, 累石爲山. 高而不壞, 地得爲安. 故云物或危而顧安, 或輕而不可遷; 人或忠信而不如誕謾, 或醜惡而宜大官, 或美好佳麗而爲衆人患. 非神聖人, 莫能盡言. 春秋冬夏, 或暑或寒. 寒暑不和, 賊氣相奸. 同歲異節, 其時使然. 故令春生夏長, 秋收冬藏. 或爲仁義, 或爲暴彊. 暴彊有鄉, 仁義有時. 萬物盡然. 不可勝治. 大王聽臣, 臣請悉言之. 天出五色, 以辨白黑. 地生五穀, 以知善惡. 人民莫知辨也, 與禽獸相若. 谷居而穴處, 不知田作. 天下禍亂, 陰陽相錯. 恩恩疾疾, 通而不相擇. 妖孽數見, 傳爲單薄. 聖人別其生, 使無相獲. 禽獸有牝牡, 置之山原; 鳥有雌雄, 布之林澤; 有介之蟲, 置之谿谷. 故牧人民, 爲之城郭, 内經閭術, 外爲阡陌. 夫妻男女, 賦之田宅, 列其室屋. 爲之圖籍, 別其名族, 立官置吏, 勸以爵祿. 衣以桑麻, 養以五穀. 耕之耰之, 鉏之耨之. 口得所嗜, 目得所美, 身受其利. 以是觀之, 非彊不至. 故曰田者不彊, 困倉而不盈; 商賈不彊, 不得其贏; 婦女不彊, 布帛不精; 官御不彊, 其勢不成; 大將不彊, 卒不使令; 侯王不彊, 沒世無名. 故云彊者, 事之始也, 分之理也, 物之紀也. 所求於彊, 無不有也. 王以爲不然, 王獨不聞玉櫝隻雉, 出於昆山; 明月之珠, 出於四海; 鑴石拌蚌, 傳賣於市; 聖人得之, 以爲大寶. 大寶所在, 乃爲天子. 今王自以爲暴, 不如拌蚌於海也; 自以爲彊, 不過鑴石於昆山也. 取者無咎, 寶者無患. 今龜使來抵網, 而遭漁者得之, 見夢自言, 是國之寶也, 王何憂焉?」

元王曰:「不然, 寡人聞之, 諫者福也, 諛者賊也. 人主聽諛, 是愚惑也. 雖然, 禍不妄至, 福不徒來. 天地合氣, 以生百財. 陰陽有分, 不離四時, 十有二月, 日至爲期. 聖人徹焉, 身乃無災. 明王用之, 人莫敢欺. 故云福之至也, 人自生之; 禍之至也, 人自成之. 禍與福同, 刑與德雙. 聖人察之, 以知吉凶. 桀紂之時, 與天爭功, 擁遏鬼神, 使不得通. 是固已無道矣, 諛臣有衆. 桀有諛臣, 名曰趙梁. 教爲無道, 勸以貪狼. 繫湯夏臺, 殺關龍逢. 左右恐死, 偸諛於傍. 國危於累卵, 皆曰無傷. 稱樂萬歲, 或曰未央. 蔽其耳目, 與之詐狂. 湯卒伐桀, 身死國亡. 聽其諛臣, 身獨受殃.《春秋》著之, 至今不忘. 紂有諛臣, 名爲左彊. 誇而目巧, 教爲象郎. 將至於天, 又有玉牀. 犀玉之器, 象箸而羹. 聖人剖其心, 壯士斬其胻. 箕子恐死, 被髮佯狂. 殺周太子歷, 囚文王昌. 投之石室, 將以昔至明. 陰兢活之, 與之俱亡. 入於周地, 得太公望. 興卒聚兵, 與紂相攻. 文王病死, 載尸以行. 太子發代將, 號爲武王. 戰於牧野, 破之華山之陽. 紂不勝敗而還走, 圍之象郎. 自殺宣室, 身死不葬. 頭懸車軫, 四馬曳行. 寡人念其如此, 腸如涫湯. 是人皆富有天下而貴至天子, 然而大傲. 欲無歇時, 舉事而喜高, 貪很而驕. 不用忠信, 聽其諛臣, 而爲天下笑. 今寡人之邦, 居諸侯之間, 曾不如秋毫. 舉事不當, 又安亡逃!」

衛平對曰:「不然. 河雖神賢, 不如崑崙之山; 江之源理, 不如四海, 而人尚奪取其寶, 諸侯爭之, 兵革爲起. 小國見亡, 大國危殆, 殺人父兄, 虜人妻子, 殘國滅廟, 以爭此寶. 戰攻分爭, 是暴彊也. 故云取之以暴彊而治以文理, 無逆四時, 必親賢士; 與陰陽化, 鬼神爲使; 通於天地, 與之爲友. 諸侯賓服, 民衆殷喜. 邦家安寧, 與世更始.

湯武行之, 乃取天子;《春秋》著之, 以爲經紀. 王不自稱湯武, 而自比桀紂. 桀紂爲暴彊也, 固以爲常. 桀爲瓦室, 紂爲象郎. 徵絲灼之, 務以費(民)[㟥]. 賦斂無度, 殺戮無方. 殺人六畜, 以韋爲囊. 囊盛其血, 與人縣而射之, 與天帝爭彊. 逆亂四時, 先百鬼嘗. 諫者輒死, 諛者在傍. 聖人伏匿, 百姓莫行. 天數枯旱, 國多妖祥. 螟蟲歲生, 五穀不成. 民不安其處, 鬼神不享. 飄風日起, 正晝晦冥. 日月並蝕, 滅息無光. 列星奔亂, 皆絶紀綱. 以是觀之, 安得久長! 雖無湯武, 時固當亡. 故湯伐桀, 武王剋紂, 其時使然. 乃爲天子, 子孫續世; 終身無咎, 後世稱之, 至今不已. 是皆當時而行, 見事而彊, 乃能成其帝王. 今龜, 大寶也, 爲聖人使, 傳之賢(士)[王]. 不用手足, 雷電將之; 風雨送之, 流水行之. 侯王有德, 乃得當之. 今王有德而當此寶, 恐不敢受; 王若遣之, 宋必有咎. 後雖悔之, 亦無及已.」

元王大悅而喜. 於是元王向日而謝, 再拜而受. 擇日齋戒, 甲乙最良. 乃刑白雉, 及與驪羊; 以血灌龜, 於壇中央. 以刀剝之, 身全不傷. 脯酒禮之, 橫其腹腸. 荊支卜之, 必制其創. 理達於理, 文相錯迎. 使工占之, 所言盡當. 邦福重寶, 聞于傍鄉. 殺牛取革, 被鄭之桐. 草木畢分, 化爲甲兵. 戰勝攻取, 莫如元王. 元王之時, 衛平相宋, 宋國最彊, 龜之力也.

故云:「神至能見夢於元王, 而不能自出漁者之籠. 身能十言盡當, 不能通使於河, 還報於江. 賢能令人戰勝攻取, 不能自解於刀鋒, 免剝刺之患. 聖能先知亟見, 而不能令衛平無言. 言事百全, 至身而擊; 當時不利, 又焉事賢! 賢者有恆常, 士有適然. 是故明有所不見, 聽有所不聞; 人雖賢, 不能左畫方, 右畫圓; 日月之明, 而時蔽於浮雲. 羿名善射, 不如雄渠・蠭門; 禹名爲辯智, 而不能勝鬼神. 地柱折, 天故毋椽, 又柰何責人於全?」

孔子聞之曰:「神龜知吉凶, 而骨直空枯. 日爲德而君於天下, 辱於三足之烏. 月爲刑而相佐, 見食於蝦蟆. 蝟辱於鵲, 騰蛇之神而殆於卽且. 竹外有節理, 中直空虛; 松柏爲百木長, 而守門閭. 日辰不全, 故有孤虛. 黃金有疵, 白玉有瑕. 事有所疾, 亦有所徐. 物有所拘, 亦有所據. 罔有所數, 亦有所疏. 人有所貴, 亦有所不如. 何可而適乎? 物安可全乎? 天尚不全, 故世爲屋, 不成三瓦而陳之, 以應之天. 天下有階, 物不全乃生也.」

褚先生曰: 漁者舉網而得神龜, 龜自見夢宋元王, 元王召博士衛平告以夢龜狀, 平運式, 定日月, 分衡度, 視吉凶, 占龜與物色同, 平諫王留神龜以爲國重寶, 美矣. 古者筮必稱龜者, 以其令名, 所從來久矣.

193
(26-7)
쓸모 있음과 쓸모 없음

혜자惠子가 장자에게 말하였다.

"그대의 말은 쓸모가 없소."

정자가 말하였다.

"쓸모가 없다는 것을 알아야 비로소 쓸모 있는 것을 말할 수 있게 되는 것입니다. 하늘과 땅은 넓고 크지 않은 것이 아니지만 사람이 필요한 부분이란 그저 발을 밟고 서는 공간이면 되지요. 그렇다면 발이 닿는 곁의 땅만 파서 황천에 이르도록 들어간다면 사람들에게 그 땅만 필요한 것이겠습니까?"

혜자가 말하였다.

"그것만 쓸모가 있는 것은 아니겠지요."

장자가 말하였다.

"그렇다면 쓸모 없는 것의 쓸모 있음도 역시 명확해지셨겠네요."

惠子謂莊子曰:「子言无用.」

莊子曰:「知无用而始可與言用矣. 天地非不廣且大也, 人之所用容足耳. 然則厠足而墊之致黃泉, 人尚有用乎?」

惠子曰:「无用.」

莊子曰:「然則无用之爲用也亦明矣.」

【厠足】 '厠'은 '側'과 같음.

【墊】 '점'으로 읽으며 '掘'과 같은 뜻임.

194
(26-8) 유유자적

장자가 말하였다.

"사람이 능히 유유자적하겠다고 한다면 어찌 유유자적하지 못할 것이 있겠는가? 사람이 유유자적하지 않겠다고 한다면 어찌 유유자적할 수 있겠는가?

무릇 그저 뜻 내키는 대로 좇아 행동하거나 결절決絕된 행동을 한다면, 아, 이는 결코 지극한 지혜와 두터운 덕을 쌓는 이가 할 일이 아니리라! 외물에 빠져 본성으로 돌아오지 못하고 외물로 치달아 스스로를 돌아보지 못한다면 비록 서로가 군신 사이가 된다 해도 그것은 한때의 일에 지나지 않으며 세상이 바뀌면 상대를 천시하지 못할 것이다. 그러므로 지인至人은 행적에 얽매이지 않는다고 하는 것이다.

무릇 옛것을 존중하고 지금을 낮게 보는 것은 학자들의 유행이다. 그러나 희위씨狶韋氏와 같은 유파의 눈으로 지금 세태를 본다면 그 누가 능히 세상을 치우쳐 보지 않을 수 있겠는가? 오직 지인만이 세속에서 유유히 자적하면서 어느 한쪽에도 치우치지 아니하고, 세상 사람들과 순응해 살면서도 자신의 본성을 잃지 않을 것이다. 지인은 세속의 가르침을 따르되 억지로 그것을 배우려 들지도 않으며 남의 의견을 받아들이되 그들과 똑같다고도 하지 않는다."

莊子曰:「人有能遊, 且得不遊乎? 人而不能遊, 且得遊乎? 夫流遁之志, 決絕之行, 噫, 其非至知厚德之任與! 覆墜而不反, 火馳而不顧,雖相與爲君臣, 時也, 易世而无以相賤. 故曰至人不留行焉.

　夫尊古而卑今, 學者之流也. 且以狶韋氏之流觀今之世, 夫孰能不波? 唯至人乃能遊於世而不僻, 順人而不失己. 彼敎不學, 承意不彼.」

【覆墜】세속에 얽매어 헤어나지 못함을 뜻함.

【火馳】세속을 쫓아가기가 마치 불길이 번지듯 함. 혹은 화급하게 그쪽을 향하여 내달림.

【賤】일부 판본에는 '踐'으로 되어 있음.

【狶韋氏】고대의 제왕 이름. 문지로 보아 처음 돼지를 가두어 기르기 시작한 부족으로 세상을 편파적으로 보았던 자였을 가능성이 있음.

【不波】피차를 구분하지 않음. 옳고 그름을 다투려 하지 않음.

195
(26-9)

노닐 수 있는 빈 곳이 있어야

눈으로 잘 보는 것을 눈이 밝다고 하고, 귀로 잘 들리는 것을 귀가 밝다고 하며, 코가 예민한 것을 냄새를 잘 맡는다 하고, 입이 맛을 잘 알아내는 것을 맛을 잘 안다고 하며, 마음이 사물에 통달한 것을 지知라고 하고, 지가 막힘이 없는 것을 덕德이라 한다.

무릇 도라는 것은 어디에도 막히기를 싫어하며 막히면 경색되게 되고 경색된 채로 그칠 수 없이 나가게 되면 사리에 어긋나게 된다. 사리에 어긋나게 되면 여러 가지 폐해가 생긴다.

사물 가운데서도 지각을 가지고 있는 것은 숨을 쉬며, 그 숨을 쉬는 것이 충분치 않은 것은 하늘의 잘못이 아니다. 하늘은 밤낮으로 항상 텅 비어 있지만 사람들 자신이 자기의 구멍을 막고 있을 뿐이다.

뱃속에도 텅 빈곳이 있어 그것으로 숨을 쉬고 마음에도 자연대로 노닐 수 있는 곳이 있다.

집안에 빈곳이 없으면 시어머니와 며느리가 다투게 되듯이, 마음속에 노닐 수 있는 빈곳이 없다면 여섯 구멍의 욕정이 서로 다투게 된다.

큰 숲이나 산이 사람에게 좋다는 것도 역시 그 정신이 정욕을 이기지 못하도록 한다고 여기기 때문이다.

目徹爲明, 耳徹爲聰, 鼻徹爲顫, 口徹爲甘, 心徹爲知, 知徹爲德.
凡道不欲壅, 壅則哽, 哽而不止則跈, 跈則衆害生. 物之有知者恃息,其不殷, 非天之罪. 天之穿之, 日夜无降, 人則顧塞其竇. 胞有重閬, 心有天遊. 室无空虛, 則婦姑勃磎; 心无天遊, 則六鑿相攘. 大林丘山 之善於人也, 亦神者不勝.

【顫】코가 靈敏하게 냄새를 잘 맡음을 뜻함.
【畛】'抮'과 같으며 '戾'의 뜻.
【顧塞其竇】'顧'는 '梗'과 같으며 '竇'는 '孔'의 뜻. 그 구멍을 굳게 막음.
【胞有重閬】胞는 피부 안의 內膜, 閬은 공간. 뱃속이나 신체 내에도 반드시 공간이 있어 氣가 통하며 臟器가 자리를 잡을 수 있음을 뜻함.
【天遊】자연스럽게 노닐 수 있음.
【勃磎】'勃'은 '悖', '磎'는 '谿'와 같음. 서로 다툼을 뜻함.
【六鑿】여섯 개의 구멍.

196
(26-10)

거꾸로 내팽개쳐진 잡초

덕은 명성을 추구하다가 넘치게 되고, 명성은 자기를 드러내다가 넘치게 된다. 모책은 위급함에서 나오고, 지혜知는 다툼에서 오는 것이다. 막힘은 집착하기에 나오고, 관청의 일은 여러 사람들이 옳다고 여기는 것에 의해 결정된다.

봄에 비가 오고 날씨가 따뜻해지면 초목이 노한 듯이 살아나 쟁기와 괭이로 이를 갈아 없애지만, 초목은 거꾸로 내팽개친 것일지라도 그 반은 다시 살아난다. 그러나 사람들은 그렇게 되는 까닭을 모른다.

德溢乎名, 名溢乎暴, 謀稽乎誸, 知出乎爭, 柴生乎守, 官事果乎衆宜. 春雨日時, 草木怒生, 銚鎒於是乎始修, 草木之到植者過半而不知其然.

【謀稽乎誸】현(誸)은 말이 급한 모습. 급하게 삶을 도모함.

【柴生乎守】'柴'는 '塞'의 雙聲互訓. 폐쇄는 자신의 고집에 얽매어 고치지 않음에서 생겨남.

【官事果乎衆宜】관직의 일은 여러 사람이 모두 옳다고 여기는 것을 근거로 결정됨.

【銚鎒】쟁기와 괭이. 농기구를 말함.

【到植】'到'는 '倒'. 호미 등으로 뽑아 거꾸로 내팽개쳐도 살아남을 뜻함.

197
(26·11)
물어볼 것이란 아무 것도 없다

　마음을 고요히 하면 병을 낫게 할 수 있고, 눈가를 문지르면 노화를 그치게 할 수 있으며, 여유 있는 마음은 조급함을 멎게 할 수 있다. 비록 그렇기는 하나 이와 같이 히는 것도 마음을 쏟는 자만이 힘쓸 일이며 편안히 유유자적하는 사람들이라면 그에 대해 알아보려 하지도 않는다.

　성인聖人이 세상을 움직이게 하는 것에 대하여 신인神人은 묻고자 해 본 적도 없으며, 현인賢人이 세상을 바로잡는 데 대하여 성인은 묻고자 해본 적도 없다. 그리고 군자君子가 나라를 움직이게 하는 데 대하여 현인은 물어본 적이 없으며, 소인小人이 시세에 따라 영합하는 것에 대하여 군자는 일찍이 그를 두고 물어본 적도 없었다.

　靜然可以補病, 眥娍可以休老, 寧可以止遽. 雖然, 若是, 勞者之務也, 佚者之所未嘗過而問焉. 聖人之所以駴天下, 神人未嘗過而問焉; 賢人所以駴世, 聖人未嘗過而問焉; 君子所以駴國, 賢人未嘗過而問焉; 小人所以合時, 君子未嘗過而問焉.

【靜然】 일부 판본에는 ‘靜黙’으로 되어 있음.
【眥娍】 ‘揃搣’로도 쓰며 오늘날의 按摩術과 같은 것이라 함.
【休老】 養老와 같음.
【駴國】 ‘駴’(해)는 ‘駭’와 같음. 나라 전체를 놀라게 함.

198
(26-12) 슬픔을 너무 잘 표현하여

　　宋송나라 연문演門이라는 성문 밖에 부모를 잃은 자가 있었는데 슬픈 표현을 너무 잘하여 몸이 상하였다 하여 나라에서 그에게 관사官師라는 벼슬을 내렸다. 그러자 그 마을에서 상을 치르다 몸이 상하여 죽는 자가 태반이었다.

　　요堯가 허유許由에게 천하를 넘겨주자 허유는 도망쳐 버렸고 탕湯이 무광務光에게 천하를 물려주려 하자 무광은 노여워하였다.

　　기타紀他는 그 말을 듣고 자기에게 주어질 차례라 여겨 제자들을 거느리고 관수竅水 가로 가서 숨어살았다. 제후들은 기타를 위문하였고 3년 뒤에는 신도적申徒狄은 이를 두고 하수河水에 몸을 던지고 말았다.

　　演門有親死者, 以善毀爵爲官師, 其黨人毀而死者半. 堯與許由天下, 許由逃之; 湯與務光, 務光怒之, 紀他聞之, 帥弟子而踆於竅水, 諸侯弔之, 三年, 申徒狄因以踣河.

【演門】 宋나라의 성문 이름.
【善毀】 죽은 이를 슬퍼하는 표정을 매우 잘 표출함.
【務光·紀他】 고대의 은자.
【竅水】 물 이름.
【申徒狄】 申屠狄으로도 쓰며 세속을 원망하여 돌을 지고 물에 빠져 죽은 사람. 《新序》 등 참조.
【踣】 '仆'와 같음. 엎어짐. 여기서는 물에 몸을 던져 죽음을 뜻함.

1.《新序》節士篇

申徒狄非其世, 將自投於河, 崔嘉聞而止之曰:「吾聞聖人仁士之於天地之間, 民之父母也. 今爲濡足之故, 不救溺人, 可乎?」申徒狄曰:「不然. 昔者, 桀殺關龍逢, 紂殺王子比干, 而亡天下; 吳殺子胥, 陳殺洩冶, 而滅其國. 故亡國殘家, 非無聖智也, 不用故也.」遂負石沈於河. 君子聞之曰:「廉矣乎! 如仁與智, 吾未見也.」詩曰:『天實爲之, 謂之何哉?』此之謂也.

2.《韓詩外傳》卷一

申徒狄非其世, 將自投於河. 崔嘉聞而止之, 曰:「吾聞聖人仁士之於天地之間也, 民之父母也, 今爲儒雅之故, 不救溺人, 可乎?」申徒狄曰:「不然. 桀殺關龍逢, 紂殺王子比干, 而亡天下. 吳殺子胥, 陳殺泄冶, 而滅其國. 故亡國殘家, 非無聖智也, 不用故也.」遂抱石而沉於河. 君子聞之, 曰:「廉矣! 如仁歟! 則吾未之見也.」詩曰:『天實爲之, 謂之何哉!』

3.《韓詩外傳》卷三

君子行不貴苟難, 說不貴苟察, 名不貴苟傳, 惟其當之爲貴. 夫負石而赴河, 行之難爲者也, 而申徒狄能之, 君子不貴者, 非禮義之中也. 山淵平, 天地比, 齊秦襲, 入乎耳, 出乎口, 鈎有鬚, 卵有毛, 此說之難持者也, 而鄧析惠施能之, 君子不貴者, 非禮義之中也. 盜跖吟口, 名聲若日月, 與舜禹俱傳而不息, 君子不貴者, 非禮義之中也. 故君子行不貴苟難, 說不貴苟察, 名不貴苟傳, 維其當之爲貴. 詩曰:『不競不絿, 不剛不柔.』言當之爲貴也.

4.《說苑》談叢篇

負石赴淵, 行之難者也, 然申屠狄爲之, 君子不貴之也; 盜跖凶貪, 名如日月, 與舜禹並傳而不息, 而君子不貴.

5.《藝文類聚》8

申徒狄非其世, 將自投於河. 崔嘉聞而止之, 曰:「聖仁之人, 民之父母也, 今爲濡足, 不救溺人, 可乎?」申徒狄曰:「昔桀殺龍逢, 紂殺王子比干, 而亡天下. 吳殺子胥, 陳殺泄冶, 而滅其國. 非無聖智, 不用故也.」遂抱石而沉於河.

6. 기타 참고자료

《初學記》6 ·《事類賦注》6 ·《天中記》9 ·《太平御覽》61 ·《莊子》外物篇, 大宗師 ·《淮南子》說山訓

199
(26-13)
득어망전得魚忘荃

통발은 물고기를 잡기 위한 것이지만 물고기를 잡고 나면 그 통발은 잊게 된다. 그물은 토끼를 잡는 기구이지만 토끼를 잡고 나면 그 그물은 잊게 된다. 말이란 뜻을 전달하기 위해 있는 것이지만 뜻을 전달하고 나면 말은 잊혀진다. 내가 어찌 말을 잊은 사람과 더불어 이야기를 나눌 수 있겠는가!

荃者所以在魚, 得魚而忘荃; 蹄者所以在兎, 得兎而忘蹄; 言者所以在意, 得意而忘言. 吾安得夫忘言之人而與之言哉!

【荃】 '筌'으로도 쓰며 어구. 통발. 고기를 잡기 위해 대나무로 만든 원통형, 혹은 고깔형의 도구.
【蹄】 토끼를 잡기 위한 사냥 그물. 兎網.

参고 및 관련 자료

1. 본 장은 '得魚忘荃'의 고사임.

27. 우언寓言

　　'우언寓言'은 첫 장의 두 글자로 편명을 삼은 것인 동시에 본편에서 다루는 주된 내용이기도 하다. 장자는 자신의 이론이 실제 있었던 일이 아니라 인상 가탁하여 이야기로 꾸며냈음을 밝히고 있다. 장자 표현 기법의 가장 독특한 문체이며 설정이기도 하다.

　　"하늘에는 천체 운행 역수曆數가 있고, 땅에는 사람들이 자신들을 위해 만든 구분들이 있다. 그러나 그것이 끝나는 바를 알 수 없으니 그런데도 어찌 천명天命이 없다고 할 수 있겠는가? 시작되는 바도 알 수 없으니 어찌 천명이 있다고 할 수 있겠는가?"

200
(27-1)
내 글은 거의가 우언이다

　내 글에서 우언寓言은 열에 아홉 정도이고, 중언重言은 열에 일곱 정도이며, 치언卮言은 날로 새롭게 생겨나와 자연이 정한 분계선天倪에 맞추어져 있다.

　우언이 열에 아홉이라 한 것은 이를테면 다른 사물을 빌려 도를 논하는 것이다. 그것은 친 아버지가 제 자식을 위해 중매쟁이가 될 수 없는 것과 같다. 아버지가 제 자식을 자랑하는 것은, 다른 남이 그 자식을 칭찬해주느니만 못하기 때문이다. 그것은 내 잘못이 아니라 사람들의 잘못이다. 사람들은 자신의 입장과 같으면 순응하지만 자신과 다르면 반대를 하고, 자기와 생각이 같으면 옳다 하고 다르면 그르다고 한다.

　중언은 열에 일곱이라 한 것은 사람들이 논쟁을 없애기 위하여, 나이 많은 어른들의 말을 인용한 것이다. 그러나 나이가 많더라도 올바른 사리와 순서를 헤아리지 못하고 공연히 나이만 앞세운다면 참된 어른이라 할 수 없다. 선배이면서도 남보다 앞서는 덕을 가지고 있지 않다면, 사람으로서의 도가 없는 자이다. 사람으로서의 도가 없는 사람을 진인陳人이라 부른다.

　치언은 날마다 새롭게 생겨난다고 하였는데 자연과의 분계선에 잘 합치가 되기에 자연을 따라 무궁할 수 있다. 시비를 말하지 않을 때 자연은 조화를 이룬다. 조화를 이루는 것과 시비를 말하는 것은 결코 같을 수가 없다. 그러므로 시비를 말하지 않는다고 하는 것이다. 말은 하되 시비를 거론하지 않으면 평생 말을 해도 말을 한 것이 없는 셈이 되고, 평생 말을 하지 않아도 말을 하지 않은 것이 되지 않는다. 옳다고 여기는 것, 옳지 않다고 여기는 것, 그렇다고 인정하는 것, 그렇지 않다고 여겨지는 것이 있다.

과연 어찌하여 그런가? 그렇기 때문에 그렇다고 하는 것이다. 어찌하여 그렇지 않은가? 그렇지 않기에 그렇지 않다고 하는 것이다. 어찌하여 옳다고 하는가? 옳기 때문에 옳다고 하는 것이다. 어찌하여 옳지 않은가? 옳지 않기 때문에 옳지 않다고 하는 것이다.

사물에는 본래부터 그렇다고 할 만한 것이 있고, 옳다고 할 만한 것이 있다. 그러니 그렇지 않은 것도 없고 옳지 않은 것도 없는 것이다.

치언이 날마다 생기되 시비를 초월하지 않는다면 어찌 그것이 오래 갈 수 있겠는가? 만물은 각기 그 종류가 다르며, 형체가 다르기에 서로 이어가며 변하는 것이며, 처음과 끝이 둥근 고리와 같아서 구별이 될 수 없으며, 그 이치는 터득할 수도 없다. 이것을 천균天均이라 부르며, 자연이 정한 분계선天倪이다.

寓言十九, 重言十七, 卮言日出, 和以天倪.

寓言十九, 藉外論之. 親父不爲其子媒. 親父譽之, 不若非其父者也; 非吾罪也, 人之罪也. 與己同則應, 不與己同則反; 同於己爲是之, 異於己爲非之.

重言十七, 所以已言也, 是爲耆艾, 年先矣, 而无經緯本末以期年耆者, 是非先也. 人而无以先人, 无人道也; 人而无人道, 是之謂陳人.

卮言日出, 和以天倪, 因以曼衍, 所以窮年. 不言則齊, 齊與言不齊, 言與齊不齊也, 故曰言无言. 言无言, 終身言, 未嘗言; 終身不言, 未嘗不言. 有自也而可, 有自也而不可; 有自也而然, 有自也而不然. 惡乎然? 然於然. 惡乎不然, 不然於不然. 惡乎可? 可於可. 惡乎不可? 不可於不可. 物固有所然, 物固有所可, 无物不然, 无物不可. 非卮言日出, 和以天倪, 孰得其久! 萬物皆種也, 以不同形相禪, 始卒若環, 莫得其倫, 是謂天均. 天均者天倪也.

【寓言十九】 우언에 기탁한 언어논리가 열 가지 중 아홉이라는 뜻. 즉 전체 중 9할은 실제가 아니라 꾸며낸 이야기임을 말함.

【重言】 이미 알려진 先哲이나 당시 사람의 말을 거듭 밝힌 것.

【巵言】 치(巵)는 원래 술 그릇. 그 그릇에 술이 가득 차면 저절로 넘쳐흐르듯 자연스럽게 무심히 흘러나오는 말이라는 뜻으로 쓴 것임.

【日出】 날로 새로워짐.

【天倪】 하늘(자연)이 정하여 놓은 분계선. 술잔에 넘쳐나고 멈추는 미세한 한계를 뜻함.

【耆艾】 耆老와 같음. 노인을 뜻함. 50세를 '艾', 60세를 '耆'라 함.

【陳人】 진부한 사람. 오래 묵은 지혜를 가진 사람.

【始卒】 시작과 끝. 始終과 같음.

【天均】 천연적인 균형.

201
(27-2) 공자는 나이 육십이 되도록
생각이 60번이나 바뀌었다오

장자가 혜자에게 말하였다.

"공자는 나이 육십이 되도록 생각이 60번이나 바뀌었다오. 처음에는 옳다고 하였던 것도 나중에 가서는 모두 아니라고 하였소. 그러니 오늘 옳다고 한 것도 기실 쉰아홉 살 이전에는 그르다고 한 것이었는지도 모르지요."

혜자가 말하였다.

"공자가 부지런히 뜻을 세워 알고자 했기 때문이겠지요."

장자가 말하였다.

"공자는 그런 것들을 버렸다오. 그리고 그렇게 말을 하지도 않았지요. 공자는 '무릇 지능을 큰 근본으로부터 부여받고, 영기를 품고 살아가면 우는 소리가 음률에 맞을 것이요 말도 법도에 맞을 것이다. 이익과 의를 눈앞에 두고 호오好惡와 시비是非를 따지는 것은 오직 사람의 입일 뿐이다. 사람들로 하여금 마음으로 복종하게 하는 것은 감히 거슬림이 없이 천하의 올바른 도리를 세우는 것에서 해야 한다'라고 하였소. 끝이로다, 끝이로다! 나는 아직 그 공자에 미치지 못할 것 같소!"

莊子謂惠子曰:「孔子行年六十而六十化, 始時所是, 卒而非之, 未知今之所謂是之非五十九非也.」

惠子曰:「孔子勤志服知也.」

莊子曰:「孔子謝之矣, 而其未之嘗言. 孔子云:『夫受才乎大本, 復靈以生, 鳴而當律, 言而當法, 利義陳乎前, 而好惡是非直服人之口而已矣. 使人乃以心服, 而不敢蘁立, 定天下之定.』已乎已乎! 吾且不得及彼乎!」

【復靈】 '復'은 '伏'과 같음. 靈氣를 저장하고 있음.
【蘁立】 '蘁'(오)는 '迕'와 같음. 거역함. 거스름.

┌─ 참고 및 관련 자료 ─┐

1. 《幼學瓊林》 502

行年五十, 當知四十九年之非; 在世百年, 那有三萬六千日之樂.

2. 《淮南子》 原道訓

蘧伯玉年五十而知四十九年非.

3. 《論語》 憲問篇 注

"按莊周稱'伯玉行年五十, 而知四十九年之非'. 又曰: '伯玉行年六十, 而六十化.' 蓋其進德之功, 老而不倦."

202
(27-3) 증자의 벼슬살이

　　증자曾子는 두 번 벼슬을 하면서 두 번 모두 마음에 변화를 일으켜 이렇게 말하였다.

　　"내가 부모님이 살아 계실 때의 벼슬은 녹봉이 3 부釜밖에 되지 않았으나 그래도 마음은 흡족하였다. 그 뒤 다시 벼슬을 하였을 때에는 녹봉이 3천 종鍾이나 되었건만 이미 부모님이 돌아가신 뒤라 마음이 슬펐다."

　　제자가 그 말을 듣고 공자에게 여쭈었다.

　　"증삼 같은 이라면 가히 녹봉에 사로잡히지 않았다고 말할 수 있습니까?"

　　이에 공자는 이렇게 말하였다.

　　"이미 사로잡혀 있는 것이다. 무릇 사로잡히지 않은 자라면 가히 슬픔이라는 것이 있겠느냐! 그러한 자라면 3부나 3천 종의 녹을 보기를 마치 참새나 모기, 등에 따위가 눈앞을 지나가는 것처럼 여겼을 것이다."

　　曾子再仕而心再化, 曰:「吾及親仕, 三釜而心樂; 後仕, 三千鍾而不洎親, 吾心悲.」

　　弟子問於仲尼曰:「若參者, 可謂无所縣其罪乎?」

　　曰:「旣已縣矣. 夫无所縣者, 可以有哀乎? 彼視三釜三千鍾, 如觀鳥雀蚊虻相過乎前也.」

【再化】 내심의 느낌이 달라 변화를 일으킴.

【釜】 곡물의 들이를 재는 단위. 1釜는 6斗 4升이라 함.

【鍾】 6斛 4斗의 양을 1종이라 함.

【無所縣其罪】 縣은 懸과 같으며 罪는 그물(網)의 뜻. 그 녹봉이라는 그물에 매달려 있지 않음을 뜻함.

【不洎親】 '洎'(계)는 '及'의 뜻. 쌍성호훈임.

【蚊虻】 모기. 雙聲連綿語의 蟲名.

참고 및 관련 자료

1.《韓詩外傳》卷一

曾子仕於莒, 得粟三秉, 方是之時, 曾子重其祿而輕其身; 親沒之後, 齊迎以相, 楚迎以令尹, 晉迎以上卿. 方是之時, 曾子重其身而輕其祿. 懷其寶而迷其國者, 不可與語仁; 窘其身而約其親者, 不可與語孝; 任重道遠者, 不擇地而息; 家貧親老者, 不擇官而仕. 故君子矯褐趨時, 當務爲急. 傳云:「不逢時而仕, 任事而敦其慮, 爲之使而不入其謀, 貧焉故也.」詩云:「夙夜在公, 實命不同.」

2.《說苑》建本篇

子路曰:「負重道遠者, 不擇地而休; 家貧親老者, 不擇祿而仕. 昔者由事二親之時, 常食藜藿之實而爲親負米百里之外, 親沒之後, 南遊於楚, 從車百乘, 積粟萬鍾, 累茵而坐, 列鼎而食, 願食藜藿負米之時不可復得也; 枯魚銜索, 幾何不蠹, 二親之壽, 忽如過隙, 草木欲長, 霜露不使, 賢者欲養, 二親不待.」故曰:「家貧親老不擇祿而仕也.」

3.《孔子家語》致思篇

子路見於孔子曰:「負重涉遠, 不擇地而休; 家貧親老, 不擇祿而仕. 昔者, 由也事二親之時, 常食藜藿之實, 爲親負米百里之外. 親歿之後, 南遊於楚, 從車百乘, 積粟萬鍾, 累茵而坐, 列鼎而食, 願欲食藜藿, 爲親負米, 不可復得也. 枯魚銜索, 幾何不蠹! 二親之壽, 忽若過隙.」孔子曰:「由也事親, 可謂生事盡力, 死事盡思者也.」

203
(27-4) 죽음도 삶도 잊고

안성자유顔成子游가 동곽자기東郭子綦에게 말하였다.

"저는 선생님의 말씀을 듣고 나서 1년 만에 자연의 야만대로 되었으며,
2년 만에 만물의 이치에 순종하게 되었고, 3년 만에 만물에 통달하였으며,
4년 만에 외물과 하나가 되었고, 5년 만에 외물이 나를 따르게 되었으며,
6년 만에 정신세계가 내게로 들어왔으며, 7년 만에 천성과 합치되었으며,
8년 만에 죽음도 모르고 삶도 모르게 되었고, 9년 만에 위대한 묘리妙理를
깨닫게 되었습니다."

顔成子游謂東郭子綦, 曰:「自吾聞子之言, 一年而野, 二年而從,
三年而通, 四年而物, 五年而來, 六年而鬼入, 七年而天成, 八年而不
知死, 不知生, 九年而大妙.」

【野】質樸함.
【大妙】지극히 현묘한 자연의 도리. 大道.

204
(27-5) 태어난 자는 죽게 마련이다

　사람은 이 세상에 태어나면 언젠가는 죽게 마련이다. 사람의 죽음에는
모두 그 까닭이 있으니 스스로 짓는 것이다. 사람이 태어나는 것은 양기陽氣가
움직여 이루어지는 것이니 스스로 어찌 할 수가 없다. 과연 그런 것일까?
죽으면 어디로 가는 것일까? 어찌하여 가는 것이 없을 수 있겠는가?
하늘에는 천체 운행 역수曆數가 있는 법이고, 땅에는 사람들이 자신들을
위해 만든 구분들이 있다. 그러나 우리는 어디에서 이를 추구해 볼 것인가?
그것이 끝나는 바를 알 수 없으니 그런데도 어찌 천명天命이 없다고 할
수 있겠는가? 시작되는 바도 알 수 없으니 그럼에도 어찌 천명이 있다고
하겠는가?

　서로 상응하고 있으니 그럼에도 어찌 귀신이 없다고 할 수 있겠는가?
서로 상응하는 현상이 없는데 그럼에도 어찌 귀신이 있다고 하겠는가?

　生有爲, 死也. 勸公, 以其死也, 有自也; 而生陽也, 无自也. 而果
然乎? 惡乎其所適? 惡乎其所不適? 天有曆數, 地有人據, 吾惡乎
求之? 莫知其所終, 若之何其无命也? 莫知其所始, 若之何其有命也?
有以相應也, 若之何其无鬼邪? 无以相應也, 若之何其有鬼邪?

【勸公】 원래는 '그대에게 권하노니'의 뜻. 그러나 이 문장에서 이 말이 돌출되어 역대 이래로 이는 잘못 삽입된 것으로 여기고 있음. 王敔는 "句疑有譌"라 하였고 葉秉敬은 "此甚不通, 舊强解"라 하였음.

【曆數】 춘하추동과 寒暑의 순환과 시간.

【人據】 사람을 근거로 나라와 도시를 나눔.

205
(27-6) 본체를 따를 수밖에 없는 그림자

그림자 둘레에 생기는 엷은 그림자들이 그림자에게 물었다.

"그대는 조금 전에는 몸을 굽히고 있더니 지금은 젖히고 있고, 조금 전에는 머리를 묶고 있더니 지금은 풀어 헤치고 있으며, 조금 전에는 앉아 있더니 지금은 일어서 있고, 조금 전에는 걷고 있더니 지금은 멈추어 서 있소. 어찌 된 것입니까?"

그림자가 말하였다.

"별것 아닌 일을 가지고 어찌 하찮은 질문을 하오! 나라는 것이 있기는 하지만 그 까닭은 알지 못하오. 나는 매미 껍질이나 뱀 껍질 같은 것이오. 그 본체와 비슷하면서도 아니라오. 불과 햇빛 앞에서는 내가 존재하지만 그늘과 밤에는 나는 사라진다오. 저들은 내가 기대어 의지하는 대상인데 하물며 형체가 있는 것으로 의지하는 게 없을 수 있겠소! 그것이 오면 나도 따라오고 그것이 가면 나도 따라가고 그것이 운동을 하여 움직이면 나도 따라 움직인다오. 그런 움직임을 두고 무슨 질문이 있을 수 있겠소!"

衆罔兩問於景曰:「若向也俯而今也仰, 向也括撮而今也被髮, 向也坐而今也起, 向也行而今也止, 何也?」

景曰:「搜搜也, 奚稍問也! 予有而不知其所以. 予, 蜩甲也, 蛇蛻也, 似之而非也. 火與日, 吾屯也; 陰與夜, 吾代也. 彼吾所以有待邪?

而況乎以无有待者乎! 彼來則我與之來, 彼往則我與之往, 彼强陽
則我與之强陽. 强陽者又何以有問乎!」

【衆罔兩】魍魎으로도 쓰며 도깨비를 일컫는 첩운연면어. 여기에서는 그림자
　　밖의 또 다른 물체를 가정하여 대화를 나누도록 한 것. 일부 판본에는 '衆'자가
　　빠져 있음.
【景】'影'(그림자)의 본자.
【蜩甲·蛇蛻】蜩甲은 매미가 벗고 나간 허물. 蛇蛻는 뱀이 벗고 나간 허물.
【屯】'聚'와 같음.
【强陽】운동의 모습. '徜徉'과 같음. 첩운연면어.

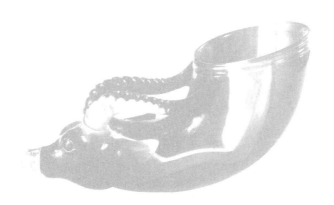

206
(27-7) 온갖 시중을 다 받는 오만함

양자陽子는 남쪽 패沛 땅에 살고 있었고, 노자는 서쪽 진秦나라를 유람하고 있었다. 양자거는 패의 교외로 그를 마중 나가 양梁이라는 땅에서 노자를 만났다. 노자가 오는 도중에 하늘을 우러르며 탄식하고는 말하였다.

"처음에 나는 그대를 가르칠 만하다고 여겼었는데 이제는 안되겠구나."

양자거는 아무 대답도 하지 아니하고 숙사에 돌아가 세수하고 양치질한 뒤 건을 고쳐 쓰고 머리를 빗고는 방 밖에서 신을 벗고 무릎걸음으로 나아가 말하였다.

"방금 여쭙고 싶었습니다만 선생님께서 걷기만 하시면서 틈을 주지 않아 그 때문에 감히 여쭙지 못한 것입니다. 이제는 한가한 듯하니 청컨대 그 허물이 무엇인지 여쭙고자 합니다."

노자가 말하였다.

"그대는 눈을 부릅뜨고 오만한 모습을 하고 있으니 누가 그대와 함께 하고자 하겠는가? 크게 결백한 사람은 모욕을 당하는 듯이 보이고, 풍성한 덕을 갖춘 자는 오히려 모자란 듯이 행동하는 것이지."

양자거는 축연蹴然이 얼굴빛을 바꾸며 말하였다.

"삼가 가르침을 듣겠습니다!"

양자거가 노자에게 갔을 때만 해도 숙사에 들면, 사람들이 그를 마중 나오고, 숙사 주인은 자리 시중을 들었으며, 그 아내는 수건과 빗으로 시중을 들었고 숙사에 묵던 사람은 그를 보면 자리를 피하였으며, 불을 쬐던 사람도 아궁이에서 피해 주었다. 그러나 그가 노자의 가르침을 받고 돌아갈 때쯤에는 숙사에 묵는 사람들이 그와 자리를 다투며 어울리게 되었다.

　陽子居南之沛, 老聃西遊於秦, 邀於郊, 至於梁而遇老子. 老子中道仰天而歎曰:「始以汝爲可敎, 今不可也.」

　陽子居不答. 至舍, 進盥漱巾櫛, 脫屨戶外, 膝行而前曰:「向者弟子欲請夫子, 夫子行不閒, 是以不敢. 今閒矣, 請問其過.」

　老子曰:「而睢睢盱盱, 而誰與居? 大白若辱, 盛德若不足.」

　陽子居蹴然變容曰:「敬聞命矣!」

　其往也, 舍者迎將, 其家公執席, 妻執巾櫛, 舍者避席, 煬者避竈. 其反也, 舍者與之爭席矣.

【陽子】 인명.《열자》에는 楊朱의 일로 되어 있다. 한편 일부 해석본에는 '陽子居'를 인명으로 보기도 하였다.
【沛】 지명. 지금의 江蘇省 沛縣.
【秦】 지금의 陝西省을 가리킴. 전국시대 진나라 땅.
【梁】 지금의 河南省 開封市. 전국시대 위나라 땅.
【盥漱巾櫛】 세수하고 양치질하며 수건으로 닦고 빗으로 빗음.
【大白若辱, 盛德若不足】 '辱'은 검다의 뜻.《노자》 41장 참조.
【家公】 여관의 주인.
【舍者】 여관에 먼저 투숙한 사람.
【煬】 '炊'와 같음.

1. 《老子》41장

上士聞道, 勤而行之; 中士聞道, 若存若亡; 下士聞道, 大笑之. 不笑不足以爲道. 故建言
有之: 明道若昧, 進道若退, 夷道若纇, 上德若谷, 大白若辱, 廣德若不足, 建德若偷,
質德若渝. 大方無隅, 大器晚成, 大音希聲, 大象無形, 道隱無名. 夫唯道, 善貸且成.

2. 《列子》黃帝篇

楊朱南之沛, 老聃西遊於秦, 邀於郊. 至梁而遇老子. 老子中道仰天而歎曰:「始以汝
爲可敎, 今不可敎也.」楊朱不答. 至舍, 進涫漱巾櫛, 脫履戶外, 膝行而前, 曰:「向者
夫子仰天而歎曰:『始以汝爲可敎, 今不可敎.』弟子欲請夫子辭, 行不間, 是以不敢.
今夫子間矣, 請問其過」老子曰:「而睢睢而盱盱, 而誰與居? 大白若辱, 盛德若不足.」
楊朱甦然變容曰:「敬聞命矣.」其往也, 舍者迎將家, 公執席, 妻執巾櫛; 舍者避席,
煬者避竈. 其反也, 舍者與之爭席矣.

28. 양왕讓王

'양왕讓王'이란 왕위를 물려준다 해도 이를 사양함을 말하며 동시에 첫 장의 요堯가 허유許由에게 천하를 넘겨주려다 거절당한 내용을 편명으로 삼은 것이다. 주된 내용은 외물은 가벼이 보고 자신의 삶을 중시한다는 경물중생輕物重生을 담고 있다.

"무릇 천하란 지극히 중한 것이기는 하나 그렇다고 그것 때문에 자신의 삶을 손상시킬 수는 없다고 여겼거늘 하물며 다른 사물쯤이야 어떻겠는가! 오직 천하를 두고 아무것도 할 일이 없다고 여기는 자만이 천하를 맡을 수 있는 것이다."

莊子

207
(28-1)
천하를 허유許由에게
물려주려 하였지만

요堯가 천하를 허유許由에게 물려주려 하였지만 허유가 받지 않았다. 다시 자주지보子州支父에게 물려주려 하자 자주지보가 말하였다.

"나를 천자로 삼아 주시겠다니 오히려 좋겠습니다. 비록 그러나 나는 마침 그윽이 있기를 원하는 병에 걸려 지금 막 치료하고 있는 중이어서 천하를 다스릴 겨를이 없습니다."

무릇 천하란 지극히 중한 것이기는 하나 그렇다고 그것 때문에 자신의 삶을 손상시킬 수는 없다고 여겼거늘 하물며 다른 사물쯤이야 어떻겠는가! 오직 천하를 두고 아무것도 할 일이 없다고 여기는 자에게만이 천하를 맡길 수 있는 것이다.

순舜이 천하를 자주지백子州支伯에게 맡기려 하자 자주지백이 말하였다.

"저는 마침 그윽이 있기를 원하는 병에 걸려 바야흐로 이를 치료하고 있는 중이어서 천하를 다스릴 만한 겨를이 없습니다."

그러므로 천하란 큰 그릇인데도 이로써 자신의 삶과 바꾸지 않겠다고 하였으니 이것이 바로 도를 가진 자로써 속된 자와의 다른 바이다.

이번에는 순이 천하를 선권善卷에게 물려주려 하자 선권이 말하였다.

"나는 이 우주 가운데에 서서 겨울에는 털옷을 입고, 여름에는 칡으로 짠 베옷을 입습니다. 봄이면 땅을 갈아 씨를 뿌리는데 몸은 일하기에 족할 만큼 튼튼하며, 가을에는 곡식을 거둬들여 몸을 편히 쉬게 할 수 있습니다. 해가 뜨면 나가 일하고 해가 지면 집에 들어와 쉽니다. 천지 사이를 유유히 소요하며 마음이 한가롭게 자득自得하고 있습니다. 그러한 내가 어찌 천하를 일거리로 삼겠습니까! 안타깝소이다. 임금님은 나를 모르고 계시군요!"

마침내 그는 천하를 받지 않고 그곳을 떠나 깊은 산 속으로 들어가 그가 있는 곳을 알 수 없었다.

순이 천하를 그의 친구 석호石戶의 농부에게 물려주려 하자 석호의 농부가 말하였다.

"부지런도 하군요. 임금 된 자의 남을 위함이여. 억척스럽게 힘을 쓰는 사나이로다!"

그는 순의 덕이 아직 지극하지 못하다고 여기고 이에 부부가 지고 이고 하여 자식들을 이끌고 바다 속 섬으로 들어가 종신토록 나오지 않았다.

堯以天下讓許由, 許由不受. 又讓於子州支父, 子州支父曰:「以我爲天子, 猶之可也. 雖然, 我適有幽憂之病, 方且治之, 未暇治天下也.」

夫天下至重也, 而不以害其生, 又況他物乎! 唯无以天下爲者, 可以托天下也.

舜讓天下於子州支伯. 子州支伯曰:「予適有幽憂之病, 方且治之, 未暇治天下也.」

故天下大器也, 而不以易生, 此有道者之所以異乎俗者也.

舜以天下讓善卷, 善卷曰:「余立於宇宙之中, 冬日衣皮毛, 夏日衣葛絺; 春耕種, 形足以勞動; 秋收斂, 身足以休食; 日出而作, 日入而息, 逍遙於天地之間而心意自得. 吾何以天下爲哉! 悲夫, 子之不知余也!」

遂不受. 於是去而入深山, 莫知其處.

舜以天下讓其友石戶之農, 石戶之農曰:「捲捲乎后之爲人, 葆力之士也!」

以舜之德爲未至也, 於是夫負妻戴, 攜子以入於海, 終身不反也.

【讓王】‘왕위를 맡을 것을 제의받고 이를 사양하다’의 뜻.

【子州支父】인명. 子州는 성명, 支父는 자.

【善卷】인명. 은자. ‘善綣’으로도 표기함.

【葛絺】칡의 가는 섬유.

【石戶】지명.

【葆力】‘葆’는 ‘保’와 같음. 힘써 일할 것을 권면함.

참고 및 관련 자료

1. 《呂氏春秋》下賢篇

堯不以帝見善綣, 北面而問焉. 堯, 天子也, 善綣, 布衣也. 何故禮之若此其甚也?
善綣得道之士也, 得道之人, 不可驕也. 堯論其德行達智而弗若, 故北面而問焉,
此之謂至公. 非至公其孰能禮賢?

208
(28-2) 태왕단보와 적인狄人

주周나라 태왕大王 단보亶父가 빈邠 땅에 살고 있을 때, 적인狄人이 쳐들어왔다. 그들을 섬기면서 가죽과 비단을 보냈으나 받지 않았고 개와 말을 보냈으나 받지 않았다. 이에 다시 진주와 구슬을 보냈으나 역시 받지 않았다. 적인들이 요구하는 것은 땅이었다. 이에 태왕 단보는 이렇게 말하였다.

"나는 백성의 아비와 형과 함께 살면서 그 자식이나 동생이 그들에게 죽임을 당한다면 이는 견딜 수 없다. 너희들은 모두 이곳에서 힘껏 살도록 하라. 나의 신하가 되거나 적인들의 신하가 되거나 무슨 차이가 있겠느냐! 내 듣건대 사람들이 먹고살아야 할 것 때문에 살려야 할 사람을 해칠 수는 없다'라 하더라."

그리고는 지팡이를 짚고 그곳을 떠났다. 그러자 백성들이 서로 줄을 지어 그를 따라나서서 마침내 기산岐山 아래에 이르러 나라를 이룩하였다.

무릇 태왕 단보는 진정으로 삶을 존중할 줄 아는 자라 하겠다. 능히 삶을 존중하는 사람은 비록 부귀하다 해도 몸을 보양한다는 이유로써 몸을 상하게 하지는 아니하며, 또 비록 빈천하다 해도 이욕 때문에 몸을 괴롭히지는 않는 법이다. 지금 세상 사람들은 높은 벼슬과 존귀한 작위에 오르면, 모두 그것을 잃게 될까 걱정을 하고 이욕 때문에 경솔하게 자신의 몸을 망치고 있으니 어찌 미혹된 것이 아니겠는가!

大王亶父居邠, 狄人攻之; 事之以皮帛而不受, 事之以犬馬而不受, 事之以珠玉而不受, 狄人之所求者土地也.

大王亶父曰:「與人之兄居而殺其弟, 與人之父居而殺其子, 吾不忍也. 子皆勉居矣! 爲吾臣與爲狄人臣奚以異! 且吾聞之, 不以所用養害所養.」

因杖筴而去之. 民相連而從之, 遂成國於岐山之下. 夫大王亶父, 可謂能尊生矣. 能尊生者, 雖貴富不以養傷身, 雖貧賤不以利累形. 今世之人居高官尊爵者, 皆重失之, 見利輕亡其身, 豈不惑哉!

【大王亶父】 '大王'은 '太王'으로 읽으며 고공을 가리킴. 즉 古公亶甫. 周나라의 중흥 시조. 王季(季歷)의 아버지이며 文王의 조부. 아들 泰伯과 虞仲이 '남쪽 吳나라로 피하여 계력과 문왕(姬昌), 무왕(姬發)으로 왕통이 이어짐.《史記》周本紀 참조.
【邠】 豳으로도 쓰며 지금의 陝西省 枸邑縣.
【狄人】 당시의 북방 민족이었던 獫狁, 즉 匈奴의 전신.
【筴】 '策'과 같은 글자임. '지팡이, 막대'의 뜻.
【岐山】 지명. 지금의 陝西省 岐山縣.

> 참고 및 관련 자료

1.《史記》周本紀

慶節卒, 子皇僕立. 皇僕卒, 子差弗立. 差弗卒, 子毀隃立. 毀隃卒, 子公非立. 公非卒, 子高圉立. 高圉卒, 子亞圉立. 亞圉卒, 子公叔祖類立. 公叔祖類卒, 子古公亶父立. 古公亶父復脩后稷·公劉之業, 積德行義, 國人皆戴之. 薰育戎狄攻之, 欲得財物, 予之. 已復攻, 欲得地與民. 民皆怒, 欲戰. 古公曰:「有民立君, 將以利之. 今戎狄所爲攻戰, 以吾地與民. 民之在我, 與其在彼, 何異? 民欲以我故戰, 殺人父子而君之, 予不忍爲.」乃與私屬遂去豳, 度漆·沮, 踰梁山, 止於岐下. 豳人舉國扶老攜弱, 盡復歸古公於岐下. 及他旁國聞古公仁, 亦多歸之. 於是古公乃貶戎狄之俗, 而營築城郭室屋, 而邑別居之. 作五官有司. 民皆歌樂之, 頌其德.

209
(28-3) 임금이 되면 받을 환난

　월越나라 사람이 3대에 걸쳐 자기 임금을 죽였다. 왕자 수搜는 자신도 왕이 되면 죽임을 당하고 말 것을 두려워하여 남산南山의 단혈丹穴이라는 동굴로 도망쳐 버려 월나라에는 임금이 없었다. 신하들이 그를 찾아다녔지만 찾지 못하다가 결국 단혈을 찾아냈다. 그러나 왕자 수는 나오기를 거부하였다. 이에 월나라 사람들은 쑥을 태워 연기를 불어넣어 나오게 하였다. 그를 임금의 수레에 태웠다. 왕자 수는 수레의 끈을 잡고 오르며 하늘을 우러러 부르짖었다.

　"임금자리여! 임금자리여! 어찌 나를 홀로 내버려두지 않는가?"

　왕자 수는 임금이 되기가 싫었던 것이 아니라 임금이 됨으로써 받을 환난이 싫었던 것이다. 왕자 수와 같은 사람은, 나라로 인해 자신의 삶을 다치지 않으려 하던 사람이라 할 수 있다. 이 까닭으로 월나라 사람들은 그를 찾아내어 임금으로 삼고자 하였던 것이다.

　越人三世弒其君, 王子搜患之, 逃乎丹穴. 而越國無君, 求王子搜不得, 從之丹穴. 王子搜不肯出, 越人薰之以艾. 乘以王輿. 王子搜援綏登車, 仰天而呼曰:「君乎! 君乎! 獨不可以舍我乎!」王子搜非惡爲君也, 惡爲君之患也. 若王子搜者, 可謂不以國傷生矣, 此固越人之所欲得爲君也.

【王子搜】수는 왕자의 이름.《淮南子》에는 '翳'로 되어 있음.
【丹穴】동굴 이름.
【王輿】'玉輿'로도 되어 있으며 임금이 타는 수레를 말함.
【綏】수레를 타고 내릴 때 잡는 끈. 줄.

참고 및 관련 자료

1.《淮南子》原道訓

夫善游者溺, 善騎者墮. 各以其所好, 反自爲禍. 是故好事者, 未嘗不中; 爭利者,
未嘗不窮也. 昔共工之力, 觸不周之山, 使地東南傾, 與高辛爭爲帝, 遂潛于淵, 宗族
殘滅, 繼嗣絶祀. 越王翳逃山穴, 越人熏而出之, 遂不得已. 由此觀之, 得在時, 不在
爭治在道, 不在聖.

210
(28-4)

내 몸보다 중한 것이 나라입니까?

한韓나라와 위魏나라가 서로 상대의 영토를 침략하며 다투었다. 자화자子華子가 소희후昭僖侯를 만나자 소희후는 근심스러운 얼굴을 하고 있었다. 이에 자화자가 말하였다.

"지금 천하 사람들로 하여금 임금 앞에 이런 서약서를 올렸다고 합시다. 그 문서에 '왼손으로 이것을 잡는 사람은 오른손을 자를 것이다. 오른손으로 이것을 잡는 사람은 왼손을 잘라버릴 것이다. 그러나 이 서약서를 잡는 사람은 틀림없이 천하를 차지하게 될 것이다'라고 쓰여 있다고 한다면 임금께서는 이 서약서를 손으로 잡으시겠습니까?"

소희후가 말하였다

"과인은 잡지 않겠소."

자화자가 말하였다

"매우 좋습니다! 그렇다면 이 두 팔은 천하보다도 더 소중한 것이겠군요. 몸은 또 두 팔보다도 소중합니다. 그리고 한나라는 천하에서 가벼운 존재이며 지금 다투고 있는 땅은 한나라보다 훨씬 가벼운 것입니다. 그런데도 임금은 자신의 몸을 괴롭히고 삶을 손상시키면서까지 그것을 얻지 못함을 걱정하고 계시는군요!"

소회후가 말하였다.

"훌륭하오! 과인을 가르쳐주는 자가 많았으나 일찍이 이런 말은 들어보지 못하였소."

자화자는 사물의 경중을 헤아릴 줄 아는 사람이라 할 수 있다.

韓魏相與爭侵地. 子華子見昭僖侯, 昭僖侯有憂色. 子華子曰:「今使天下書銘於君之前, 書之言曰:『左手攫之則右手廢, 右手攫之則左手廢, 然而攫之者必有天下.』君能攫之乎?」

昭僖侯曰:「寡人不攫也.」

子華子曰:「甚善! 自是觀之, 兩臂重於天下也, 身又重於兩臂. 韓之輕於天下亦遠矣, 今之所爭者, 其輕於韓又遠. 君固愁身傷生以憂戚之不得也!」

僖侯曰:「善哉! 教寡人者衆矣, 未嘗得聞此言也.」子華子可謂知輕重矣.

【子華子】魏나라의 현인.
【昭僖侯】韓나라 군주 昭侯.

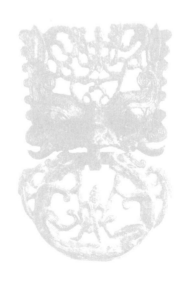

211
(28-5)

수후隨侯의 구슬로 겨우 참새를 잡다니

노魯나라의 임금이 안합顔闔이 득도한 인물이라는 말을 듣고 사람을 시켜 예물을 들고 가 먼저 모셔오도록 하였다. 안합은 누추한 집에 살면서 삼베옷을 입고 몸소 소를 먹이고 있었다. 노나라 임금이 보낸 사자使者가 이르자 안합은 몸소 그를 맞이하였다.

사자가 말하였다.

"여기가 안합의 집입니까?"

안합이 대답하였다.

"이곳이 안합의 집이오."

사자가 예물을 바치자 안합이 대답하였다.

"아마 잘못 듣고 사자를 보냈을 것이오. 그리하면 죄가 될 것이오. 분명하게 알아보느니만 못하오."

사자가 돌아가 확인을 한 뒤 다시 와서 그를 찾았으나 어디로 갔는지 찾을 수가 없었다. 그러므로 안합과 같은 이는 진정으로 부귀를 싫어하였다고 할 수 있다.

그래서 "참된 도로는 자신의 몸을 다스리고, 그 나머지로 나라를 돌보고, 그 찌꺼기로 천하를 다스릴 것이다"라 하였던 것이다.

이로 말미암아 보건대 제왕帝王들의 공적이란 성인聖人들의 여사餘事이며 몸을 온전하게 하고 삶을 보양하는 방법은 되지 못하는 것이다. 지금 세속의 군자들은 거의가 자신을 위험에 빠뜨리고, 삶을 버리면서까지 사물을 좇고 있으니 어찌 안타까운 일이 아니리오!

무릇 성인은 움직이고 짓고 함에는 반드시 그것을 하는 까닭과 방도를 먼저 살핀다. 지금 여기에 어떤 사람이 그 귀한 수후隨侯의 구슬을 총알로 삼아 천 길 벼랑 위에 있는 참새를 쏘았다고 한다면 세상사람들이 그를 비웃을 것이다. 그것은 그가 사용하는 것은 귀한 것인데 반해 그것으로 잡으려는 것은 하찮은 것이기 때문이다. 사람의 삶이야 어찌 수후의 구슬의 소중함에 비할 수 있겠는가!

魯君聞顏闔得道之人也, 使人以幣先焉. 顏闔守陋閭, 苴布之衣而自飯牛. 魯君之使者至, 顏闔自對之.

使者曰:「此顏闔之家與?」

顏闔對曰:「此闔之家也.」

使者致幣, 顏闔對曰:「恐聽謬而遺使者罪, 不若審之.」

使者還, 反審之, 復來求之, 則不得已. 故若顏闔者, 眞惡富貴也.

故曰: 道之眞以治身, 其緖餘以爲國家, 其土苴以治天下. 由此觀之, 帝王之功, 聖人之餘事也, 非所以完身養生也. 今世俗之君子, 多危身棄生以殉物, 豈不悲哉!

凡聖人之動作也, 必察其所以之與其所以爲. 今且有人於此, 以隨侯之珠彈千仞之雀, 世必笑之. 是何也? 則其所用者重而所要者輕也. 夫生者, 豈特隨侯珠之重哉!

【魯君】 魯나라 哀公.

【苴布】 거친 麻布. 삼베.

【緖餘】 '殘餘'와 같은 뜻임.

【土苴】 土芥와 같음.

【隋珠】 수주는 고대 아주 값비싼 구슬. 전설에 隋侯(隨侯)가 다친 뱀을 치료해

주고 그 보답으로 얻었다 함.(《淮南子》覽冥訓 高誘 주,《搜神記》참조) 혹은 隨나라 부근 濮水에서 나는 寶珠.

【隋珠彈雀】아주 귀한 것으로 하찮은 것을 얻기 위해 쓰는 어리석은 일을 뜻함.

참고 및 관련 자료

1.《搜神記》권20
隋縣溠水側, 有「斷蛇丘」. 隋侯出行, 見大蛇, 被傷中斷, 疑其靈異, 使人以藥封之, 蛇乃能走. 因號其處「斷蛇丘」. 歲餘, 蛇衘明珠以報之. 珠盈徑寸, 純白, 而夜有光明, 如月之照, 可以燭室. 故謂之「隋侯珠」, 亦曰「靈蛇珠」, 又曰「明月珠」. 丘南有隋季梁大夫池.

2.《淮南子》覽冥訓
本文:『順之者利, 逆之者凶, 譬如隋侯之珠·和氏之璧, 得之者富, 失之者貧.』
注:『隋侯, 漢東之國, 姬姓, 諸侯也, 隋侯見大蛇傷斷, 以藥傅之, 後蛇於江中, 衘大珠以報之. 因曰隋侯之珠, 蓋明月之珠也.』

3.《太平廣記》402
『隋侯行, 見大蛇被傷而治之, 後啣珠以報, 其珠徑寸, 純白, 夜有光明, 如月之照, 一名隋侯珠, 一名明月珠.』(《搜神記》)

4.《水經注》卷31
『《春秋》魯莊公四年, 楚武王伐隨, 令尹鬪祁莫敖屈重除道梁溠, 軍臨於隨, 謂此水也. 水側有斷蛇丘, 隨侯出而見大蛇中斷, 因舉而藥之, 故謂之斷蛇丘, 後蛇衘明珠報德, 世謂之隨侯珠, 亦曰靈蛇珠, 丘南有隨季梁夫池.』

5.《藝文類聚》94
『隨侯行, 見大蛇傷, 救而治之, 其後蛇衘珠而報之, 徑盈寸, 純白而夜光可以燭堂, 故歷世稱焉.』

6.《藝文類聚》96
『隨侯行, 見大蛇傷, 救而治之, 其後蛇衘珠以報之.』

7.《幼學瓊林》1231
隋珠彈雀, 謂得少而失多; 投鼠忌器, 恐因甲而害乙.

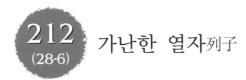

212
(28-6) 가난한 열자列子

선생 열자列子가 가난하여 그 용모에 주린 기색을 띠고 있었다. 어떤 객客이 이를 정鄭나라의 자양子陽에게 이렇게 말하였다.

"열어구列禦寇는 도를 터득한 자입니다. 그대의 나라에 살면서 그가 이토록 궁하게 살고 있는데 이렇게 되면 그대가 훌륭한 인물을 좋아하지 않는다는 것이 되지 않을까요?"

자양은 곧 관리들에게 명하여 열자에게 식량을 보내주도록 하였다. 열자는 사자들을 보자 두 번 절을 하고는 사양하였다.

사자가 가버린 뒤 열자가 방으로 들어오자 그의 처가 그를 바라보고 가슴을 치며 말하였다.

"내 듣기로 도를 터득한 이의 처자는 모두 편하고 즐거운 생활을 누린다고 하였습니다. 그런데 지금 우리가 주린 기색을 띠고 있다고 여겨 그 분이 사람을 시켜 그대에게 먹을 것을 보내 주었는데 당신은 받지 않았습니다. 어찌 이렇게밖에 살 운명이 아니리오!"

그러자 선생 열자가 웃으며 대답하였다.

"자양은 스스로 나를 알아 준 것이 아니오. 남의 말만 듣고서 내게 양식을 보내 준 것이오. 그러니 내게 죄를 주는 일이 생긴다면 그것도 남의 말을 듣고 할 것이오. 이것이 내가 받지 않은 까닭이오."

그 뒤에 마침내 백성들이 과연 난을 일으켜 자양을 죽이는 일이 벌어졌다.

子列子窮, 容貌有飢色. 客有言之於鄭子陽者曰:「列禦寇, 蓋有道之士也, 居君之國而窮, 君无乃爲不好士乎?」鄭子陽卽令官遺之粟. 子列子見使者, 再拜而辭.

使者去, 子列子入, 其妻望之而拊心曰:「妾聞爲有道者之妻子, 皆得佚樂, 今有飢色. 君過而遺先生食, 先生不受, 豈不命邪!」

子列子笑謂之曰:「君非自知我也. 以人之言而遺我粟, 至其罪我也又且以人之言, 此吾所以不受也.」

其卒, 民果作難而殺子陽.

【子陽】사람 이름으로 《呂氏春秋》 觀世篇의 주에 「子陽, 鄭相也. 一曰鄭君」 이라 함.

【拊心】가슴을 두드림. 안타까워하는 모습.

【作難】作亂과 같음. 이 난은 《呂氏春秋》 適威篇에 「子陽好嚴極也, 有過而折弓者, 竊必死, 遂應猘狗而弑子陽」이라 함.

> ### 참고 및 관련 자료

1. 《列子》 說符篇

子列子窮, 容貌有饑色. 客有言之鄭子陽者曰:「列禦寇蓋有道之士也, 居君之國而窮, 君無乃爲不好士乎!」鄭子陽卽令官遺之粟. 子列子出見使者, 再拜而辭. 使者舉. 子列子入, 其妻望之而拊心曰:「妾聞爲有道者之妻子, 皆得佚樂. 今有饑色, 君過而遺先生食. 先生不受, 豈不命也哉?」子列子笑謂之曰:「君非自知我也. 以人之言而遺我粟, 至其罪我也, 又且以人之言; 此吾所以不受也.」其卒, 民果作難而殺子陽.

2. 《呂氏春秋》 觀世篇

子列子窮, 容貌有饑色. 客有言之於鄭子陽者, 曰:「列禦寇, 蓋有道之士也. 居君之

國而窮, 君無乃爲不好士乎?」鄭子陽令官遺之粟數十秉. 子列子出見使者, 再拜
而辭. 使者去, 子列子入, 其妻望而拊心, 曰:「聞爲有道者妻子, 皆得逸樂. 今妻子有
饑色矣, 君過而遺先生食, 先生又弗受也, 豈非命也哉?」子列子笑而謂之曰:「君非
自知我也, 以人之言而遺我粟. 至已而罪我也, 有罪且以人言, 此吾所以不受也.」
其卒民果作難, 殺子陽. 受人之養, 而不死其難則不義, 死其難則死無道也. 死無道,
逆也. 子列子除不義, 去逆也, 豈不遠哉! 且方有饑寒之患矣, 而猶不苟取, 先見其
化也. 先見其化而已動, 遠乎性命之情也.

3. 《新序》節士篇

子列子窮, 容貌有饑色. 客有言於鄭子陽者, 曰:「子列子禦寇, 蓋有道之士也, 居君
之國而窮, 君無乃爲不好士乎?」子陽令官遺之粟數十秉. 子列子出見使者, 再拜
而辭 使者去, 子列子入, 其妻望以拊心曰:「聞爲有道者, 妻子皆佚樂, 今妻子皆有
饑色矣, 君過而遺先生, 先生又辭, 豈非命也哉?」子列子笑而謂之曰:「君非自知我
者也, 以人之言而知我, 以人之言以遺我粟也. 其罪我也, 又將以人之言, 此吾所以
不受也. 且受人之養, 不死其難, 不義也; 死其難, 是死無道之人, 豈義哉?」其後,
民果作難, 殺子陽. 子列子之見微除不義遠矣. 且子列子內有饑寒之憂, 猶不苟取,
見得思義, 見利思害, 況其在富貴乎? 故子列子通乎性名之情, 可謂能守節矣.

213
(28-7) 양 잡는 본업

초楚 소왕昭王이 오吳나라와의 싸움에 져 나라를 잃고 도망하자 도양열 屠羊說이라는 사람도 소왕을 따라 피난하였다. 뒤에 소왕이 나라로 돌아와 자신을 따라나섰던 이들에게 상을 줄 때 도양열의 차례가 되었다. 그러자 도양열은 이렇게 말하였다.

"대왕께서 나라를 잃었을 때 저 역시 양을 잡는 생업을 잃었습니다. 대왕께서 돌아오시어 저 역시 양을 잡는 일을 되찾았습니다. 저의 작록爵祿은 이미 다시 복구된 셈입니다. 그런데 다시 무슨 받을 상이 있다는 것입니까!"

그러나 왕은 이렇게 말하였다.

"억지로라도 받으시오!"

그러자 도양열이 이렇게 사양하였다.

"대왕께서 나라를 잃었던 것은 저의 죄가 아니었기에 감히 그 처벌을 받지 않았던 것이요, 대왕께서 돌아오신 것 역시 저의 공로가 아니기에 감히 그 상을 받을 수 없습니다."

임금이 말하였다.

"나타나시오!"

그러자 도양열은 이렇게 말하였다.

"초나라의 법에 무거운 상이나 큰 공을 세운 연후에야 임금을 뵐 수 있습니다. 지금 저의 지혜는 나라를 보존하기에 부족하고, 저의 용기는 적 앞에서 죽음을 무릅쓰기에 부족합니다. 그래서 오나라 군대가 우리 영郢 땅을 침범하였을 때 저는 환난이 두려워 적군을 피하려고 도망쳤을 뿐, 일부러 대왕을 따라 간 것이 아니었습니다. 지금 대왕께서 국법을 어기고 규약을 깨뜨리면서까지 저를 만나려 하시니 저는 이런 일로써 천하에 이름이 나서는 안 되는 사람입니다."

소왕이 사마자기司馬子綦에게 말하였다.

"도양열은 미천한 신분임에도 의를 진술함은 심히 높소. 그대는 나를 위해 그를 데려다가 삼공三公의 지위에 앉혀 주도록 하시오."

도양열이 말하였다.

"무릇 삼공의 지위는 제가 알기로는 양을 잡는 일보다 귀한 일입니다. 만 종鍾의 녹은 제가 알기로는 양을 잡아 얻는 소득보다 훨씬 부유한 것입니다. 그렇지만 어찌 벼슬과 녹을 탐하여 우리 임금으로 하여금 함부로 상을 내리신다는 말을 듣게 할 수 있겠습니까! 서는 감히 받을 수 없습니다. 바라건대 다시 저의 양 잡는 백정의 일로 돌아가게 해 주십시오."

그리고는 끝내 상을 받지 않았다.

楚昭王失國, 屠羊說走而從於昭王. 昭王反國, 將賞從者, 及屠羊說.

屠羊說曰:「大王失國, 說失屠羊; 大王反國, 說亦反屠羊. 臣之爵祿已復矣, 又何賞之有哉!」

王曰:「强之!」

屠羊說曰:「大王失國, 非臣之罪, 故不敢伏其誅; 大王反國, 非臣之功, 故不敢當其賞.」

王曰:「見之!」

屠羊說曰:「楚國之法, 必有重賞大功而後得見, 今臣之知不足以存國而勇不足以死寇. 吳軍入郢, 說畏難而避寇, 非故隨大王也. 今大王欲廢法毁約而見說, 此非臣之所以聞於天下也.」

王謂司馬子綦曰:「屠羊說居處卑賤而陳義甚高, 子其爲我延之以三旌之位.」

屠羊說曰:「夫三旌之位, 吾知其貴於屠羊之肆也; 萬鍾之祿, 吾知其富於屠羊之利也; 然豈可以貪爵祿而使吾君有妄施之名乎! 說不敢當, 願復反吾屠羊之肆.」

遂不受也.

【楚昭王】춘추 시대 楚나라 임금. 平王의 아들이며 이름은 熊壬. 혹은 珍. 27년간 (B.C.515~489년) 재위함.
【失國】周敬王 14年(B.C.506). 吳나라가 齊나라와 연합하여 楚를 친 사건이다.
【屠羊說】屠羊은 羊을 잡아 파는 직업을 말하며 직업이 성씨가 된 듯하다. '說'은 그의 이름이며 '열'로 읽는다.
【司馬子綦】楚나라 公子 結. 昭王의 兄. 司馬는 官職名. 다른 기록에는 司馬子綦로 되어 있다.
【三旌】三公의 지위를 말함.

참고 및 관련 자료

1. 《韓詩外傳》 卷八

吳人伐楚, 昭王去國, 國有屠羊說從行. 昭王反國, 賞從者, 及說. 說辭曰:「君失國, 臣所失者屠; 君反國, 臣亦反其屠. 臣之祿旣厚, 又何賞之?」辭不受命. 君强之, 說曰:「君失國, 非臣之罪, 故不伏誅; 君反國, 非臣之功, 故不受其賞. 吳師入郢, 臣畏寇避患. 君反國, 說何事焉?」君曰:「不受, 則見之.」說對曰:「楚國之法, 商人欲見於君者, 必有大獻重質, 然後得見. 今臣智不能存國, 節不能死君, 勇不能待寇. 然見之, 非國法也.」遂不受命, 入于澗中. 昭王謂司馬子期曰:「有人於此, 居處甚約, 論議甚高, 爲我求之. 願爲兄弟, 請爲三公.」司馬子期舍車徒求之, 五日五夜, 見之. 謂曰:「國危不救, 非仁也; 君命不從, 非忠也; 惡富貴於上, 甘貧苦於下,意者過也. 今君願爲兄弟, 請爲三公, 不聽君, 何也?」說曰:「三公之位, 我知其貴於刀俎之肆矣; 萬鍾之祿, 我知其富於屠羊之利矣. 今見爵祿之利, 而忘辭受之禮, 非所聞也.」遂辭三公之位, 而反乎屠羊之肆. 君子聞之曰:「甚矣哉! 屠羊子之爲也. 約己持窮, 而處人之國矣.」說曰:「何謂窮? 吾讓之以禮, 而終其國也.」曰:「在深淵之中, 而不援彼之危, 見昭王德衰於吳, 而懷寶絶迹, 以病其國, 欲獨全己者也. 是厚於己而薄於君, 狷乎! 非救世者也.」「何如則可謂救世矣?」曰:「若申伯 ·仲山甫可謂救世矣! 昔者, 周德大衰, 道廢於厲, 申伯 ·仲山甫, 輔相宣王, 撥亂世, 反之正, 天下略振, 宗廟復興, 申伯 ·仲山甫乃並順天下, 匡救邪失, 喩德敎, 擧遺士, 海內翕然向風. 故百姓勃然, 詠宣王之德. 詩曰:『周邦咸喜, 戎有良翰.』又曰:『邦國若否, 仲山甫明之. 旣明且哲, 以保其身. 夙夜匪懈, 以事一人.』如是可謂救世矣.」

2. 기타 참고자료

《太平御覽》509(嵇康《高士傳》을 인용한 것) ·《渚宮舊事》2

214
(28-8)
원헌原憲과 자공子貢

원헌原憲이 노魯나라에 살고 있을 때 사방이 벽 하나인 집에 이엉은 마르지도 않은 풀로 이었고 사립문은 온전치 못하였으며, 뽕나무로 문의 지도리를 삼았으며, 깨어진 항아리로 창을 낸 두 개의 방은 칡으로 창을 가리고 있었다. 위에서는 비가 새고 바닥은 축축하였는데, 원헌은 바르게 앉아 거문고를 연주하며 노래를 부르고 있었다.

자공子貢이 타고 간 수레는 큰 말이 끄는 것으로 수레 지붕은 희고, 안쪽은 보랏빛 천으로 장식을 하였으며 겉은 흰 천으로 두른 것이었다. 이렇듯 큰 수레가 그의 집 골목 안으로 들어갈 수가 없었으므로 그는 걸어서 원헌을 만나러 들어갔다. 원헌은 가죽나무 껍질로 만든 관을 쓰고 뒤축도 없는 신발을 신은 채, 명아주 지팡이를 짚고 문으로 나와 그를 맞았다. 자공이 말하였다.

"아! 선생께서는 무슨 병이 있으신 것은 아닌지요?"

原憲, 字子思, 魯人 贈原伯

원헌이 응대하여 말하였다.

"내 듣건대 재물이 없는 것을 가난이라 하고 배우고도 실행하지 못하는 것을 일러 병이라 하였소. 지금 나는 가난할 뿐 병이 있는 것은 아니오."

자공은 머뭇거리며 부끄러운 빛을 감추지 못하였다.

원헌이 웃으며 이렇게 말하였다.

"무릇 세상의 칭송 받기를 바라면서 행동하고, 서로 당을 지어 친구로 사귀며 남에게 뽐내기 위하여 학문을 하며, 자신의 이익을 위해 가르치고, 인의仁義를 내세워 간특한 짓을 하며 수레와 말을 장식하는 등의 일이라면 나로서는 차마 하지 못하오."

原憲居魯, 環堵之室, 茨以生草; 蓬戶不完, 桑以爲樞; 而甕牖二室, 褐以爲塞; 上漏下溼, 匡坐而弦歌.

子貢乘大馬, 中紺而表素, 軒車不容巷, 往見原憲. 原憲華冠縱履, 杖藜而應門.

子貢曰:「嘻! 先生何病?」

原憲應之曰:「憲聞之, 无財謂之貧, 學道而不能行謂之病. 今憲, 貧也, 非病也.」

子貢逡巡而有愧色.

原憲笑曰:「夫希世而行, 比周而友, 學以爲人, 敎以爲己, 仁義之慝, 與馬之飾, 憲不忍爲也.」

【原憲】 공자의 제자로 子思. 魯나라 사람으로 매우 가난하게 살았으나 원망함이 없었음.《韓詩外傳》(1),《新序》節士篇 등 참조.

【環堵之室】 아주 가난하고 누추한 집을 일컫는 말. 사방 담이 곧 집의 벽인 집. 혹 주위가 一丈의 작은 벽으로 된 누추한 집을 말한다. 흔히 아주 가난한 집을

말할 때 쓰이며, 陶淵明의 〈五柳先生傳〉에 “環堵蕭然, 不蔽風雨”라 하였다.

【蓬戶】 쑥으로 얽어 만든 집.

【甕牖】 깨어진 옹기로 둥글게 만든 창문.

【子貢】 端木賜. 端木은 성, 賜는 이름. 자는 子貢. 孔子의 제자로 돈을 많이 벌었던 인물로 알려짐. 《史記》 仲尼弟子列傳에 「子貢相衛, 而結駟連騎」라 하였고, 貨殖列傳에는 「子貢仕於衛, 廢著鬻財於曹魯之間」이라 함.

【軒車】 지붕이 있는 큰 수레. 귀족의 수레를 뜻함.

【杖藜】 명아주 대궁을 지팡이로 짚음.

【希世而行】 세상의 추이를 따라 살아가며 행동함.

【仁義之慝】 인의를 내세우면서도 姦慝한 행동을 함.

참고 및 관련 자료

1.《新序》節士篇

原憲居魯, 環堵之室, 茨以生蒿, 蓬戶甕牖, 揉桑以爲樞, 上漏下濕, 匡坐而弦歌. 子贛聞之, 乘肥馬, 衣輕裘, 中紺而表素, 軒車不容巷, 往見原憲. 原憲冠桑葉冠, 杖藜杖而應門, 正冠則纓絶, 袵襟則肘見, 納履則踵決. 子贛曰:「嘻! 先生何病也?」原憲仰而應之曰:「憲聞之: 無財之謂貧, 學而不能行之謂病. 憲, 貧也, 非病也. 若夫希世而行, 比周而交, 學以爲人, 敎以爲己, 仁義之慝, 輿馬之飾, 憲不忍爲也.」子贛逡巡, 面有愧色, 不辭而去. 原憲曳杖拖履, 行歌商頌而反, 聲滿天地, 如出金石, 天子不得而臣也, 諸侯不得而友也. 故養志者忘身, 身且不愛, 孰能累之? 詩曰:『我心匪石, 不可轉也. 我心匪席, 不可卷也.』此之謂也.

2.《韓詩外傳》卷一

原憲居魯, 環堵之室, 茨以蒿萊, 蓬戶甕牖, 桷桑而無樞, 上漏下濕, 匡坐而絃歌. 子貢乘肥馬, 衣輕裘, 中紺而表素, 軒不容巷, 而往見之. 原憲楮冠黎杖而應門, 正冠則纓絶, 振襟則肘見, 納履則踵決. 子貢曰:「嘻! 先生何病也!」原憲仰而應之曰:「憲聞之; 無財之謂貧, 學而不能行之謂病. 憲, 貧也, 非病也. 若夫希世而行, 比周而友, 學以爲人, 敎以爲己, 仁義之匿, 車馬之飾, 衣裘之麗, 憲不忍爲之也.」子貢逡巡, 面有慙色, 不辭而去. 原憲乃徐步曳杖, 歌商頌而反, 聲淪於天地, 如出金石.

天子不得而臣也, 諸侯不得而友也. 故養身者忘家, 養志者忘身, 身且不愛, 孰能忝之? 詩曰:『我心非石, 不可轉也. 我心非席, 不可卷也.』

3.《史記》仲尼弟子列傳

原憲字子思. 子思問恥. 孔子曰:「國有道, 穀. 國無道, 穀, 恥也.」子思曰:「克伐怨欲不行焉, 可以爲仁乎?」孔子曰:「可以爲難矣, 仁則吾弗知也.」孔子卒, 原憲遂亡在草澤中. 子貢相衛, 而結駟連騎, 排藜藿入窮閻, 過謝原憲. 憲攝敝衣冠見子貢. 子貢恥之, 曰:「夫子豈病乎?」原憲曰:「吾聞之, 無財者謂之貧, 學道而不能行者謂之病. 若憲, 貧也, 非病也.」子貢慚, 不懌而去, 終身恥其言之過也.

4.《高士傳》卷上

原憲, 字子思, 宋人也. 孔子弟子, 居魯, 環堵之室, 茨以生草, 蓬戶不完, 桑以爲樞, 而甕牖二室, 褐以爲塞, 上漏下濕, 匡坐而彈琴. 子貢相衛, 結駟連騎, 排藜藿入窮閻, 巷不容軒, 來見原憲. 原憲華冠縱履, 杖藜而應門. 子貢曰:「嘻! 先生何病也?」憲應之曰:「憲聞之, 無財謂之貧, 學道而不能行謂之病. 若憲, 貧也, 非病也. 夫希世而行, 比周而友, 學以爲人, 教以爲己. 仁義之慝, 輿馬之飾, 憲不忍爲也.」子貢逡巡而有慚色. 終身恥其言之過也.

5. 기타 참고자료

皇甫謐《高士傳》·《初學記》17·《孔子家語》七十二弟子解·《淮南子》原道訓

215
(28-9) 가난에 찌들린 증자曾子

　증자曾子가 위衛나라에 살 때 낡은 솜옷의 겉감이 없을 정도였으며 얼굴색은 부황으로 부어 있었고 손과 발은 트고 갈라졌었다. 사흘 동안이나 밥을 짓지 못하였고 10년 동안 옷 한 벌 해 입지 못하였다. 관을 바로 쓰면 갓끈이 끊어지며, 옷깃을 여미면 팔꿈치가 나오고, 신을 바로 신으면 뒤꿈치가 떨어져 나갈 정도였다. 그러나 그가 발을 끌며 《시》의 〈상송商頌〉을 노래하면 소리가 하늘과 땅 사이에 가득 차 마치 악기에서 나는 것과 같았다. 천자도 그를 신하로 삼지 못하였고 제후들도 그를 벗으로 삼을 수가 없었다.

　그러므로 뜻을 기르는 사람은 자신의 형체를 잊고, 자신의 형체를 기르는 사람은 이익을 잊으며 도를 터득한 사람은 마음조차 잊는 것이다.

　曾子居衛, 縕袍无表, 顔色腫噲, 手足胼胝. 三日不擧火, 十年不製衣, 正冠而纓絶, 捉衿而肘見, 納屨而踵決. 曳縰而歌商頌, 聲滿天地, 若出金石. 天子不得臣, 諸侯不得友. 故養志者忘形, 養形者忘利, 致道者忘心矣.

【縕布】 삼베로 만든 옷. 거친 옷을 말함.

【腫噲】 虛浮, 浮腫의 뜻.

【胼胝】 손발이 부르터 구덕살이 배기고 갈라짐을 말함.

【踵決】 짚신의 뒤축이 닳아 찢어짐.

【曳縱】 끌면서 걸음.

(참고 및 관련 자료)

1. 《幼學瓊林》 928

曾子捉襟見肘, 納履決踵, 貧不勝言; 韋莊數米而炊, 稱薪而爨, 儉有可鄙.

216
(28-10) 벼슬을 원하지 않은 안회顔回

공자가 안회顔回에게 말하였다.

"안회야, 이리 오너라! 집안이 가난하고 신분도 낮은데 어찌 벼슬을 하지 않느냐?"

안회가 대답하였다.

"벼슬하기를 원하지 않습니다. 저에게는 성곽 밖에 밭 50 무畝가 있으니 그것으로 족히 묽은 죽이라도 쑤어 먹을 수 있습니다. 그리고 성곽 안에 있는 10 무의 밭에서 나는 삼으로 베옷을 지어 입기에 충분합니다. 또 거문고를 타면서 스스로 즐길 수 있으며, 선생님께 배우는 도로써 족히 스스로 즐거움을 삼을 수 있습니다. 저는 벼슬하기를 원하지 않습니다."

공자가 초연愀然히 얼굴을 바꾸며 이렇게 말하였다.

"훌륭하구나, 안회의 생각이여! 내 들건대 만족할 줄 아는 사람은 이욕 때문에 스스로를 해치는 법이 없으며, 자득自得할 줄 아는 사람은 이득을 잃었다고 해서 두려워하지 않으며, 행동에 안으로 수양이 되어 있는 사람은 지위가 없다고 해서 부끄러워하지 않는다고 하더라. 나는 그것을 외우고 있은 지가 오래 되었으나 네 말을 듣고서야 직접 보게 되었구나. 이것이 나의 소득이구나."

孔子謂顏回曰:「回, 來! 家貧居卑, 胡不仕乎?」

顏回對曰:「不願仕. 回有郭外之田五十畝, 足以給飦粥; 郭內之田十畝, 足以爲絲麻; 鼓琴足以自娛, 所學夫子之道者足以自樂也. 回不願仕.」

孔子愀然變容曰:「善哉回之意! 丘聞之:『知足者不以利自累也, 審自得者失之而不懼, 行修於內者無位而不怍.』丘誦之久矣, 今於回而後見之, 是丘之得也.」

【郭外】 성곽의 밖. 곽은 外城을 말함.
【飦粥】 흐린 죽. 묽은 죽.

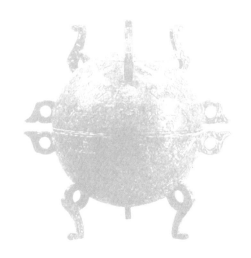

217
(28-11) 마음가는 대로 따르시오

중산中山의 공자公子 모牟가 첨자瞻子에게 말하였다.

"몸은 강과 바닷가에 은거하면서 마음은 항상 위魏나라 궁궐 아래에 가 있으니 어찌하면 좋겠소?"

첨자가 말하였다.

"삶을 소중히 하시오. 삶을 소중히 하면 명리名利에 대한 생각이 가벼워질 것입니다."

중산의 공자 모가 말하였다.

"비록 그렇다는 것은 알고 있지만 스스로를 이겨내지 못하고 있소."

첨자가 말하였다.

"스스로를 이겨내지 못하겠거든 그대로 마음가는 대로 따르시오. 그러면 정신적인 괴로움이 일지 않을 것이오. 스스로를 이겨내지 못하면서도 그것을 자신에게 강요하여 억지로 따르게 하는 것을 일러 거듭 자신을 해치는 것이라 하지요. 거듭 자신을 해치는 사람은 장수하는 사람에 들지 못합니다."

위모魏牟는 만승萬乘의 공자公子이다. 그런 그가 바위굴 속에 숨어산다는 것은 포의布衣의 선비가 해내기보다 어려운 것이다. 비록 도道에까지 이르지는 못하였지만 도를 터득하려는 뜻은 지니고 있다고 할 수 있으리라!

中山公子牟謂瞻子曰:「身在江海之上, 心居乎魏闕之下, 奈何?」
瞻子曰:「重生. 重生則輕利.」
中山公子牟曰:「雖知之, 未能自勝也.」
瞻子曰:「不能自勝則從之, 神无惡乎? 不能自勝而强不從者, 此之謂重傷. 重傷之人, 无壽類矣.」
魏牟, 萬乘之公子也, 其隱巖穴也, 難爲於布衣之士; 雖未至乎道, 可謂有其意矣!

【中山公子牟】魏나라 공자 魏牟. 중산에 봉해졌음.
【瞻子】詹子. 즉 詹何를 가리킴. 처음 낚시를 발명한 사람이라 함.《博物志》참조.
【魏闕】궁중의 문. 부귀영화를 상징하는 말로 흔히 대신 쓰임.

218
(28-12)
곤액이 도리어 행운이란다

공자가 진陳, 채蔡 사이에서 곤경에 처하였을 때, 이레 동안이나 불을
피워 밥을 짓지 못하였고 명아주 국만 먹어 그 안색이 심히 곤비하였으나
그래도 공자는 방에서 거문고를 타면서 노래를 하였다. 안회가 밖에서
나물을 뜯고 있는데 자로와 자공이 서로 이렇게 이야기를 주고받았다.

"선생님은 노魯나라에서는 두 번이나 축출당하였고, 위衛나라에서 쫓겨
났으며, 송나라에서는 깔려 죽이려고 나무를 베어 넘어뜨린 자가 있었으며,
상商나라와 주周나라에서도 곤경에 빠졌었는데, 이제 이 진채 사이에서
포위를 당해 있다. 선생님을 죽이려는 자가 있어도 그들은 벌을 받지
않고, 선생님을 사로잡으려는 자가 있어도 막아주는 이가 없다. 그런데도
선생님은 노래 부르고 거문고 타는 소리를 그치지 않는다. 군자로써 수치를
모르기가 이와 같은가?"

안회는 아무런 응대를 하지 않고 있다가 들어가 공자에게 아뢰었다.
그러자 공자는 거문고를 옆으로 밀어놓으며 크게 탄식하여 말하였다.

"자로와 자공은 소인들이구나. 이리 불러오너라. 내 말을 해 주리라."

자로와 자공이 들어오더니 자로가 말하였다.

"이런 경우를 두고 궁지에 빠졌다고 할 수 있는 것입니다."

공자가 말하였다.

"이것이 무슨 말이냐! 군자가 도에 통달하였을 때를 두고 통하였다고
하고, 도에 궁해졌을 때를 궁하다고 하는 것이다. 지금 나는 인의仁義의
도를 품고 어지러운 세상의 환난을 만나기는 하였지만 그것이 어찌 궁한

것이라 말할 수 있겠느냐! 그러므로 안으로 살펴 도에 궁함이 없어야
하고, 어려움에 임해서도 그 덕을 잃지 말아야 할 것이다. 큰 추위가
닥치고 서리와 눈이 내려야 나는 이로써 소나무와 잣나무의 무성함을
알게 되는 것이다. 이 진채에서의 곤액은 내게 있어서 오히려 행운이라
할 수 있느니라!"

그리고 나서 공자는 편안한 모습으로 거문고를 다시 잡아 연주하며
노래를 불렀다. 그러자 자로가 벌떡 일어나 방패를 잡고 춤을 추었다.

자공이 말하였다.

"나는 하늘 높은 줄도 땅이 낮은 줄도 몰랐다."

옛날에 도를 터득하였던 자는 궁해도 즐거워하였고 통달해도 즐거워하였다.
즐거워함에 궁함과 통함의 구분이 없었던 것이니 도와 덕이 바로 여기에
있다면 궁하고 통함이란 한서寒暑와 풍우風雨가 사시에 맞추어 있는 것과
같다. 그러므로 허유許由는 영수潁水 북쪽에 살면서도 즐거워하였고, 공백
共伯은 구수산丘首山에 살면서 자득自得하였던 것이다.

孔子窮於陳蔡之間, 七日不火食, 藜羹不糝, 顏色甚憊, 而猶弦歌於室.
顏回擇菜於外, 子路子貢相與言曰:「夫子再逐於魯, 削迹於衛, 伐樹
於宋, 窮於商周, 圍於陳蔡, 殺夫子者无罪, 藉夫子者无禁. 弦歌鼓琴,
未嘗絶音, 君子之无恥也若此乎?」
顏回无以應, 入告孔子. 孔子推琴喟然而歎曰:「由與賜, 細人也.
召而來, 吾語之.」
子路子貢入. 子路曰:「如此者可謂窮矣!」
孔子曰:「是何言也! 君子通於道之謂通, 窮於道之謂窮. 今丘抱仁
義之道以遭亂世之患, 其何窮之爲! 故內省而不疚於道, 臨難而不
失其德, 大寒旣至, 霜雪旣降, 吾是以知松柏之茂也. 陳蔡之隘, 於丘
其幸乎!」

孔子削然反琴而弦歌, 子路扢然執干而舞.

子貢曰:「吾不知天之高也, 地之下也.」

古之得道者, 窮亦樂, 通亦樂. 所樂非窮通也, 道德於此, 則窮通爲寒暑風雨之序矣. 故許由娛於潁陽而共伯得志乎丘首.

【藜羹不糝】콩잎 따위로 끓인 국에 쌀알도 넣지 못함.

【再逐於魯, 削迹於衛, 伐樹於宋, 窮於商周, 圍於陳蔡】이상의 내용은 080의 주를 볼 것.

【細人】소인의 다른 표현.

【松柏之茂】《論語》子罕篇의 구절.

【潁陽】지명. 襄陽郡에 있음.

【共伯】共은 지금의 河南省 輝縣 부근에 있던 소국. 伯은 그곳의 우두머리. 이름은 和.

【丘首】산 이름. 원래의 판본에는 모두 '共首'로 되어 있으나 '丘首'로 교감함. 河內에 있는 산이라 함.

【古之得道者~共伯得志乎丘首】이 구절도 모두 子貢의 말이 이어진 것으로 보는 견해도 있음.

219
(28-13)
천한 농사꾼의 신분

순舜이 그의 친구 북인무택北人无擇에게 양위하려 하자 북인무택이 이렇게 말하였다.

"이상하도다, 그대의 사람됨이여! 천한 농사꾼이 신분에 있다가 요堯의 문하에서 노닐더니! 거기에 그치지 않고 다시 그 욕된 행위로 나를 더럽히려 하는구려. 난 자네를 보는 것만 해도 수치스럽다네."

그리고는 스스로 청령淸泠의 깊은 물에 스스로 몸을 던졌다.

舜以天下讓其友北人无擇, 北人无擇曰:「異哉后之爲人也, 居於畎畝之中而遊堯之門! 不若是而已, 又欲以其辱行漫我. 吾羞見之.」

因自投淸泠之淵.

【北人无擇】 인명. 북방 사람을 뜻함.
【畎】 농사짓는 밭두둑. 혹은 밭 곁의 물길. 천한 농사꾼을 말함.
【淸泠】 못 이름. 지금의 南陽 西崿縣에 있다 함. 〈中華書局〉본에는 '淸冷'으로 되어 있음.

220
(28-14) 물에 빠져 죽은
변수卜隨와 무광務光

탕湯이 걸桀을 치려고 변수卜隨와 모책을 짰다. 변수가 말하였다.

"나의 일이 아니오."

탕이 말하였다.

"그럼 누가 좋겠소?"

변수가 말하였다.

"나는 모르오."

탕이 다시 무광務光에게 상의하자 무광 역시 이렇게 말하는 것이었다.

"나의 일이 아니오."

탕이 말하였다.

"그럼 누가 좋겠소?"

무광이 말하였다.

"나는 모르오."

탕이 물었다.

"이윤伊尹이라면 어떻겠소?"

무광이 말하였다.

"그는 강하고 힘이 있어 치욕을 견뎌내는 사람이오. 나는 그 밖의 일은 모르오."

탕이 드디어 이윤과 모의하여 걸을 쳐서 이기고 나서 천하를 변수에게 넘겨주려 하자 변수가 사양하며 말하였다.

"임금께서 걸을 치실 때 저에게 상의하신 것은 저를 신하로써 임금(걸)을 칠 만한 적신賊臣이라 생각하였기 때문이었을 것입니다. 그런데 지금 걸을 이기고 천하를 저에게 물려주겠다고 하는 것은 저를 욕심 많은 인물이라 여겼기 때문일 것입니다. 제가 이렇듯 난세에 태어나기는 하였어도 무도한 사람이 두 번이나 와서 욕된 행동으로 저를 더럽히고 있으니 저는 그런 소리를 자주 듣는 것을 차마 견디지 못하겠습니다."

그러고는 스스로 주수椆水에 몸을 던져 죽어 버렸다.

탕이 이번에는 다시 무광에게 천하를 넘겨주려고 말하였다.

"지혜 있는 자는 계책을 세우고 무용에 뛰어난 사람은 그것을 수행하며, 인자仁者는 그것을 다스리는 것이 옛날의 도입니다. 그대께서 어찌 천자가 되어주지 않겠소?"

무광은 사양하며 이렇게 말하였다.

"임금을 몰아내는 것은 의義가 아니며, 백성늘을 죽이는 것은 어진 행위가 아닙니다. 남이 그런 짓을 범하여 어려운 일을 이루어 놓은 것을 제가 그 이익을 받는다면 그것은 깨끗한 일이 아닙니다. 제가 듣건대 '의롭지 아니한 것이면 그 녹을 받지 말 것이며, 도가 없는 세상에서는 그 땅을 밟지 않는다'라 하였습니다. 하물며 저 같은 것을 존중하려 하십니까? 저는 차마 이런 꼴을 오래 보고 있을 수 없습니다."

그러고는 돌을 안고 여수廬水에 몸을 던지고 말았다.

湯將伐桀, 因卞隨而謀, 卞隨曰:「非吾事也.」

湯曰:「孰可?」

曰:「吾不知也.」

湯又因務光而謀: 務光曰:「非吾事也.」

湯曰:「孰可?」

曰:「吾不知也.」

湯曰:「伊尹如何?」

曰:「强力忍垢, 吾不知其他也.」

湯遂與伊尹謀伐桀, 尅之, 以讓卞隨.

卞隨辭曰:「后之伐桀也謀乎我, 必以我爲賊也; 勝桀而讓我, 必以我爲貪也. 吾生乎亂世, 而无道之人再來漫我以其辱行, 吾不忍數聞也.」

乃自投椆水而死.

湯又讓務光曰:「知者謀之, 武者遂之, 仁者居之, 古之道也. 吾子胡不立乎?」

務光辭曰:「廢上, 非義也; 殺民, 非仁也; 人犯其難, 我享其利, 非廉也. 吾聞之曰: 非其義者, 不受其祿, 无道之世, 不踐其土. 況尊我乎! 吾不忍久見也.」

乃負石而自沈於盧水.

【卞隨】 고대의 은자.
【務光】 역시 은자이며 흔히 '瞀光'으로도 표기함.
【椆水】 물 이름.《呂氏春秋》離俗篇에는 '潁水'로 되어 있음.
【盧水】 역시 물 이름으로 遼東의 서쪽을 흐른다 함.

참고 및 관련 자료

1.《呂氏春秋》離俗篇

湯將伐桀, 因卞隨而謀. 卞隨辭曰:「非吾事也.」湯曰:「孰可?」卞隨曰:「吾不知也.」湯又因務光而謀. 務光曰:「非吾事也.」湯曰:「孰可?」務光曰:「吾不知也.」湯曰:「伊尹何如?」務光曰:「彊力忍詢, 吾不知其他也.」湯遂與伊尹謀夏伐桀, 克之, 以讓卞隨. 卞隨辭曰:「后之伐桀也, 謀乎我, 必以我爲賊也; 勝桀而讓我, 必以我爲貪也. 吾生乎亂世, 而無道之人再來詢我, 吾不忍數聞也.」乃自投於潁水而死. 湯又讓於務光曰:「智者謀之, 武者遂之, 仁者居之, 古之道也. 吾子胡不位之? 請相吾子.」務光辭曰:「廢上, 非義也; 殺民, 非仁也. 人犯其難, 我享其利, 非廉也. 吾聞之: 非其義, 不受其利, 無道之世, 不踐其土, 況於尊我乎? 吾不忍久見也.」乃負石而沈於募水.

221
(28-15)

백이伯夷와 숙제叔齊

    옛날 주周나라가 일어섰을 때 두 선비가 고죽孤竹에 살고 있었으니 백이伯夷와 숙제叔齊라 하였다. 두 사람이 서로 상의하였다.

    "듣건대 서쪽에 도를 터득한 듯한 사람이 있다 하니 시험삼아 가서 살펴보기로 하자."

    그러고는 기산岐山의 남쪽에 이르자 무왕武王이 이를 듣고 숙단叔旦을 보내어 만나보도록 하였다. 숙단은 그들에게 이렇게 맹세하였다.

    "녹은 2등 이상을 주고, 벼슬은 1등을 주겠소."

    짐승을 죽여 그 맹약서에 피를 발라 땅에 묻었다. 그러자 두 사람은 서로 마주보며 이렇게 웃었다.

    "아, 괴이하도다! 이는 우리가 말하는 바 도가 아니오. 옛날 신농씨가 천하를 다스릴 때에는 사시四時의 제사를 공경스럽게 모시면서 기쁨을 달라고 빌지는 않았었소. 또 백성들을 진심으로 잘 다스리려고 힘써 노력하였으나 무슨 다른 요구를 하지도 않았소. 정치를 맡으면 그저 정치를 즐길 뿐 다른 마음을 품지 않았고, 남이 잘못하는 것을 이용하여 자신의 성공으로 삼는 일도 하지 않았으며, 남을 낮추면서 자신은 높아지는 일도 하지 않았고, 자신의 때를 만났다 하여 자신만의 이익을 구하는 일도 없었다오. 지금 주周는 은殷나라가 혼란한 틈을 타서 갑자기 좋은 정치를 펴고 있소. 위에 있는 자들은 계책을 내놓고, 아래 있는 자들은 뇌물을 쓰며 벼슬을 구하고 있소. 병력에 의지하여 위엄을 갖추고, 짐승의 피를 내어 맹세함으로써 믿음을 표시하며, 선행을 표창함으로써 백성들을 즐겁게 해주며, 사람들을 죽이면서 남을 공격하여 이익을 추구하고 있소. 이는 난亂을 추진하여 포악함과 바꾸는 것이라오. 내 듣기로 옛날의 선비들은 잘 다스려지는 세상을 만나면 자신에게 맡겨진 일을 피하지 않았으나, 어지러운 세상을 만나면 구차히 살려고 하지 않았다고 하였소. 지금은 천하가 혼미하고, 주나라의 덕이 쇠하고 있소. 주나라에서 살아감으로써 내 몸을 더럽히느니 차라리 주나라를 피하여 내 행동을 깨끗이 하느니만 못하오."

두 사람은 북쪽의 수양산首陽山으로 들어가 드디어 굶어 죽고 말았다. 백이와 숙제 같은 이들은 부귀라는 것에 대하여 구차한 방법으로 얻을 수 있었다 해도 결코 받지 않을 사람들이었다. 높이 뛰어난 절조나 남다른 행동으로 홀로 자신의 지조를 즐겁게 여기며 세상일에는 나서지 않았으니 이것이 두 선비의 절의였던 것이다.

昔周之興, 有士二人處於孤竹, 曰伯夷叔齊.

二人相謂曰:「吾聞西方有人, 似有道者, 試往觀焉.」

至於岐陽, 武王聞之, 使叔旦往見之, 與之盟曰:「加富二等, 就官一列.」

血牲而埋之.

二人相視而笑曰:「嘻, 異哉! 此非吾所謂道也. 昔者神農之有天下也, 時祀盡敬而不祈喜; 其於人也, 忠信盡治而无求焉. 樂與政爲政, 樂與治爲治, 不以人之壞自成也, 不以人之卑自高也, 不以遭時自利也. 今周見殷之亂而遽爲政, 上謀而行貨, 阻兵而保威, 割牲而盟以爲信, 揚行以說衆, 殺伐以要利, 是推亂以易暴也. 吾聞古之士, 遭治世不避其任, 遇亂世不爲苟存. 今天下闇, 周德衰, 其並乎周以塗吾身也, 不如避之以絜吾行.」

二子北至於首陽之山, 遂餓而死焉. 若伯夷叔齊者, 其於富貴也, 苟可得已, 則必不賴. 高節戾行, 獨樂其志, 不事於世, 此二士之節也.

【孤竹】지금의 遼東 令支縣에 있던 작은 나라. 伯夷와 叔齊의 고국.

【岐陽】岐山의 남쪽. 周 文王이 도읍으로 정했던 곳.

【叔旦】武王의 아우이며 成王의 숙부인 周公 旦(姬旦).

【首陽】산 이름. 혹 지금의 山西省 永濟縣이라고도 하며 또는 遼西, 河南에 있었다고도 함.

참고 및 관련 자료

1.《史記》伯夷列傳

伯夷・叔齊, 孤竹君之二子也. 父欲立叔齊, 及父卒, 叔齊讓伯夷. 伯夷曰:「父命也.」遂逃去. 叔齊亦不肯立而逃之. 國人立其中子. 於是伯夷・叔齊聞西伯昌善養老, 盍往歸焉. 及至, 西伯卒, 武王載木主, 號爲文王, 東伐紂. 伯夷・叔齊叩馬而諫曰:「父死不葬, 爰及干戈, 可謂孝乎? 以臣弑君, 可謂仁乎?」左右欲兵之. 太公曰:「此義人也.」扶而去之. 武王已平殷亂, 天下宗周, 而伯夷・叔齊恥之, 義不食周粟, 隱於首陽山, 采薇而食之. 及餓且死, 作歌. 其辭曰:「登彼西山兮, 采其薇矣. 以暴易暴兮, 不知其非矣. 神農・虞・夏忽焉沒兮, 我安適歸矣? 于嗟徂兮, 命之衰矣!」遂餓死於首陽山. 由此觀之, 怨邪非邪? 或曰:「天道無親, 常與善人.」若伯夷・叔齊, 可謂善人者非邪? 積仁絜行如此而餓死!

29. 도척盜跖

　천하의 대도 '도척盜跖'을 교화시키겠다고 나선 공자孔子를 만난 도척이 오히려 그 껍질 같은 인의仁義로써 어찌 인간 본연의 질박함을 지켜낼 수 있겠느냐는, 통렬한 꾸중을 듣고 공자가 물러선 이야기 이다. 유가儒家의 허식과 위선, 속임수를 강렬히 비판하면서 원시로 되돌아가 자연에 순응할 것을 주장한 우화이다.

　"공구야! 너는 문왕의 도를 닦고 천하의 변론을 도맡아 후세 사람들을 가르치겠다고 나서서 넓고 큰 옷에 얇은 띠를 띠고 헛된 말과 거짓 행동으로 천하의 임금들을 미혹시키면서 부귀를 얻으려 하고 있다. 도둑으로써 너보다 더 큰 자가 없는데도 어찌하여 세상 사람들은 너를 도구盜丘라 부르지 않고, 도리어 나를 도척盜跖이라고 부르는 것이냐?"

222
(29-1)
유하계柳下季의 아우 도척盜跖

　공자와 유하계柳下季는 친구였으며 유하계에게는 아우가 있어 이름을 도척盜跖이라 하였다. 도척은 그를 따르는 9천 명의 졸개를 거느리고 천하를 횡행하면서 제후들을 침범하여 남의 집에 구멍을 뚫고 문을 부수고 들어가 소와 말을 훔치고 남의 부녀자들을 약탈하였으며, 이익을 탐하여 친척도 잊고 부모 형제도 돌아보지 않았으며, 조상들에게 제사도 지내지 않았다. 그가 지나는 읍으로써 큰 나라는 성을 지키고, 작은 나라로서는 성 안으로 도망하여 난을 피하는 등 만민들이 이 때문에 괴로움을 당하였다.

　공자가 유하계에게 말하였다.

　"무릇 한 사람의 아버지가 된 사람이라면 틀림없이 자신의 아들을 훈계할 수 있을 것이며, 한 사람의 형 된 사람이라면 반드시 그 아우를 가르칠 수 있을 것입니다. 만약 아버지로서 그 자식을 훈계할 수 없고, 형으로서 그 아우를 가르칠 수 없다면 부자형제 사이의 친애라는 것도 귀한 것이 되지 못할 것입니다. 지금 선생께서는 세상에 알려진 재상으로서 선생의 아우는 도척이라는 대도가 되어 천하에 해를 끼치고 있는데도 그를 가르치지 못하고 있으니, 나는 이것을 그대의 수치라고 여기고 있습니다. 내 그대를 대신하여 가서 그를 설득해 보기를 청합니다."

　유하계가 말하였다.

　"선생께서는 한 사람의 아버지가 된 사람은 반드시 그 자식을 훈계할 수 있으며, 한 사람의 형 된 사람은 그 아우를 가르칠 수 있다 하였지만, 만약 자식이 아버지의 훈계를 듣지 않고, 동생이 형의 가르침을 받지 않는다면 지금 선생의 변론이 뛰어나다고 해도 장차 어떻게 할 수 있으리오!

또 도척의 사람됨은 마음은 용솟음치는 샘물 같고, 의지는 회오리바람처럼 사나우며, 강하기로는 어떤 상대도 막아낼 수 없으며, 그 언변은 자신의 그릇됨을 얼마든지 꾸며낼 수 있을 정도라오. 자신의 마음에 들면 좋아하지만 마음에 들지 않으면 화를 내며 남에게 마구 모욕을 주는 말을 한다오. 선생은 부디 가지 마시오."

그러나 공자는 그의 말을 듣지 않고 안회에게 수레를 몰도록 하고 자공을 오른편에 앉힌 뒤 도척을 만나러 나섰다. 도척은 그때 마침 태산太山의 남쪽에서 졸개들에게 휴식을 취하게 하면서 자신은 사람의 간을 회를 쳐서 먹고 있었다.

공자가 수레에서 내려 앞으로 나아가 도척의 심부름 안내자에게 말하였다.

"노魯나라에 사는 공구孔丘라는 사람이 장군의 높은 의義를 듣고 삼가 재배再拜로서 알현하고자 합니다."

안내자가 들어가 아뢰자 도척은 이를 듣고 크게 노하여 눈은 샛별같이 번뜩이고 머리카락이 치솟아 관을 찌를 듯하였다. 그리고 말하였다.

"이 자는 바로 저 노나라의 거짓과 교묘함을 자랑하는 공구가 아니냐? 나를 위해 그에게 이렇게 일러주어라. '너는 말을 만들어내고 조작하여 망녕되이 문왕文王, 무왕武王을 들먹이며, 머리에는 나뭇가지같이 이것저것 장식한 관을 쓰고, 허리에는 죽은 소의 가죽으로 만든 띠를 띠고 다니면서, 그릇된 말을 함부로 지껄이며, 농사도 짓지 아니하면서 먹고살고, 길쌈도 아니 하면서 옷을 입는 자이다. 입술을 놀리고 혀를 차면서 멋대로 시비를 판결하여 천하의 군주들을 미혹시키며, 학자들로 하여금 근본으로 돌아가지 못하게 만들고 있다. 그러면서 망녕스럽게 효제孝弟를 만들어 제후들에게 요행히 인정을 받아 부귀라도 누려볼까 하는 속셈을 가지고 있는 자로다. 그대의 죄는 참으로 크고 무거우니 당장 돌아가거라! 그렇지 않으면 네 간으로 점심 반찬을 만들 것이다!"

공자가 다시 심부름하는 알자를 통하여 이렇게 말하였다.

"저는 그대 형님 유하계의 사랑을 받고 있습니다. 부디 막하에서 그대의 신발이라도 볼 수 있게 해 주시기를 원합니다."

알자가 다시 도척에게 알리자 도척이 말하였다.

"데리고 앞으로 오너라!"

공자는 빠른 걸음으로 나아가 자리를 피해 물러서면서 도척에게 두 번 절을 하였다. 도척은 크게 노하여 자신의 두 발을 떡 벌리고, 칼자루를 어루만지며 눈을 부릅뜬 채, 목소리는 마치 새끼를 거느린 호랑이처럼 이렇게 말하였다.

"공구야, 앞으로 나오너라! 네 말이 내 뜻에 맞으면 살려줄 것이지만 내 뜻에 거슬리면 죽게 될 것이다."

공자가 말하였다.

"제가 듣건대 무릇 천하에는 세 가지 덕이 있다 하였습니다. 태어나면서부터 큰 키에 늠름한 체격에, 용모도 아름다워 누구도 그에 비길 수 없고, 소장少長과 귀천貴賤에 관계없이 모두가 그를 좋아한다면 이는 가장 높은 덕을 가진 것입니다. 다음으로 지혜는 천지를 덮고, 모든 사물의 이치를 헤아리고 있다면 이것이 둘째 덕입니다. 그리고 용기가 있어 과감하며 많은 부하를 거느리고 있다면 이는 가장 낮은 급수의 덕입니다. 무릇 사람으로서 이 중 하나의 덕만 갖추고 있어도 족히 남면南面하여 임금을 칭할 수 있습니다. 그런데 지금 장군께서는 이 세 가지 덕을 함께 갖추고 계십니다. 키는 여덟 자 두 치나 되며, 얼굴과 눈에서는 빛이 나며, 입술은 진한 붉은 색이고, 이는 조개를 가지런히 한 듯 하며, 목소리는 황종黃鐘의 음에 들어맞습니다. 그런데도 이름이 도척이라 불리고 있으니 저는 속으로 장군을 대신하여 심히 부끄럽게 여겨 장군께서 취할 일이 아니라 여기고 있습니다. 장군께서 저의 말을 들어주신다면 저는 남쪽 오吳나라, 월越나라, 북쪽 제齊나라, 노魯나라, 동쪽 송宋나라, 위衛나라, 서쪽 진晉나라와 초楚나라에 사신으로 가서, 그들로 하여금 장군을 위하여 수백 리 사방으로 큰 성을 만들어 수십만 호의 봉읍封邑을 만들며, 장군을 제후로 삼도록 해 드리고자 합니다. 그리하여 천하와 더불어 다시 새로운 세상을 열고, 병사들을 쉬게 하며, 형제들을 거두어 보양해주어, 다 함께 조상에게 제사를 드릴 수 있을 것입니다. 이야 말로 성인이나 재사才士들의 행동이며 천하가 원하는 바입니다."

그러자 도척은 크게 노하여 이렇게 말하였다.

"공구야, 앞으로 나오너라! 무릇 이익으로써 규제하고 말로써 간언하는 것은 모두 세상의 어리석고 고루한 일반 백성들이 하는 말장난이다. 지금 나의 체격이 훌륭하며 용모가 아름답고 사람들이 나를 보고 즐겁게 여기도록 된 것은 우리 부모가 넘겨준 덕이다. 공구 그대가 나를 칭찬해 주지 않더라도 내가 어찌 이를 모르고 있었겠느냐? 또 내가 듣건대 남의 면전에서 칭찬하기를 좋아하는 자는 등 뒤에서 욕도 그만큼 잘한다고 하였다. 지금 그대가 나를 위하여 큰 성과 많은 백성들을 가지고 말하고 있는데 그는 이익으로써 나를 규제하는 것이며 나를 범속한 백성으로 다루려는 것이다. 그러니 그러한 것들이 얼마나 오래 가겠느냐! 성이 크다 한들 천하보다 클 수는 없을 것이다. 요순堯舜이 천하를 가졌다 하였으나 그 자손들은 송곳 하나 꽂을 땅도 없으며, 탕湯과 무왕武王이 스스로 천자가 되었으나 그 자손은 모두 끊어지고 말았다. 그것은 그 이익이 너무 컸기 때문이 아니겠느냐?

또 내 듣기로 옛날에는 새나 짐승이 많고 사람의 수는 적어, 사람들은 모두 나무 위에 집을 짓고 살면서 짐승의 해를 피하였고, 낮에는 도토리와 밤을 줍고 밤에는 나무 위에서 잠을 잤다고 한다. 그래서 이들을 유소씨有巢氏의 백성이라고 불렀던 것이다. 또 옛날에는 백성들이 옷을 입을 줄도 모르고 여름이면 장작을 쌓아 놓았다가 겨울에는 이로써 불을 지폈다. 그래서 이들을 삶을 아는 백성이라 불렀다. 신농씨神農氏의 시대에는 안락하게 누워 자고 일어나서는 유유히 자적하였다. 백성들은 자신의 어머니는 알아도 아버지는 몰랐으며 고라니 사슴들과 함께 살았다. 농사를 지어 밥을 먹고 길쌈을 해 옷을 입었으며 서로를 해치려는 마음은 전혀 가지고 있지 않았다. 이 때까지가 바로 지극한 덕이 한창 성하였던 시대였다.

그러나 황제黃帝는 덕을 온전히 실현시키지 못하여 치우蚩尤와 탁록涿鹿의 들에서 싸워 사람들의 피가 백 리 사방을 물들였다. 이어 요순堯舜이 천자가 되자 많은 신하들을 세워야 하였고, 탕湯은 자신의 임금 걸桀을 내쫓았고 무왕武王은 자신의 임금 주紂를 죽였다. 이 뒤로 강한 자가 약한 자를 짓밟고,

다수가 소수를 학대하게 된 것이니 탕왕과 무왕 이후는 모두가 세상을 어지럽히는 무리들이었다. 지금 너는 문왕의 도를 닦고 천하의 변론을 도맡아 후세 사람들을 가르치겠다고 나서서 넓고 큰 옷에 얇은 띠를 띠고 헛된 말과 거짓 행동으로 천하의 임금들을 미혹시키면서 부귀를 얻으려 하고 있다. 도둑으로써 너보다 더 큰 도둑은 없는데도 세상 사람들은 어찌하여 너를 도구盜丘라 부르지 않고, 도리어 나를 도척盜跖이라고 부르는 것이냐?

너는 달콤한 말로 자로子路를 설복시켜 너를 따르도록 하고, 그가 쓰고 있던 높은 관을 벗기고, 그가 차고 있던 긴 칼을 풀어놓게 한 다음, 너의 가르침을 이어받도록 하였다. 천하는 모두 공구는 난폭한 행동을 금지시키고 그릇된 행동을 범주게 할 수 있다고 말하지만 결국에 자로는 위衛나라 임금을 죽이려다가 일을 성사시키지 못하고 위나라의 동문 밖에서 죽음을 당하여 그의 몸은 소금에 절여지게 되었다. 이는 바로 너의 가르침이 지극하지 못하였기 때문이었다.

너는 스스로 재사才士, 성인聖人이라고 일컫느냐? 그렇다면 노魯나라에서는 두 번이나 추방되었고, 위衛나라에서는 행적도 지워졌으며, 제齊나라에서는 궁지에 몰렸었고, 진陳, 채蔡 사이에서는 포위를 당하였으니 천하에 네 몸 하나 둘 곳이 없게 되었다. 너는 자로로 하여금 죽음을 당하여 그 몸이 소금에 절여지도록 하였으니 결국은 이러한 환난으로 말미암아 위로는 제 몸 하나 온전히 하지 못하였고, 아래로는 사람 노릇을 할 수 없게 된 것이다. 그런데도 너의 도를 어찌 족히 귀한 것이라 하겠느냐?

세상에서 덕이 높다고 한다면 황제黃帝보다 더한 이가 없건만 그 황제도 덕을 온전히 지킬 수가 없어 탁록의 들에서 싸워 백 리 사방을 피로 물들였다. 요임금은 자애롭지 못하였고, 순임금은 효를 다하지 못하였으며, 우禹는 일에 매달려 몸이 마를 대로 말랐으며, 탕왕은 자신의 임금을 내쳤으며, 무왕은 주를 죽였고, 문왕은 유리羑里에 유폐되었다. 이 여섯 사람들은 세상에서 높이는 인물들이지만 깊이 논해보면 모두가 이익 때문에 그 진실에 대해 미혹됨으로써 그 성정을 거역하였던 사람들이다. 이들의 행동이야말로 가히 수치스럽다 할 것이다.

세상에 소위 현사賢士라는 이로는 백이伯夷와 숙제叔齊가 있다. 이들은 고죽孤竹의 임금자리를 사양하고는 수양산首陽山에서 굶어 죽었고, 그들의 시신은 아무도 장례를 치러주지 않았다. 포초鮑焦라는 사람은 자기의 행동을 꾸미고 세상을 비난하다가 나무를 끌어안고 죽었으며, 신도적申徒狄은 임금을 간하다가 들어주지 않자 돌을 지고 스스로 하수河水에 몸을 던져 물고기의 밥이 되었다. 개자추介子推는 지극한 충성으로 자신의 넓적다리 살을 베어 문공文公에게 먹였으나, 뒤에 문공이 그를 배반하자 그는 노하여 진나라를 떠나 나무를 껴안은 채 타죽었다. 미생尾生은 여자와 다리 밑에서 만나기로 약속을 하였으나 여자가 오지 않자 불어난 물에서도 떠나지 않다가 다리 기둥을 껴안은 채 죽고 말았다. 이 네 사람은 제사 고기로 쓰려고 찢어발긴 개나 제물로 강물에 던져진 돼지, 또는 표주박을 들고 구걸을 하러 다니는 자나 다를 것이 없는 사람들이다. 모두가 자신의 명분에 얽매여 죽음을 가벼이 하였으며 근본으로 되돌려 자신의 수명을 보양하여야 함을 거부한 자들이다.

다음으로 소위 세상의 충신으로는 비간比干이나 오자서伍子胥만한 사람이 없다. 그러나 오자서는 처형을 당해 시체가 강물에 던져졌고, 비간은 가슴을 찢기어 심장이 드러내어졌다. 이 두 사람은 세상에서 말하는 충신들이지만 마침내는 천하의 비웃음거리가 되고 말았다. 위로부터 보건대 자서나 비간에 이르기까지 모두 족히 귀하다고 할 만한 것이 못된다.

네가 나를 설득하면서 나에게 귀신의 일을 말한다면 나는 알 수가 없을 것이다. 그러나 네가 사람에 관한 일로써 말한다면 이를 넘어서지 못할 것이니 이러한 것들은 모두 내가 이미 들어서 알고 있는 것들이기 때문이다.

지금 내가 너에게 사람의 성정性情에 대해 이야기해 주겠다. 눈은 좋은 색을 보고자하고, 귀는 좋은 소리를 듣고 싶어하며, 기분은 가득 차기를 원한다. 사람의 목숨이란 오래 산 사람이라고 해야 백 살, 중간 정도로는 80살이며 그 아래로는 60살 정도이다. 그것도 병들고 여위고 죽고 문상하고 걱정거리로 괴로워하는 것을 빼고 나면, 그 가운데 입을 벌리고 웃을 수 있는 것은 한달 중에 불과 4, 5일 정도에 지나지 않는다. 하늘과 땅은 무궁하지만 사람에게는 죽음에 이르는 정해진 때가 있다. 이 유한한 육신을 무궁한 천지 사이에 맡기고 있기란 준마가 좁은 문틈을 휙 달려 지나가는 것과 다를 바 없다. 자신의 기분을 만족시키지 못하고 그 수명을 보양하지 못하는 자는 누구라도 도에 통달하지 못한 사람이다. 네가 하는 말들은 모두 내가 내버리고 있는 것들이다. 당장 뛰어 돌아가라. 더 이상 어떤 말도 하지 말라! 너의 도라는 것은 광광狂狂하고 급급汲汲하여 사기와 교묘함, 그리고 허위일 뿐이다. 그런 것으로는 사람의 참모습을 보전할 수 없는 것이니. 어찌 족히 논할 거리나 되겠느냐?"

공자는 두 번 절하고 잰걸음으로 문을 나서서 수레에 올랐다. 그러면서 고삐를 세 번이나 놓쳤으며 눈은 멍하니 아무것도 보이지 않았고 얼굴은 불꺼진 잿빛이었다. 수레 앞의 횡목에 기대어 머리를 떨구고는 숨도 쉬지 못할 정도였다. 노나라로 돌아오면서 동문東門에 이르렀을 때 마침 유하계를 만났다.

유하계가 말하였다.

"요즘 며칠동안 보지를 못하였는데 거마의 행색을 보아하니 혹시 도척을 만나고 오는 것이 아니오?"

공자는 하늘을 우러러 탄식하며 말하였다.

"그렇소."

유하계가 말하였다.

"도척이란 놈이 전에 말한 대로 그대의 뜻을 거스르지 않던가요?"

공자가 말하였다.

"그렇소. 나는 말하자면 아픈 데도 없는데 뜸을 뜬 꼴이 되고 말았다오. 급히 달려가다가 호랑이 머리를 만지고 호랑이 수염을 잡아당긴 셈이었소. 하마터면 호랑이 아가리를 벗어나지 못할 뻔하였다오."

孔子與柳下季爲友, 柳下季之弟, 名曰盜跖. 盜跖從卒九千人, 橫行天下, 侵暴諸侯, 穴室摳戶, 驅人牛馬, 取人婦女, 貪得忘親, 不顧父母兄弟, 不祭先祖. 所過之邑, 大國守城, 小國入保, 萬民苦之.

孔子謂柳下季曰:「夫爲人父者, 必能詔其子; 爲人兄者, 必能敎其弟. 若父不能詔其子, 兄不能敎其弟, 則无貴父子兄弟之親矣. 今先生, 世之才士也, 弟爲盜跖, 爲天下害, 而弗能敎也, 丘竊爲先生羞之. 丘請爲先生往說之.」

柳下季曰:「先生言爲人父者必能詔其子, 爲人兄者必能敎其弟, 若子不聽父之詔, 弟不受兄之敎, 雖今先生之辯, 將奈之何哉! 且跖之爲人也, 心如涌泉, 意如飄風, 强足以矩敵, 辯足以飾非, 順其心則喜, 逆其心則怒, 易辱人以言. 先生必无往.」

孔子不聽, 顔回爲馭, 子貢爲右, 往見盜跖. 盜跖乃方休卒徒於太山之陽, 膾人肝而餔之.

孔子下車而前, 見謁者曰:「魯人孔丘, 聞將軍高義, 敬再拜謁者.」

謁者入通, 盜跖聞之大怒, 目如明星, 髮上指冠, 曰:「此夫魯國之巧僞人孔丘非邪? 爲我告之:『爾作言造語, 妄稱文武, 冠枝木之冠, 帶死牛之脅, 多辭繆說, 不耕而食, 不織而衣, 搖脣鼓舌, 擅生是非, 以迷天下之主, 使天下學士不反其本, 妄作孝弟而僥倖於封侯富貴者也. 子之罪大極重, 疾走歸! 不然, 我將以子肝益晝餔之膳!』」

孔子復通曰:「丘得幸於季, 願望履幕下.」

謁者復通, 盜跖曰:「使來前!」

孔子趨而進, 避席反走, 再拜盜跖. 盜跖大怒, 兩展其足, 案劍瞋目, 聲如乳虎, 曰:「丘來前! 若所言, 順吾意則生, 逆吾心則死.」

孔子曰:「丘聞之, 凡天下人有三德: 生而長大, 美好无雙, 少長貴賤見而皆說之, 此上德也; 知維天地, 能辯諸物, 此中德也; 勇悍果敢, 聚衆率兵, 此下德也. 凡人有此一德者, 足以南面稱孤矣. 今將軍兼此三者, 身長八尺二寸, 面目有光, 脣如激丹, 齒如齊貝, 音中黃鍾, 而名曰盜跖, 丘竊爲將軍恥不取焉. 將軍有意聽臣, 臣請南使吳越, 北使齊魯, 東使宋衛, 西使晉楚, 使爲將軍造大城數百里, 立數十萬戶之邑, 尊將軍爲諸侯, 與天下更始, 罷兵休卒, 收養昆弟, 共祭先祖. 此聖人才士之行, 而天下之願也.」

盜跖大怒曰:「丘來前! 夫可規以利而可諫以言者, 皆愚陋恒民之謂耳. 今長大美好, 人見而悅之者, 此吾父母之遺德也. 丘雖不吾譽, 吾獨不自知邪?

且吾聞之, 好面譽人者, 亦好背而毀之. 今丘告我以大城衆民, 是欲規我以利而恒民畜我也, 安可久長也! 城之大者, 莫大乎天下矣. 堯舜有天下, 子孫无置錐之地; 湯武立爲天子, 而後世絶滅; 非以其利大故邪?

且吾聞之, 古者禽獸多而人少, 於是民皆巢居以避之, 晝拾橡栗, 暮栖木上, 故命之曰有巢氏之民. 古者民不知衣服, 夏多積薪, 冬則煬之, 故命之曰知生之民. 神農之世, 臥則居居, 起則于于, 民知其母, 不知其父, 與麋鹿共處, 耕而食, 織而衣, 无有相害之心, 此至德之隆也. 然而黃帝不能致德, 與蚩尤戰於涿鹿之野, 流血百里. 堯舜作, 立群臣, 湯放其主, 武王殺紂. 自是以後, 以強陵弱, 以衆暴寡. 湯武以來, 皆亂人之徒也.

今子脩文武之道, 掌天下之辯, 以教後世, 縫衣淺帶, 矯言僞行, 以迷惑天下之主, 而欲求富貴焉, 盜莫大於子. 天下何故不謂子爲盜丘, 而乃謂我爲盜跖? 子以甘辭說子路而使從之, 使子路去其危冠, 解其長劍, 而受教於子, 天下皆曰孔丘能止暴禁非. 其卒之也, 子路欲殺衛君而事不成, 身菹於衛東門之上, 子教子路菹此患, 上无以爲身, 下无以爲人, 是子教之不至也. 子自謂才士聖人邪? 則再逐於魯, 削跡於衛, 窮於齊, 圍於陳蔡, 不容身於天下. 子教子路菹, 此患, 上无以爲身, 下无以爲人. 子之道豈足貴邪?

世之所高, 莫若黃帝, 黃帝尚不能全德, 而戰涿鹿之野, 流血百里. 堯不慈, 舜不孝, 禹偏枯, 湯放其主, 武王伐紂, 此六子者, 世之所高也, 孰論之, 皆以利惑其眞而强反其情性, 其行乃甚可羞也.

世之所謂賢士, 莫若伯夷叔齊. 伯夷叔齊辭孤竹之君而餓死於首陽之山, 骨肉不葬. 鮑焦飾行非世, 抱木而死. 申徒狄諫而不聽, 負石自投於河, 爲魚鼈所食. 介子推至忠也, 自割其股以食文公, 文公後背之, 子推怒而去, 抱木而燔死. 尾生與女子期於梁下, 女子不來, 水至不去, 抱梁柱而死. 此六子者, 无異於磔犬流豕操瓢而乞者, 皆離名輕死, 不念本養壽命者也.

世之所謂忠臣者, 莫若王子比干伍子胥. 子胥沈江, 比干剖心, 此二子者, 世謂忠臣也, 然卒爲天下笑. 自上觀之, 至于子胥比干, 皆不足貴也.

丘之所以說我者, 若告我以鬼事, 則我不能知也; 若告我以人事者, 不過此矣, 皆吾所聞知也.

今吾告子以人之情, 目欲視色, 耳欲聽聲, 口欲察味, 志氣欲盈. 人上壽百歲, 中壽八十, 下壽六十, 除病瘦死喪憂患, 其中開口而笑者, 一月之中不過四五日而已矣. 天與地无窮, 人死者有時, 操有時之具而托於无窮之間, 忽然无異騏驥之馳過隙也. 不能說其志意, 養其壽命者, 皆非通道者也.

丘之所言, 皆吾之所棄也, 亟去走歸, 无復言之! 子之道, 狂狂汲汲, 詐巧虛僞事也, 非可以全眞也, 奚足論哉!」

孔子再拜趨走, 出門上車, 執轡三失, 目芒然无見, 色若死灰, 據軾低頭, 不能出氣. 歸到魯東門外, 適遇柳下季.

柳下季曰:「今者闕然數日不見, 車馬有行色, 得微往見跖邪?」

孔子仰天而歎曰:「然.」

柳下季曰:「跖得无逆汝意若前乎?」

孔子曰：「然. 丘所謂无病而自灸也, 疾走料虎頭, 編虎須, 幾不免虎口哉!」

【柳下季】柳下惠. 노나라의 현인으로 공자가 칭찬을 아끼지 않았던 인물.(《論語》微子篇, 衛靈公篇) 성은 展, 이름은 獲, 자는 季禽. 혹은 子禽이라고도 하며 버드나무 아래에 살아 호를 柳下라 함. 혹은 이름이 惠이며 사후의 시호라고도 함.

【盜跖】'盜蹠'으로도 표기하며 秦나라의 大盜(《漢書》). 黃帝 때의 도적이라고도 함. 그러나 실제 전설상의 도적으로 여김.

【餔食】餔時(申時, 즉 오후 4시 전후)의 식사를 말함.

【激丹】激은 皦와 같음. 색깔이 선명한 朱砂.

【黃鐘】고대 律呂 중의 하나. 고대 음률의 명칭. 043 참조.

【衛君】衛나라 莊公. 이름은 蒯聵.

【菹】고대 가혹한 형벌의 하나로 사형 후에 그 살로 肉醬을 담그는 것.

【堯不慈】堯임금은 자애롭지 못함. 그는 자신의 장자 丹朱를 죽였음.

【舜不孝】순임금은 자신의 아버지 瞽瞍를 추방하였음.《韓非子》忠孝篇에 "瞽瞍爲舜父, 而舜放之"라 함.

【偏枯】'偏死'와 같음. 半身不遂.

【鮑焦】주나라 때의 은자.

【申徒狄】은나라 때의 은자.

【尾生】尾生高. 무모할 정도로 신의를 지킨 사람으로 널리 알려짐.《戰國策》에는 尾生高로 되어 있으며 魯나라 사람이라 함.

【磔犬】도륙을 당한 개.

【流豕】河神에게 바치기 위하여 물에 던져진 돼지. '流'는 '沈'이 아닌가 함.

【執轡三失】고삐를 세 번이나 놓침. 孔子가 긴장하고 당황하여 실수를 한 것을 말함.

【料】'撩'와 같음.

【編虎須】'編'은 '揙'의 가차자, '須'는 '鬚'의 가차자.

1. 《新序》 節士篇

鮑焦衣弊膚見, 挈畚將蔬, 遇子贛將於道. 子贛曰:「吾子何以至此也?」焦曰:「天下
之遺德敎者, 衆矣. 吾何以不至於此也? 吾聞之: 世不己知, 而行之不已者, 是爽
行也; 上不己知, 而干之不止者, 是毁廉也. 行爽廉毁, 然且不舍, 惑於利者也.」
子贛曰:「吾聞之: 非其世者, 不生其利, 汙其君者, 不履其土. 今吾子汙其君而履
其土, 非其世而將其蔬, 此誰之有哉?」鮑焦曰:「嗚呼! 吾聞: 賢者重進而輕退;
廉者易醜而輕死.」乃弃其蔬而立, 槁死於洛水之上. 君子聞之曰:「廉夫剛哉! 夫山
銳則不高, 水狹則不深, 行特者其德不厚, 志與天地疑者, 其爲人不祥. 鮑子可謂
不祥矣. 其節度淺深, 適至而止矣.」詩曰:『己焉哉! 天實爲之, 謂之何哉?』

2. 《韓詩外傳》 卷一

鮑焦衣弊膚見, 挈畚持蔬, 遇子貢於道. 子貢曰:「吾子何以至於此也?」鮑焦曰:
「天下之遺德敎者, 衆矣. 吾何以不至於此也! 吾聞之: 世不己知而行之不已者, 爽
行也; 上不己用而干之不止者, 是毁廉也. 行爽毁廉, 然且弗舍, 惑於利者也.」子貢曰:
「吾聞之: 非其世者, 不生其利; 汙其君者, 不履其土. 非其世而持其蔬, 詩:『溥天
之下, 莫非王土.』此誰有之哉?」鮑焦曰:「於戲! 吾聞賢者, 重進而輕退, 廉者易愧
而輕死.」於是棄其蔬而立槁於洛水之上. 君子聞之, 曰:「廉夫! 剛哉! 夫山銳則
不高, 水徑則不深, 行磣者德不厚, 志與天地擬者, 其爲人不祥. 鮑焦可謂不祥矣!
其節度淺深, 適至於是矣!」詩云:『亦已焉哉! 天實爲之, 謂之何哉!』

3. 기타 참고자료

《太平御覽》426, 675·《冊府元龜》880·《史記》魯仲連列傳

223 (29-2) 인의를 행해야 벼슬을 얻는다니

자장子張이 만구득滿苟得에게 물었다.

"그대는 어찌 인의仁義를 행하지 않소? 인의를 행하지 않으면 믿음을 얻지 못하고 믿음을 얻지 못하면 벼슬을 얻지 못하며, 벼슬을 얻지 못하면 이利를 얻을 수 없습니다. 그러니 명성의 입장에서 보거나 이利를 계산하는 면으로 보더라도 인의야말로 가장 좋은 것이오. 만약 명리名利를 버린다 해도 마음을 돌이켜 생각해 볼 때 선비의 행동에 인의는 하루도 행하지 않을 수 없는 것이랍니다."

이에 만구득이 말하였다.

"수치를 모르는 자가 부자가 되며 말 많은 자가 이름을 드러내는 법이라오. 무릇 명리의 큰 것이란 거의 수치도 모르고 말만 많은 자들에게 돌아가는 것이오. 그러니 명성이란 입장에서 보거나 이익으로 계산해 본다면 결국 말 많은 것이 가장 좋은 방법일 것입니다. 만약 명리를 버리고 이를 마음에 되돌린다면 선비로서의 행동은 그 천성天性을 붙들고 있는 것이 가장 훌륭한 것일 것입니다!"

자장이 말하였다.

"옛날 걸주桀紂는 그 귀하기가 천자의 지위였고 그 부유하기는 천하를 다 가지고 있었소. 그러나 지금 노예들조차도 너의 행동이 걸주와 같다라고 하면 그들은 즉시 부끄러워하며 마음으로 승복하려 하지 않으니 소인조차도 그들을 천한 대상으로 여기고 있기 때문이오. 그에 비하여 공자와 묵자墨子는 한갓 필부로서 곤궁하게 지냈으나 지금 재상의 지위에 있는 사람에게 당신의 행동이 공자나 묵자와 같다고 하면 얼굴빛을 바꾸며 그 정도에까지 이르기에는 부족하다고 겸손해 하니 이는 곧 선비들이 진실로 귀하게 여기는 대상이기 때문입니다. 그러므로 천자의 권세를 지녔다 해도 반드시 존귀한 것은 아니고, 필부로서 곤궁하게 지낸다 해도 반드시 천하게 볼 것만은 아니오. 귀천의 구분은 행동의 미악美惡에 있는 것입니다."

만구득이 말하였다.

"작은 도둑은 잡혀 구속되지만 큰 도둑은 제후가 되지요. 그런데 일단 제후가 되면 그 문하에는 인의가 있는 것으로 됩니다. 옛날 제齊 환공桓公 소백小白은 형을 죽이고 형수를 차지한 자였지만 관중管仲은 그의 신하가 되었소. 전성자상田成子常은 제齊나라 임금을 죽이고 나라를 훔친 자였으나 공자는 그에게서 예물을 받았소. 관중과 공자는 말로는 그들을 천하게 보면서도 실제 행동으로는 그들 밑에 머리를 숙인 것입니다. 이처럼 언행은 실정에 있어서는 가슴속에 심하게 다투고 있는 것이니 역시 뒤틀린 것이 아니겠소! 그 때문에 옛 기록에 '어느 것이 나쁘고 어느 것이 좋다는 것인가? 성공하면 우두머리가 되고 실패하면 꼬리가 되는 법'이라 한 것입니다."

자장이 말하였다.

"그러나 그대가 인의를 행하지 않으면, 멀고 가까운 사이의 구별이 없어지고, 귀천의 기준도 없어지게 될 것이며, 장유長幼의 질서도 없어지게 되고 맙니다. 그렇게 되면 오기五紀와 육위六位를 장차 어떻게 구별할 수 있겠습니까?"

만구득이 말하였다.

"요堯는 맏아들을 죽였고, 순舜은 이복동생을 내쫓았소. 그런데도 멀고 가까운 구분이 있다는 것입니까? 탕湯은 걸桀을 내쫓았고, 무왕武王은 주紂를 죽였소. 그래도 귀천의 차별이 있다는 것입니까? 왕계王季는 형을 물리치고 왕위를 이었고, 주공周公은 형을 죽였소. 그런데도 장유의 질서가 있다는 것입니까? 유자儒者는 거짓말을 늘어놓고 묵자墨者는 겸애兼愛를 부르짖고 있는데 과연 이런 것으로써 오륜이나 육기를 구별할 수 있다는 것입니까? 그대는 명분을 위하여 행동하는 것이 맞는 것이라 여기고, 나는 이利를 위하여 일하는 것이 맞는 것이라 여기지만 명리의 실질은 이치를 따르지 않는 것이며 그것으로 참된 도를 감시할 수도 없는 것입니다. 내가 전에 그대와 함께 무약無約에게 의논을 드렸을 때 그가 이렇게 말하지 않았소? '소인들은 재물을 추구하고 군자들은 명예를 좇는다. 그들이 각기 자신의 본래 성정을 허물어 가면서 찾고 있는 목적은 다르다 해도, 살아 있는 한 해야 할 일은 버리고 하지 않아도 될 일을 좇고 있다는 면에서는 똑같다'라고 말입니다. 그러므로 소인이 되지 말고 본성으로 돌아가 자연을 따를 것이며, 군자가 되지도 말고 자연의 도리에 따라야 할 것입니다. 굽은 듯이, 곧은 듯이 하늘의 법도에 따라야 하며 사방을 두루 둘러보아 적응하되 시간의 변화와 더불어 소식消息하는 것이어야 합니다. 또 그렇다는 듯이, 그렇지 않다는 듯이 그저 도를 잡고 원만한 기機를 지켜야만 하는 것입니다. 자신의 뜻을 홀로 이룩하여 도와 함께 세상에서 소요하여야 하며 한결같이 행동하려고 애쓰지도 말고, 의로움을 이루겠다고 노력하지도 말아야 합니다. 그렇게 했다가는 자신의 본성만을 잃을 뿐이기 때문입니다. 자신의 부를 추구하지 말 것이며, 성공하려 애쓰지 말아야 합니다. 그러한 행동이란 자신의 천성을 버리는 결과가 될 뿐입니다.

비간比干은 심장을 도려내는 일을 당하였고 오자서伍子胥는 눈을 도려내는 참혹함을 당한 것은 충성 때문에 얻은 화禍입니다. 자신이 정직하다고 하여 아버지의 도둑질을 증언하였다가 처벌되고, 미생尾生은 여자와 약속을 지키려다 다리 밑에서 불어난 물에 빠져 죽은 것은 믿음이라는 것을 지키려다가 만난 환난입니다. 포초鮑焦가 나무를 끌어안고 선 채로 말라죽고, 신도적申徒狄이 스스로 물에 빠져 죽은 것은 청렴 때문에 얻은 손해였습니다. 그리고 공자가 어머니의 죽음에 임종을 하지 못한 일과 광장匡章이 아버지를 더 이상 만나지 않았던 것은 인의라는 것 때문에 얻은 허물입니다. 이상은 예로부터 전해 오고 후세에도 이야기되는 것으로써 선비 된 사람으로서 자신의 말만 옳다고 고집하고 자신의 행동만이 바른 것이라 주장하였기 때문에 그러한 재앙을 당하고 그러한 환난을 만나게 되었던 것입니다."

子張問於滿苟得曰:「蓋不爲行? 无行則不信, 不信則不任, 不任則不利. 故觀之名, 計之利, 而義眞是也. 若棄名利, 反之於心, 則夫士之爲行, 不可一日不爲乎!」

滿苟得曰:「无恥者富, 多信者顯. 夫名利之大者, 幾在无恥而信. 故觀之名, 計之利, 而信眞是也. 若棄名利, 反之於心, 則夫士之爲行, 抱其天乎!」

子張曰:「昔者桀紂貴爲天子, 富有天下, 今謂臧聚曰, 汝行如桀紂, 則有怍色, 有不服之心者, 小人所賤也. 仲尼墨翟, 窮爲匹夫, 今謂宰相曰, 子行如仲尼墨翟, 則變容易色稱不足者, 士誠貴也. 故勢爲天子, 未必貴也; 窮爲匹夫, 未必賤也; 貴賤之分, 在行之美惡.」

滿苟得曰:「小盜者拘, 大盜者爲諸侯, 諸侯之門, 仁義存焉. 昔者桓公小白殺兄入嫂, 而管仲爲臣; 田成子常殺君竊國, 而孔子受幣. 論則賤之, 行則下之, 則是言行之情悖戰於胸中也, 不亦拂乎! 故書曰:『孰惡孰美? 成者爲首, 不成者爲尾.』」

子張曰:「子不爲行, 卽將疏戚无倫, 貴賤无義, 長幼无序; 五紀六位, 將何以爲別乎?」

滿苟得曰:「堯殺長子, 舜流母弟, 疏戚有倫乎? 湯放桀, 武王殺紂, 貴賤有義乎? 王季爲適, 周公殺兄, 長幼有序乎? 儒者僞辭, 墨者兼愛, 五紀六位將有別乎! 且子正爲名, 我正爲利. 名利之實, 不順於理, 不監於道. 吾日與子訟於无約曰:『小人殉財, 君子殉名. 其所以變其情, 易其性, 則異矣; 乃至於棄其所爲而殉其所不爲, 則一也.』故曰: 无爲小人, 反殉而天; 无爲君子, 從天之理. 若枉若直, 相而天極; 面觀四方, 與時消息. 若是若非, 執而圓機; 獨成而意, 與道徘徊. 无轉而行, 无成而義, 將失而所爲. 无赴而富, 无殉而成, 將棄而天.

比干剖心, 子胥抉眼, 忠之禍也; 直躬證父, 尾生溺死, 信之患也;

鮑子立乾, 申子自埋, 廉之害也; 孔子不見母, 匡子不見父, 義之失也.
此上世之所傳, 下世之所語, 以爲士者正其言, 必其行, 故服其殃,
離其患也.」

【子張】 공자의 제자 顓孫師.
【滿苟得】 '구차스럽게 얻어야 만족한다'는 뜻으로 取名한 허구의 인물.
【多信】 '信'은 '言'과 같음.
【臧聚】 '聚'는 '騶'로 읽으며 《說文》에 "騶, 廐御也"라 하여 친한 馬夫를 뜻함.
  '臧' 역시 '賤役'의 뜻임.
【五紀六位】 五紀는 五倫을 뜻함. 즉 父子, 君臣, 夫婦, 長幼, 朋友의 관계를
  말함. 六位는 君, 臣, 父, 子, 夫, 婦의 직분과 위치를 가리킴.
【圓機】 둥글게 만든 機器.
【直躬】 《논어》 子路篇의 葉公이 공자에게 한 말을 거론한 것.
【鮑子立乾】 鮑焦가 세상이 그르다 하여 나무를 껴안고 말라죽은 것을 말함.
【申子自埋】 申徒狄이 옹기를 껴안고 물에 빠져 죽은 사건을 말함.
【孔子不見母】 공자는 周遊天下하는 중에 어머니가 죽었지만 임종에 가지 못하였
  음을 말함.
【匡子】 匡章. 《戰國策》 및 《孟子》 離婁篇에 나오는 광장의 이야기를 말함.
【離其患】 '離'는 '罹'와 같음. 환난에 걸려듦.

> 참고 및 관련 자료

1. 《孟子》 離婁(下)

公都子曰:「匡章, 通國皆稱不孝焉. 夫子與之遊, 又從而禮貌之, 敢問何也?」 孟子
曰:「世俗所謂不孝者五: 惰其四支, 不顧父母之養, 一不孝也; 博弈好飮酒, 不顧
父母之養, 二不孝也; 好貨財, 私妻子, 不顧父母之養, 三不孝也; 從耳目之欲, 以爲
父母戮, 四不孝也; 好勇鬪很, 以危父母, 五不孝也. 章子有一於是乎? 夫章子, 子父
責善而不相遇也. 責善, 朋友之道也; 父子責善, 賊恩之大者. 夫章子, 豈不欲有夫妻

子母之屬哉? 爲得罪於父, 不得近. 出妻屛子, 終身不養焉. 其設心以爲不若是, 是則罪之大者, 是則章子已矣.」

2. 《韓詩外傳》卷一

申徒狄非其世, 將自投於河. 崔嘉聞而止之, 曰:「吾聞聖人仁士之於天地之間也, 民之父母也, 今爲儒雅之故, 不救溺人, 可乎?」申徒狄曰:「不然. 桀殺關龍逢, 紂殺王子比干, 而亡天下. 吳殺子胥, 陳殺泄冶, 而滅其國. 故亡國殘家, 非無聖智也, 不用故也.」遂抱石而沉於河. 君子聞之, 曰:「廉矣! 如仁歟! 則吾未之見也.」詩曰:「天實爲之, 謂之何哉!」

3. 《荀子》不苟篇

負石而赴河, 是行之難爲者也, 而申徒狄能之, 然而君子不貴者, 非禮義之中也. 山淵平, 天地比, 齊秦襲, 入乎耳, 出乎口, 鉤有須, 卵有毛, 是說之難持者也, 而惠施‧鄧析能之, 然而君子不貴者, 非禮義之中也.

4. 《說苑》談叢篇

負石赴淵, 行之難者也, 然申屠狄爲之, 君子不貴之也; 盜跖凶貪, 名如日月, 與舜禹並傳而不息, 而君子不貴.

5. 《新序》節士篇

申徒狄非其世, 將自投於河, 崔嘉聞而止之曰:「吾聞聖人仁士之於天地之間, 民之父母也, 今爲濡足之故, 不救溺人, 可乎?」申徒狄曰:「不然. 昔者, 桀殺關龍逢, 紂殺王子比干而亡天下; 吳殺子胥, 陳殺洩冶而滅其國. 故亡國殘家, 非無聖智也, 不用故也.」遂負石沈於河. 君子聞之曰:「廉矣乎, 如仁與智, 吾未見也」詩曰:「天實爲之, 謂之何哉?」此之謂也.

6. 《藝文類聚》8

申徒狄非其世, 將自投於河. 崔嘉聞而止之, 曰:「聖仁之人, 民之父母也, 今爲濡足, 不救溺人, 可乎?」申徒狄曰:「昔桀殺龍逢, 紂殺王子比干, 而亡天下. 吳殺子胥, 陳殺泄冶, 而滅其國. 非無聖智, 不用故也.」遂抱石而沉於河.

7. 기타 참고자료

《初學記》6‧《事類賦注》6‧《天中記》9‧《太平御覽》61‧《莊子》外物篇

224
(29-3) 병든 채 오래 살기만 하면

무족无足이 지화知和에게 물었다.

"사람이란 결국 누구나 명예를 위해 일어나고 이익을 좇아가지 아니하는 자가 없습니다. 그가 일단 부유해지면 사람들이 모여들고 모여들어서는 그에게 머리를 숙이고, 머리를 숙이면 그를 존경하는 셈이 됩니다. 이렇듯 사람들로부터 고개 숙여 존경을 받는 것은 장수하고 몸을 편히 하며 마음을 즐겁게 하는 방법이 됩니다. 그런데 선생만은 그런 일에 뜻이 없으니, 지혜가 모자라기 때문인가요, 아니면 지혜는 있지만 실행할 힘이 없어서인가요! 아니라면 올바른 것만 추구하면서 그것을 잊지 못하기 때문인가요?"

지화가 말하였다.

"지금 말한 그 명예와 이익을 추구하는 사람들이란 나와 같은 시대, 한 고을에 살고 있지만 나 같은 사람을 두고 세속을 초월한 인물이라 여기고 있습니다. 그것은 오로지 명예와 이익을 추구하느라 아무런 기준도 없이 그저 시대의 흐름과 시비의 분별만을 생각하기 때문에 그런 생각을 갖게 되는 것입니다. 그들은 속인들과 함께 살면서 세속에 감화되고 지극히 소중한 본성을 떠나 지극히 존귀한 대도大道를 버려둔 채, 그들이 바라는 명예와 이익을 추구하고 있습니다. 이래서는 장수하고 몸을 편히 하며 마음을 즐겁게 하는 방법을 말하기란 역시 아주 먼 것이 아니리오! 참담한 고통과 쾌적한 안락에 대해 몸에 어찌 이런 일이 있는지 깊이 생각하지 않고, 마음에 밀려드는 불안한 두려움과 느긋한 기쁨에 대해 곰곰이 살펴보지도 않은 채 그저 명예와 이익을 추구할 줄만 알았지 왜 그런

욕구가 생기는지에 대해서는 알지 못하고 있습니다. 이 까닭으로 귀하기는 천자天子의 지위이며 부유하기는 천하를 가졌다 해도 환난에서 벗어나지 못하는 것입니다."

무족이 말하였다.

"부유함이란 사람에게 이롭지 않은 바가 없습니다. 부유함은 어떤 아름 다움도 이룰 수가 있으며 그 어떤 권세도 모두 추구할 수 있습니다. 지인至人도 이렇게 해 내지 못하고 성인聖人도 이에 미치지 못합니다. 부만 있으면 남의 용력勇力을 빌려 위세를 부릴 수 있고, 남의 지모를 빌려 명석하게 살필 수 있으며, 남의 덕을 근거로 현명하고 어질게 행동할 수 있으며, 나라를 다스리고 있지 않아도 군부君父와 같은 위엄을 지닐 수 있습니다. 또 성색聲色, 권세와 같이 사람의 마음을 즐겁게 하는 것을 배우지 않고도 즐길 수 있으며, 몸 역시 다른 것을 빌리지 않더라도 편하게 해 줄 수 있습니다. 바라는 것은 좇아가고 싫은 것은 피하는 것은 굳이 스승에게 배우지 않더라도 알게 되는 것이니, 이것이 사람의 본성입니다. 비록 온 천하가 나를 비난한다 해도 누가 능히 그것을 사양할 수 있겠습니까!"

지화가 말하였다.

"지혜를 가진 자는 백성을 표준으로 삼기에 그 법도를 어기지 않습니다. 그런 까닭에 언제나 만족하여 남과 다투지 않으며, 무엇을 하려는 생각도 하지 않기에 추구하는 것도 없습니다. 그러나 만족을 모르는 사람은 그 때문에 무엇인가를 추구하게 되고 도처에서 싸우면서도 스스로는 탐욕스럽다고 여기지 아니합니다. 지혜 있는 사람은 여유가 있기에 남이 추구하는 바를 사양하며, 천하를 버리고도 스스로를 청렴한 일을 하였다고 여기지도 않습니다. 청렴함과 탐욕의 유무는 그 본질이 추구하는 외물外物에 의해 결정되는 것이 아니라 그것을 추구하는 마음의 법도를 돌이켜보는 것에 의해 알 수 있는 것입니다. 그 때문에 지혜로운 자는 천자의 권세를 누리면서도 그 귀한 지위로 사람들에게 오만하게 굴지 않으며, 천하의 부를 차지하고 있으면서도 그 재물로 사람들을 희롱하지 않습니다. 도리어 그것이 초래하는 환난을 헤아리고 그것이 본성에 반하는 것임을 고려해 보고 그것이 자신의 본성을 해치는 것이라고 생각되면 이를 사양합니다. 요순堯舜이 임금자리에 올라 그 자리를 남에게 사양하려 하였던 것은 천하에 어진 혜택을 돌리려 한 것이 아니라, 천자라는 명리名利로 인하여 자기의 성명性命을 해치는 일이 없도록 하기 위해서였습니다. 선권善卷이나 허유許由가 임금자리를 주어도 받지 않았던 것은 까닭 없이 그저 사양하였던 것이 아니라, 번거로운 일로 해서 자신의 성정을 해치는 일이 없도록 하기 위한 것이었습니다. 이들은 모두가 자신의 이익만을 위하여 자기를 해치는 것을 피하였던 것입니다. 천하가 이들을 현자라고 칭송하는 것은 그런 이유에서 그랬던 것이며, 그들이 자신의 명예를 찾아 그렇게 한 것은 아니었습니다."

무족이 말하였다.

"기필코 자신의 명예를 지키려고 자신을 괴롭히며 달콤한 것은 끊어버리고 몸을 절제하여 봉양하기만 하면서 살아간다면, 오래도록 앓아 고생만 하면서 죽지 못해 사는 것과 다를 바가 없습니다."

지화가 말하였다.

"평상의 삶이 곧 행복이며, 풍부하게 남아도는 것은 해가 되는 것으로써 그 중에서도 재물이 가장 심합니다. 지금 부유한 자는 귀로는 종고鐘鼓와 관약管籥의 음악을 즐기고, 입으로는 맛있는 고기와 술을 실컷 먹으며, 자신의 욕구에 쾌감을 느끼면서 자신의 본업을 잊고 있으니 이는 가히 난亂이라 일컬을 수 있습니다. 그리고 자신이 한창 성하다고 여겨 그 기운에 빠져 무거운 짐을 진 채 높은 곳을 오르는 것과 같으니 가히 고苦라고 말할 수 있습니다. 또한 재물을 탐하다 병에 걸리고, 권세를 탐하다 정력을 소모하여, 고요할 때는 음락에 빠지고, 몸에 정기가 남아돌아 주체를 못하고 있으니 이는 가히 질疾이라고 일컬을 수 있습니다. 그런가 하면 부를 바라고 이익를 좇기에 마음에 담을 두른 듯 장애가 생기지만 이를 피해 갈 줄 모르고, 그에 의지하여 놓지 못하고 있으니 이는 가히 욕辱이라 말할 수 있습니다. 그리고 재물이 쌓여 더 쓸 곳이 없는데도 재물을 모으는 데에만 정신을 쏟아, 마음이 그로 인한 번뇌로 막히면서도 더욱 이익을 추구하기에 그칠 줄 모르고 있으니 이는 가히 우憂라 할 수 있습니다. 그리고 집 안에 있으면 강도가 들지 않을까 걱정하고 밖에 나가면 도둑의 해를 입지 않을까 두려워하여, 집에는 망루와 창문을 내어 두르고 문 밖에는 감히 혼자 돌아다니지 못하고 있으니 이는 가히 외畏라 할 수 있습니다. 이 여섯 가지는 모두 천하에 다시없는 위해危害입니다. 그러나 모두들 이를 잊은 채 돌아볼 줄을 모르고 있다가 일단 위해가 닥치면 지금까지 지니고 있던 본성을 다 버리고, 이제껏 모아온 재물을 다 내던지며, 단 하루라도 아무 사고가 없는 날로 돌아갔으면 하고 바라지만 이미 그렇게 될 수 없습니다. 그러므로 명예란 관점에서 보아도 드러내어 자랑할 것이 없으며 이익의 입장에서 추구해 보아도 얻을 것이 없습니다. 그런데도 사람들이 재물에 대한 생각에 얽매여 몸을 함부로 상하게 하면서 서로 다투고 있으니 이 역시 미혹된 것이 아니겠습니까!"

无足問於知和曰:「人卒未有不興名就利者. 彼富則人歸之, 歸則下之, 下則貴之. 夫見下貴者, 所以長生安體樂意之道也. 今子獨无意焉, 知不足邪, 意知而力不能行邪! 故推正不忘邪?」

知和曰:「今夫此人以爲興己同時而生, 同鄉而處者, 以爲夫絶俗過世之士焉; 是專无主正, 所以覽古今之時, 是非之分也, 與俗化. 世去至重, 棄至尊, 以爲其所爲也; 此其所以論長生安體樂意之道, 不亦遠乎! 慘怛之疾, 恬愉之安, 不監於體; 怵惕之恐, 欣懼之喜, 不監於心; 知爲爲而不知所以爲, 是以貴爲天子, 富有天下, 而不免於患也.」

无足曰:「富貴之於人, 无所不利, 窮美究勢, 至人之所不得逮, 賢人之所不能及, 俠人之勇力而以爲威强, 秉人之知謀以爲明察, 因人之德以爲賢良, 非享國而嚴若君父. 且夫聲色滋味權勢之於人, 心不待學而樂之, 體不待象而安之. 夫欲惡避就, 固不待師, 此人之性也. 天下雖非我, 孰能辭之!」

知和曰:「知者之爲, 故動以百姓, 不違其度, 是以足而不爭, 无以
爲故不求. 不足故求之, 爭四處而不自以爲貪; 有餘故辭之, 棄天下
而不自以爲廉. 廉貪之實, 非以迫外也, 反監之度. 勢爲天子而不以
貴驕人, 富有天下而不以財戲人. 計其患, 慮其反, 以爲害於性, 故辭
而不受也, 非以要名譽也. 堯舜爲帝而雍, 非仁天下也, 不以美害生也;
善卷許由得帝而不受, 非虛辭讓也, 不以事害己. 此皆就其利, 辭其害,
而天下稱賢焉, 則可以有之, 彼非以興名譽也.」

无足曰:「必持其名, 苦體絶甘, 約養以持生, 則亦猶久病長阨而不
死者也.」

知和曰:「平爲福, 有餘爲害者, 物莫不然, 而財其甚者也. 今富人,
耳營於鐘鼓管籥之聲, 口嗛於芻豢醪醴之味, 以感其意, 遺忘其業,
可謂亂矣; 佚溺於馮氣, 若負重行而上坂也, 可謂苦矣; 貪財而取慰,
貪權而取竭, 靜居則溺, 體澤則馮, 可謂疾矣; 爲欲富就利, 故滿若堵
耳而不知避, 且憑而不舍, 可謂辱矣; 財積而无用, 服膺而不舍, 滿心
戚醮, 求益而不止, 可謂憂矣, 內則疑劫請之賊, 外則畏寇盜之害,
內周樓疏, 外不敢獨行, 可謂畏矣. 此六者, 天下之至害也, 皆遺忘而不
知察, 及其患至, 求盡性竭財, 單以反一日之无故而不可得也. 故觀
之名則不見, 求之利則不得, 繚意絶體而爭此, 不亦惑乎!」

【主正】주제. 마음 속에 품고 있는 원칙.
【佚溺於馮氣】佚溺은 깊이 빠져드는 것. 馮氣는 盛氣.
【戚醮】번뇌를 뜻하는 쌍성연면어.
【樓疏】疏는 窓. 건물을 높이 지어 도적을 엄하게 방비함을 뜻함.
【六者】亂, 苦, 疾, 辱, 憂, 畏를 가리킴.
【繚意絶體】몸과 마음을 꽁꽁 묶음.

30. 설검說劍

'설검說劍'은 조趙나라 문왕文王이 검객을 좋아하여 정사를 돌보지 않자 장자가 나서서 천하의 세 가지 검에 대하여 비유로써 그 경지를 설명한 것이다. 바로 천자天子의 검과 제후諸侯의 검, 그리고 서민庶民의 검이다. 그러나 내용상 장자 자신의 문장은 아닌 것으로 보고 있다.

"서민의 검이란 투계鬪鷄나 다를 바가 없습니다. 일단 목숨을 잃고 나면 이미 나라 일에는 더 이상 쓸모가 없어지고 맙니다. 지금 대왕께서 천자와 같은 지위에 계시면서도 이러한 서민의 검을 좋아하시니 너무 천박하지 않은 가요?"

莊子

225
(30-1)
뛰어난 검객은 다 모여라

　옛날에 조趙 문왕文王이 검을 좋아하여 문하에 3천 검객이 식객으로 모여들었다. 그리하여 밤낮으로 어전에서 칼싸움을 하여 사상자가 1년에 1백 명이 넘었지만 그래도 문왕은 싫증을 내지 않고 칼싸움을 좋아하여 그런 상태로 3년이 지나자 나라가 쇠하여서 제후들이 조나라를 멸망시키고자 모의하기에 이르렀다.

　태자 회悝가 이를 걱정하여 좌우를 모아놓고 말하였다.

　"누구든지 임금의 마음을 달래어 검객들을 기르는 일을 멈추도록 하면 천금을 내리리라."

　그러자 좌우가 말하였다.

　"장자라면 할 수 있을 것입니다."

　태자는 이에 사람을 시켜 천금으로써 장자를 모셔오게 하였다. 그러나 장자는 돈은 받지 않은 채 사자와 함께 와서 태자를 만났다.

　"태자께서는 무엇을 시키려고 저에게 천금을 내리셨습니까?"

　태자가 말하였다.

　"선생께서 명철한 성인이라는 말을 듣고 삼가 천금을 예물로 하여 종자從者를 보낸 것입니다. 선생께서 받지 않으시니 제가 감히 무슨 말을 하겠습니까!"

　장자가 말하였다.

　"듣기로 태자께서 저에게 시키실 일이란 임금께서 좋아하시는 것을 금하도록 해 주십사 하는 일이라 하더군요. 만약 제가 위로 임금을 달래려다

도리어 임금의 뜻을 거스른다면 아래로는 태자의 뜻까지 저버리는 것이 됩니다. 그리하면 제 몸은 사형을 당하게 될 것이며, 그렇게 되면 돈이 무슨 소용이 있겠습니까? 만약 제가 위로 임금을 설득시키고 아래로는 태자의 뜻에 들어맞는다면 조나라에게 무엇을 요구한들 얻지 못하겠습니까?"

태자가 말하였다.

"그렇군요. 우리 임금께 눈에 드는 것이란 오직 검객밖에 없습니다."

장자가 말하였다.

"좋습니다. 저도 검술에는 할 말이 있습니다."

태자가 말하였다.

"그러나 저의 임금께서 좋아하는 검객은 모두 더벅머리에 수염은 불끈 치솟았으며, 낮게 기울어진 관을 쓰고, 장식이 없는 끈으로 관을 매고, 소매가 짧은 옷을 입었으며, 눈을 부릅뜨고 말을 더듬거립니다. 임금께서는 그래야만 좋아하십니다. 지금 선생께서 유가儒家의 복장을 하고 임금을 뵈었다가는 틀림없이 일을 그르치게 될 것입니다."

장자가 말하였다.

"청컨대 검복을 갖추어 주십시오."

사흘이 지나 검복이 갖추어지자 장자는 태자를 만났다. 태자는 그를 데리고 임금을 만나러 갔다. 왕은 칼을 뽑아 들고 그를 기다리고 있었다. 장자는 궁전 문으로 들어가면서도 서둘러 걷지도 않았으며, 임금에게 절을 하지도 않았다.

임금이 말하였다.

"그대는 무엇으로 나를 가르치고자 태자로 하여금 앞서도록 하였소?"

장자가 말하였다.

"저는 대왕께서 검을 좋아하신다는 말을 들었습니다. 그러므로 검으로써 임금을 뵙는 것입니다."

임금이 다시 물었다.

"그대의 칼은 몇 사람이나 제압할 수 있소?"

장자가 말하였다.

"저의 칼은 열 걸음마다 한 사람씩 베어 천리를 가도 아무도 가로막지 못합니다."

임금은 크게 기뻐하며 말하였다.

"천하무적이로군!"

장자가 말하였다.

"무릇 검술이란 상대방에게 이쪽의 허점을 보여줌으로써 이利로 상대를 덤비도록 하며, 상대보다 늦게 칼을 뽑으면서도 공격은 상대보다 먼저 하는 것입니다. 한번 실제로 이를 시험해 보이고 싶습니다."

임금이 말하였다.

"선생께서는 우선 객사에 가서 좀 쉬시오. 그곳으로 물러가 명을 기다리시오. 시합 준비를 갖추고 선생을 모시리다."

임금은 곧 검객들을 7일 동안 시합을 시켜 60여 명의 사상자를 낸 뒤, 그 가운데 5, 6명을 골라 궁전 아래 검을 받들고 늘어서게 한 다음 장자를 불렀다.

왕이 말하였다.

"오늘은 시험삼아 검객들로 하여금 검술을 겨루어보게 하겠소."

장자가 말하였다.

"이 날을 기다린 지 오래입니다."

임금이 말하였다.

"선생이 쓰는 검은 길이가 얼마나 되오?"

장자가 말하였다.

"제가 쓸 검은 아무래도 괜찮습니다. 그러나 저에게는 세 개의 검이 있는데 임금께서 원하시는 대로 쓰겠습니다. 청컨대 먼저 설명을 드린 다음 시합을 해보고 싶습니다."

임금이 말하였다.

"그 세 가지 검이라는 것을 듣고 싶소."

장자가 말하였다.

"천자의 검, 제후의 검, 그리고 서민의 검이 있습니다."

昔趙文王喜劍, 劍士夾門而客三千餘人, 日夜相擊於前, 死傷者歲百餘人, 好之不厭. 如是三年, 國衰, 諸侯謀之.

太子悝患之, 募左右曰:「孰能說王之意止劍士者, 賜之千金.」

左右曰:「莊子當能.」

太子乃使人以千金奉莊子. 莊子弗受, 與使者俱, 往見太子曰:「太子何以教周, 賜周千金?」

太子曰:「聞夫子明聖, 謹奉千金以幣從者. 夫子弗受, 悝尚何敢言!」

莊子曰:「聞太子所欲用周者, 欲絶王之喜好也. 使臣上說大王而逆王意, 下不當太子, 則身刑而死, 周尚安所事金乎? 使臣上說大王, 下當太子, 趙國何求而不得也!」

太子曰:「然. 吾王所見, 唯劍士也.」

莊子曰:「諾. 周善爲劍.」

太子曰:「然吾王所見劍士, 皆蓬頭突鬢垂冠, 曼胡之纓, 短後之衣, 瞋目而語難, 王乃說之. 今夫子必儒服而見王, 事必大逆.」

莊子曰:「請治劍服.」

治劍服三日, 乃見太子. 太子乃與見王, 王脫白刃待之. 莊子入殿門不趨, 見王不拜.

王曰:「子欲何以教寡人, 使太子先焉?」

曰:「臣聞大王喜劍, 故以劍見王.」

王曰:「子之劍何能禁制?」

曰:「臣之劍, 十步一人, 千里不留行.」

王大悅之, 曰:「天下无敵矣!」

莊子曰:「夫爲劍者, 示之以虛, 開之以利, 後之以發, 先之以至. 願得試之.」

王曰:「夫子休就舍, 待命設戲請夫子.」

王乃校劍士七日, 死傷者六十餘人, 得五六人, 使奉劍於殿下, 乃召
莊子.

王曰:「今日試使士敦劍.」

莊子曰:「望之久矣.」

王曰:「夫子所御杖, 長短何如?」

曰:「臣之所奉皆可. 然臣有三劍, 唯王所用, 請先言而後試.」

王曰:「願聞三劍.」

曰:「有天子之劍, 有諸侯之劍, 有庶人之劍.」

【說劍】趙 文王이 검을 좋아했던 일을 주제로 삼은 것.

【趙文王】전국시대 조나라 惠文王. 이름은 何. 武靈王의 아들. 33년간(B.C.298~
266년) 재위함.

【夾門】擁門.

【太子悝】혜문왕의 뒤를 이은 것은 孝成王(丹)이며 여기서의 태자는 왕위를
잇지 못하였음. 悝는 '회'로 읽음.

【突鬢】수염이 솟아남.

【垂冠】모자를 낮게 눌러씀. 싸울 준비를 하는 모습을 나타냄.

【曼胡之纓】굵고 거친 갓끈.

【千里不留行】천리 안에 막아 멈추게 할 자가 없음.

【御杖】'御'는 '用'의 뜻. '杖'은 '劍'을 가리킴.

226
(30-2) 세 가지 검술

왕趙文王이 말하였다.

"천자의 검이란 어떤 것이오?"

장자가 대답하였다.

"천자의 검이란 연燕나라의 계곡과 변방의 석성石城을 칼끝으로 여기며, 제齊나라의 태산泰山을 칼날로 삼고, 진晉나라, 위衛나라를 칼등으로 여기고, 한韓나라, 위魏나라를 칼집으로 삼으며, 사방의 이민족으로 감싸고, 사시로 속을 채우며, 발해渤海로 이를 두르고, 항산恒山을 띠로 삼아, 오행五行으로 제어하고, 형덕刑德으로 논리를 삼으며, 음양으로 이를 열고, 춘하春夏로 이를 지탱하며, 추동秋冬으로 처형합니다. 이 검으로 곧게 내지르면 앞을 가로막을 자가 없고, 아래로 누르면 걸릴 것이 없으며, 휘두르면 곁에 막힐 것이 없어 위로는 떠가는 구름을 끊고, 아래로는 땅의 힘줄을 자를 수 있습니다. 이 검은 한 번 쓰기만 하면 제후들을 바로잡을 수 있으며 천하가 모두 복종하게 됩니다. 이것이 천자의 검입니다."

문왕은 망연자실하여 이렇게 말하였다.

"제후의 검은 어떻습니까?"

장자가 말하였다.

"제후의 검은 용사勇士를 칼끝으로 삼고, 청렴한 선비를 칼날로 삼으며, 현량한 선비를 칼등으로 삼고, 충성忠誠스러운 선비를 칼자루의 테로 삼으며, 호걸의 선비를 칼자루로 삼습니다. 이 검은 곧바로 내지르면 앞에 가로막는 자가 없고, 위로 올려치면 위에 걸리거나 막힐 것이 없으며,

아래로 내리누르면 역시 아래에 막을 자가 없으며, 휘두르면 곁에 맞설 자가 없어 위로는 둥근 하늘을 법도로 삼아 해와 달과 별의 세 가지 빛을 따르고, 아래로는 모난 땅을 법도로 삼아 사시를 순조롭게 하며, 가운데로는 백성들의 뜻을 헤아려 사방 나라 안을 편안하게 합니다. 이 검을 한 번 쓰면 천둥소리가 진동하는 듯하여, 사방 봉을 받은 나라 안이 복종하지 않는 이가 없게 되어 모두가 임금님의 명령을 따르게 됩니다. 이것이 제후의 검입니다."

임금이 말하였다.

"서민의 검은 어떻습니까?"

장자가 설명하였다.

"서민의 검이란 헝클어진 머리에 수염이 덥수룩하여 늘어뜨린 관을 쓰고, 장식이 있는 끈으로 관을 묶었으며, 등 쪽이 짧은 옷을 입고, 부릅뜬 눈에 말로 상대를 나무라면서 앞에서 서로 치고 받으며 싸우되, 위로는 목을 베고, 아래로는 간과 폐를 찌릅니다. 이것이 바로 서민의 검으로써 투계鬪鷄나 다를 바가 없습니다. 일단 목숨을 잃고 나면 이미 나라 일에는 더 이상 쓸모가 없어지고 맙니다. 지금 대왕께서 천자와 같은 지위에 계시면서도 이러한 서민의 검을 좋아하시니 저는 몰래 대왕을 위해 너무 천박하다고 생각합니다."

임금은 장자의 옷소매를 끌고 궁전으로 올라갔다. 요리사가 음식을 올렸으나 임금은 세 번이나 그 둘레를 맴돌 뿐이었다. 장자가 말하였다.

"임금님께서는 편히 앉으시고 기분을 가라앉히십시오. 검에 관한 이야기는 이미 모두 아뢰었나이다."

이에 문왕은 석 달 동안 궁전을 나가지 않았으며 검객들은 모두가 그 자리에서 자결을 하였다.

王曰:「天子之劍何如?」

曰:「天子之劍, 以燕谿石城爲鋒, 齊岱爲鍔, 晉衛爲脊, 周宋爲鐔, 韓魏爲夾; 包以四夷, 裹以四時, 繞以渤海, 帶以恒山; 制以五行,論以刑德; 開以陰陽, 持以春夏, 行以秋冬. 此劍, 直之无前, 舉之无上, 案之无下, 運之无旁, 上決浮雲, 下絕地紀. 此劍一用, 匡諸侯, 天下服矣. 此天子之劍也.」

文王芒然自失, 曰:「諸侯之劍何如?」

曰:「諸侯之劍, 以知勇士爲鋒, 以淸廉士爲鍔, 以賢良士爲脊, 以忠聖士爲鐔, 以豪桀士爲夾. 此劍, 直之亦无前, 舉之亦无上, 案之亦无下, 運之亦无旁; 上法圓天以順三光, 下法方地以順四時, 中和民意以安四鄕. 此劍一用, 如雷霆之震也, 四封之內, 無不賓服而聽從君命者矣. 此諸侯之劍也.」

王曰:「庶人之劍何如?」

曰:「庶人之劍, 蓬頭突鬢垂冠, 曼胡之纓, 短後之衣, 瞋目而語難. 相擊於前, 上斬頸領, 下決肝肺. 此庶人之劍, 无異於鬪鷄, 一旦命已絕矣, 无所用於國事. 今大王有天子之位而好庶人之劍, 臣竊爲大王薄之.」

王乃牽而上殿. 宰人上食, 王三環之. 莊子曰:「大王安坐定氣, 劍事已畢奏矣.」

於是文王不出宮三月, 劍士皆服斃其處也.

【燕谿石城】燕谿는 지명. 연나라 경내에 있었다 함. 石城은 변방 밖에 있던 지명이라 함.

【齊岱爲鍔】齊岱는 제나라 경내의 泰山, 鍔은 칼날.

【夾】칼의 손잡이. 칼자루.

【恒山】중국 五嶽의 하나. 漢 文帝(劉恒)의 이름을 피휘하여 '常山'이라 고쳐 부름.

【三光】해, 달, 별의 빛.

【四鄕】'鄕'은 '嚮'과 같음. 사방.

31. 어부漁父

　　공자가 유학을 제창하고 나섰을 때 만난 '어부漁父'와의 대화에서 어부로부터 지극한 비평을 받은 것을 표현한 것이다. 가설로 내세운 도인 어부의 법천法天, 귀진歸眞의 경지를 높이 사며, 동시에 유가의 허위와 가식을 질책한 것이다. 그러나 역대 이래 본편의 내용은 후대 장자학파莊子學派가 위작하여 덧붙인 것이 아닌가 하는 논쟁이 끊이지 않고 있다.

　　"지금 그대는 위로는 임금이나 재상의 권력도 없고, 아래로는 대신이나 관리와 같은 벼슬을 하는 것도 아닌데도 멋대로 예악을 꾸미고, 인륜을 정하여 여러 백성들을 교화한다고 떠벌이고 있으니 너무 쓸데없이 일을 하고 있는 것이 아니오?"

227
(31-1)
어부漁父와의 대화

　　공자가 치유緇帷라는 어두운 숲 속을 지나다가 행단杏壇에 앉아 쉬고 있었다. 제자들은 책을 읽고 있었고, 공사는 노래를 부르며 거문고를 타고 있었다. 타던 곡조가 채 반도 끝나기 전에 한 어부가 배에서 내려왔는데 수염과 눈썹은 하얗고 머리카락을 풀어헤친 채 소매를 휘저으며 강가의 둔덕으로 올라와 발을 멈추었다. 그리고 왼손은 무릎 위에 놓고 오른손으로는 턱을 괸 채 듣고 있었다.

　　곡이 끝나자 자공子貢과 자로子路 두 사람을 불렀다. 두 사람이 함께 그를 마주하자 그는 공자를 가리키며 말하였다.

　　"저 사람은 무엇하는 사람이오?"

　　자로가 대답하였다.

　　"노魯나라의 군자입니다."

　　어부가 그의 성씨를 묻자 자로가 대답하였다.

　　"성은 공씨孔氏입니다."

　　어부가 물었다.

　　"공씨는 무슨 학문을 하는 사람이오?"

　　자로가 미처 대답하기 전에 자공이 대답하였다.

　　"공씨는 본성이 충忠과 신信을 지키고 있으며, 몸은 인의仁義를 실행하고, 예악禮樂을 꾸며 놓았으며 인륜을 간추려 놓았습니다. 위로는 임금에게 충성을 다하고, 아래로는 백성들을 교화시켜 장차 천하를 이롭게 하고자 하는 분입니다. 이것이 공씨께서 하시는 일입니다."

어부가 다시 물었다.

"그는 영토를 가진 군주요?"

자공이 말하였다.

"아닙니다."

"왕후를 보좌하는 분인가요?"

자공이 말하였다.

"아닙니다."

그러자 어부는 웃음을 띠며 돌아섰다. 그리고는 가면서 이렇게 말하였다.

"인仁은 인仁이로다. 그러나 그 몸은 화를 면치 못하리라. 마음을 괴롭히고 몸을 지치게 하여 자신의 참모습을 위태

〈虛心〉 丘堂 呂元九(현대)

롭게 하는구나. 아! 멀도다. 그는 도에서 멀리도 떨어져 있음이여!"

자공이 돌아와 공자에게 고하자 공자는 거문고를 밀쳐놓고 일어나 이렇게 말하였다.

"그는 성인일 것이다."

그리고는 곧 내려가 그를 찾으러 나서서 못 가에 이르자 어부는 막 삿대를 잡고 배를 끌어가다가 공자를 돌아보고는 몸을 돌려 그를 향해 마주섰다. 공자는 뒷걸음쳐 두 번 절하고는 앞으로 나아갔다.

어부가 물었다.

"그대는 내게 무엇을 구하고자 하오?"

공자가 말하였다.

"방금 선생님께서는 말씀의 실마리만 꺼내놓고 그냥 가버리셨습니다. 저는 불초하여 말씀을 알아들을 수가 없었습니다. 마음 속으로 선생님을 모시고 아랫자리에 앉아 선생님의 말씀으로 튀기는 침에서 나는 소리일지라도 들을 수 있다면 다행으로 여기겠습니다."

어부가 말하였다.

"아! 그대는 배우는 것을 무척 좋아하는군요!"

공자는 두 번 절하고 일어나 말하였다.

"저는 어려서부터 학문을 닦아 이제 예순 아홉이 되었습니다. 그러나 지극한 가르침은 아직 듣지 못하였습니다. 어찌 감히 마음을 비우지 않겠습니까!"

어부가 말하였다.

"닮은 것은 서로 어울리고, 같은 소리는 서로 응하는 법이니 이것이 하늘의 이치입니다. 나는 내가 터득한 도는 그만두고 그대가 하는 일에 대하여 말해보리다. 그대가 하는 것은 사람의 일이오. 천자, 제후, 대부, 서인, 이 네 가지 인간이 스스로 자신의 자리에 바르게 서는 것은 세상이 잘 다스려지고 있기 때문이오. 이 네 가지 인간이 제자리를 벗어나게 되면 그보다 큰 혼란은 없을 것이오. 벼슬하는 자는 그 직무를 잘 수행하고, 백성들은 자기 일에 편히 머물고 있으면 위아래가 서로 넘보며 능멸하는 일이 없을 것이오.

따라서 밭이 황폐하고, 집이 새며, 입고 먹을 것이 부족하고, 세금을 제때 물지 못하며, 처첩들이 화목하지 못하며 어른과 아이 간에 질서가 없는 것은 서인들이 할 걱정이오.

임무를 감당할 능력이 없어, 관청의 일을 제대로 처리하지 못하며, 행동이 청렴하지 못하고, 아랫사람들이 일을 게을리 하며, 훌륭한 공적을 올리지 못하고, 벼슬과 녹을 지탱하지 못하는 것은 대부들 할 걱정이오.

조정엔 충신이 없고, 나라는 혼란하며, 장인匠人들의 기술은 뛰어나지 못하고, 바치는 공물은 좋은 것이 없으며, 봄가을의 조근朝覲에는 남에게 뒤쳐지고, 천자와 화목을 이루지 못하는 것은 제후들이 할 걱정이오.

음양이 조화되지 않고, 추위와 더위가 맞지 않아 여러 가지 사물들이 그로 인해 손상되고, 제후들이 맞대 서로 침략하여 백성들을 해치며, 예악이 절도에 맞지 않고, 제정이 궁핍해지고, 인륜이 어지러워져 백성들이 음란해 지는 것은 천자나 그를 보좌하는 재상들이 할 걱정이오.

그런데 지금 그대는 위로는 임금이나 재상의 권력도 없고, 아래로는 대신이나 관리와 같은 벼슬을 하는 것도 아닌데도 멋대로 예악을 꾸미고, 인륜을 정하여 여러 백성들을 교화한다고 떠벌이고 있으니 너무 쓸데없이 일을 하고 있는 것이 아니겠소?

孔子杏壇講禮樂圖, 조선시대 판화

또 사람에게는 여덟 가지 흠이 있고, 일에는 네 가지 환난이 있으니
명심해 두시오. 자신의 일이 아님에도 끼어드는 것을 총總이라 하며,
임금이 거들떠보지도 않는데도 진언하는 것을 영佞이라 하고, 남에게
영합하여 말하는 것을 첨諂이라 하며, 일의 시비를 가리지 않고 말하는
것을 유諛라고 하고, 남의 결점을 들춰내기를 즐기는 것을 참讒이라 하며,
남의 교제를 끊거나 친한 사람을 멀어지게 하는 것을 적賊이라 하고,
남을 칭찬하며 속여 악으로 밀어넣는 것을 특慝이라 하며, 선악을 가리지
않고 모두 받아들여 안색을 살피며 그가 바라는 바를 이루도록 해 주는
것을 험險이라 하오. 이 여덟 가지 흠은 밖으로는 사람들을 어지럽히고
안으로는 자기를 손상시키는 것이오. 따라서 군자는 그러한 자를 벗으로
삼지 아니하고 명군明君은 그러한 자를 신하로 삼지 않습니다.
또 네 가지 걱정이란 큰 일을 해내기를 좋아하며 범상한 것을 고치고
바꾸어 공명功名을 얻으려 애쓰는 것을 도叨라고 하며, 지식을 전유하여
일을 멋대로 하고 남의 것을 침범하여 자기 것으로 만드는 것을 탐貪이라
합니다. 그리고 잘못을 알면서도 고치지 않고 충고를 듣고도 오히려
옳지 않은 짓을 더하게 하는 것을 흔很이라 하며, 남의 의견이 자기와
같으면 긍정하고 다르면 아무리 좋은 것일지라도 인정하지 않는 것을
긍矜이라 합니다. 이것이 네 가지 환난이오.
이 여덟 가지 흠을 버리고, 네 가지 환난을 행하지 않아야만 비로소
가히 교화라는 것을 시행할 수 있는 것입니다."

孔子遊於緇帷之林, 休坐乎杏壇之上. 弟子讀書, 孔子絃歌鼓琴, 奏曲未半. 有漁父者, 下船而來, 須眉交白, 被髮揄袂, 行原以上, 距陸而止, 左手據膝, 右手持頤以聽.

曲終而招子貢子路, 二人俱對. 客指孔子曰:「彼何爲者也?」

子路對曰:「魯之君子也.」

客問其族. 子路對曰:「族孔氏.」

客曰:「孔氏者何治也?」

子路未應, 子貢對曰:「孔氏者, 性服忠信, 身行仁義, 飾禮樂, 選人倫, 上以忠於世主, 下以化於齊民, 將以利天下. 此孔氏之所治也.」

又問曰:「有土之君與?」

子貢曰:「非也.」

「侯王之佐與?」

子貢曰:「非也.」

客乃笑而還, 行言曰:「仁則仁矣, 恐不免其身; 苦心勞形以危其眞. 嗚呼, 遠哉其分於道也!」

子貢還, 報孔子.

孔子推琴而起曰:「其聖人與!」

乃下求之, 至於澤畔, 方將杖拏而引其船, 顧見孔子, 還鄉而立. 孔子反走, 再拜而進.

客曰:「子將何求?」

孔子曰:「曩者先生有緒言而去, 丘不肖, 未知所謂, 竊待於下風, 幸聞咳唾之音以卒相丘也.」

客曰:「嘻! 甚矣子之好學也!」

孔子再拜而起曰:「丘少而脩學, 以至於今, 六十九歲矣, 无所得聞至敎, 敢不虛心!」

客曰:「同類相從, 同聲相應, 故天之理也. 吾請釋吾之所有而經子之所以. 子之所以者, 人事也. 天子諸侯大夫庶人, 此四者自正, 治之美也,四者離位而亂莫大焉. 官治其職, 人處其事, 乃无所陵. 故田荒室露, 衣食不足, 徵賦不屬, 妻妾不和, 長少无序, 庶人之憂也; 能不勝任, 官事不治, 行不淸白, 群下荒怠, 功美不有, 爵祿不持, 大夫之憂也; 廷无忠臣, 國家昏亂, 工技不巧, 貢職不美, 春秋後倫, 不順天子, 諸侯之憂也; 陰陽不和, 寒暑不時, 以傷庶物, 諸侯暴亂, 擅相攘伐, 而殘民人, 禮樂不節, 財用窮匱, 人倫不飭, 百姓淫亂, 天子之憂也. 今子旣上无君侯有司之勢, 而下无大臣職事之官, 而擅飾禮樂, 選人倫, 以化齊民, 不亦泰多事乎!

且人有八疵, 事有四患, 不可不察也. 非其事而事之, 謂之摠; 莫之顧而進之, 謂之佞; 希意道言, 謂之諂; 不擇是非而言, 謂之諛; 好言人之惡, 謂之讒; 析交離親, 謂之賊; 稱譽詐僞以敗惡人, 謂之慝; 不擇善否, 兩容頰適, 偸拔其所欲, 謂之險. 此八疵者, 外以亂人, 內以傷身, 君子不友, 明君不臣. 所謂四患者; 好經大事, 變更易常, 以挂功名, 謂之叨; 專知擅事, 侵人自用, 謂之貪; 見過不更, 聞諫愈甚, 謂之很; 人同於己則可, 不同於己, 雖善不善, 謂之矜. 此四患也. 能去八疵, 无行四患, 而始可敎已.」

【緇帷之林】緇帷는 '검다, 어두컴컴하다'의 뜻. 숲의 이름을 허구로 내세운 것.
【杏壇】못 가운데의 높은 곳.
【須尾交白】'須'는 '鬚', '交'는 '皎'의 가차자.
【緖言】餘言. 다하지 못한 말.
【卒相】卒은 '마침내', 相은 '돕다'의 뜻.
【偸拔】훔쳐냄.
【叨】'饕'(도)의 가차자.
【很】따르지 않음. 순종하지 않음.

참고 및 관련 자료

1. 《幼學瓊林》1318
尼父試彈琴, 發泗水壇前之杏; 漁郞頻鼓枻, 尋武陵源裡之桃.

228
(31-2)
깨우침이 그렇게 늦어서야

공자는 슬픈 듯이 탄식하며 두 번 절하고 일어나 말하였다.

"저는 노魯나라에서 두 번이나 쫓겨났으며 위衛나라에서도 추방되었고, 송宋나라에서는 나무를 베어 넘겨 저를 죽이려 한 일이 있었으며, 진陳, 채蔡 사이에서는 포위를 당하였습니다. 제가 잘못한 것이 없다고 생각하는데도 이렇듯 네 가지 고통을 겪은 것은 무슨 때문이었습니까?"

어부는 슬픈 듯이 모습을 바꾸며 이렇게 말하였다.

"심하도다. 그대의 깨우치지 못함이여! 어떤 사람이 자신의 그림자가 두렵고 자기 발자국이 싫어서 이것들로부터 달아나려 하자, 발을 더욱 자주 놀릴수록 발자국은 더욱 많아졌고, 빨리 뛰면 뛸수록 그림자는 그의 몸을 떠나지 않았소. 그래도 그 자신은 아직도 느리게 뛰기 때문이라 여겨 쉬지 않고 뛰어가다가 결국 힘이 떨어져 죽어 버렸다 하오. 그는 그늘에 있으면 그림자가 없어지고, 가만히 멈추어 있으면 발자국이 생기지 않는다는 것을 몰랐던 것이지요. 어리석기가 얼마나 심한 것이오! 그런데 그대는 인의仁義의 뜻을 자세히 알고 있고, 시비是非의 구별을 살피며, 동정動靜의 변화를 관찰하고, 남과 주고받는 정도를 알맞게 하며, 호오好惡의 감정을 다스릴 줄 알고 있으며, 희로喜怒의 절조를 화합할 줄 알고 있으나, 아무리 애를 써도 화를 면하기는 어려울 것이오. 삼가 자신의 몸을 수양하고, 신중하게 자신의 참된 본성을 지키되, 외물은 되돌려 사람들에게 준다면 아무런 노고로움도 없을 것이오. 지금 스스로를 수양하지는 않고 화를 면할 것을 남에게서 찾고 있소. 이 역시 자신이 아닌 남에 미루는 것이 아니리오!"

공자가 슬픈 얼굴로 말하였다.

"청하여 여쭙건대 무엇을 일러 참된 본성이라 합니까?"

어부가 말하였다.

"참된 본성이란 정성의 지극함을 말하오. 정성이 없으면 남을 움직일 수가 없소. 그래서 억지로 곡을 하는 사람은 비록 슬픈 체한다 해도 슬프게 느껴지지 않고, 억지로 노한 체하는 사람은 비록 위엄을 세우더라도 위압을 느끼게 하지 못하며, 억지로 친한 체하는 사람은 비록 웃는다 해도 친하게 느끼게 할 수 없는 것이오. 그러나 진실로 슬픈 사람은 소리를 내지 않더라도 진정 슬퍼 보이고, 진실로 노한 사람은 성내지 않더라도 위압을 느끼게 하며, 진실로 친한 사람은 웃지 않더라도 친하게 느껴지는 것입니다. 참된 본성이 마음속에 있는 사람은 그 정신이 밖으로 발하여 움직이는 것이니, 그런 까닭에 참된 본성이 귀중한 것이 되는 것입니다.

그것을 인간의 도리에 적용을 한다면, 부모를 섬김에 있어서는 자애롭고 효성스럽게 되는 것이며, 임금을 섬김에 있어서는 충성스럽고 곧음을 지키는 것이 되며, 술을 마심에는 기쁘고 즐겁게 되는 것이고, 상을 당하면 슬프고 애통한 것이 되는 것입니다. 충성스럽고 곧음을 지킨다 함은 공로功勞가 주이며, 술을 마실 때는 즐거움이 주가 되고, 상을 당하였을 때에는 애통함이 주가 되며, 부모를 모심에 있어서는 그들 마음에 들게 하는 것이 주가 됩니다. 공을 이루는 방법은 하나 뿐이라고 여겨서는 안 되며, 부모를 섬기어 그들 마음에 들게 할 때는 그 방법을 논할 것이 없으며, 술을 마시며 즐길 때에는 술그릇을 선택할 필요가 없으며, 상을 당하여 슬퍼함에 있어서는 예법을 따질 것이 아닙니다. 예법이란 세속 사람이나 따지는 것이오. 참된 본성이란 하늘로부터 부여받은 것이기에 자연은 변경할 수 없는 것입니다. 따라서 성인은 하늘을 법도로 삼고, 참된 본성을 귀하게 여기며, 세속에 구애받지 않는 것이외다. 어리석은 자들은 이와 상반되어 하늘을 법도로 삼지도 못하고, 사람의 일을 긍휼히 여기며 참된 본성을 귀하게 여길 줄 모르고, 세상일을 따라 세속과 함께 변하기 때문에 만족하지 못하는 것이랍니다. 안타깝구려. 그대는 일찍부터 사람의 위선에 빠져 이렇게 늦어서야 대도大道를 듣게 되다니."

공자가 다시 두 번 절하고 일어나 말하였다.

"지금 제가 선생님을 만나 뵐 수 있었던 것은 천행과 같습니다. 선생님께서는 저 같은 것을 수치라 여기지 않으시고 제자처럼 대하시며 몸소 가르침을 주셨습니다. 감히 선생님이 계신 곳을 여쭙고 싶습니다. 청컨대 선생님의 제자가 되어 끝까지 대도를 배우고 싶습니다."

어부가 말하였다.

"내가 듣기로 함께 갈 수 있는 사람이라면 더불어 묘도妙道에 이를 수도 있으나 그렇지 못한 사람은 그 도를 분별하지 못할 것이니 삼가 함께 어울리지 말라 하였소. 그래야 몸에 재앙을 입지 않기 때문이오. 그대는 노력하시오! 나는 그대와 헤어져야겠소. 나는 그대와 헤어져야겠소!"

그리고는 배를 저어 갈대밭 사이로 사라져 갔다.

안회가 수레를 돌리고 자로가 수레의 끈을 공자에게 주었으나 공자는 돌아보지도 않았다. 이윽고 배가 일으킨 물결이 잠잠해지고 삿대 소리도 들리지 않게 된 뒤에야 비로소 공자는 수레에 올랐다.

자로가 수레에 다가가서 물었다.

"제가 선생님을 모신 지 오래 되었습니다. 그런데 선생님께서 이처럼 상대를 두려워하며 만난 것은 본 적이 없습니다. 만승萬乘의 천자나 천승千乘의 제후일지라도 선생님을 뵐 때에는 언제나 뜰에 자리를 함께 마련하고 대등한 예를 올리지 않은 적이 없었습니다. 선생님께서는 그래도 오만한 듯한 얼굴을 하셨습니다. 그런데 조금 전에 그 어부는 삿대를 짚고 서고 선생님께서는 허리를 굽히고 몸을 수그린 채 두 번 절하고서야 대답하였습니다. 너무 심하지 않았습니까? 제자들은 모두 선생님을 이상히 여기고 있습니다. 어부가 어떻게 하였기에 선생님께서 그렇게 하셨습니까?"

공자는 수레 위의 횡목에 엎드려 탄식하며 말하였다.

"심하도다. 유由을 교화시킬 수 없음이여! 예의에 물든 지 그래도 어느 정도 시간이 흘렀건만 아직도 비루한 마음을 버리지 못하고 있구나. 다가오너라. 내 너에게 일러주마! 무릇 어른을 만나 그를 공경하지 않음은 예를 잃는 것이요, 어진 이를 만나 존경하지 않음은 인仁이 아니니라. 그가 지극히 어진 이가 아니었다면 남을 감복시키지 못하였을 것이며,

또 감복시키더라도 정성이 없으면 그 진실함이 통하지 않았을 것이다. 진실함이 통하지 않기에 자신의 몸을 해치게 되는 것이란다. 안타깝도다! 사람에게 있어 어질지 못한 것처럼 화가 크게 미치는 것이 없도다. 그런데 자로 너 홀로 마구 하는구나. 또한 도라는 것은 만물의 근원이며, 모든 만물이 이것을 잃으면 죽고, 이것을 얻으면 살 수 있단다. 일을 함에 있어서도 이것을 잃으면 실패하고, 이것에 순응하면 성공하느니라. 그 때문에 도가 있음에 대하여 성인들도 이를 존중하는 것이란다. 지금 그 어부는 도에 있어서 이를 터득하고 있다고 할 수 있으니 내 어찌 감히 그를 공경하지 않을 수 있겠느냐!"

孔子愀然而歎, 再拜而起曰:「丘再逐於魯, 削迹於衛, 伐樹於宋, 圍於陳蔡. 丘不知所失, 而離此四謗者何也?」

客淒然變容曰:「甚矣子之難悟也! 人有畏影惡迹而去之走者, 擧足愈數而迹愈多, 走愈疾而影不離身, 自以爲尙遲, 疾走不休, 絶力而死. 不知處陰以休影, 處靜以息迹, 愚亦甚矣! 子審仁義之間, 察同異之際, 觀動靜之變, 適受與之度, 理好惡之情, 和喜怒之節, 而幾於不免矣. 謹脩而身, 愼守其眞, 還以物與人, 則无所累矣. 今不脩之身而求之人, 不亦外乎!」

孔子愀然曰:「請問何謂眞?」

客曰:「眞者, 精誠之至也. 不精不誠, 不能動人. 故强哭者雖悲不哀, 强怒者雖嚴不威, 强親者雖笑不和. 眞悲无聲而哀, 眞怒未發而威, 眞親未笑而和. 眞在內者, 神動於外, 是所以貴眞也. 其用於人理也, 事親則慈孝, 事君則忠貞, 飮酒則歡樂, 處喪則悲哀. 忠貞以功爲主, 飮酒以樂爲主, 處喪以哀爲主, 事親以適爲主, 功成之美, 无一其迹矣. 事親以適, 不論所以矣; 飮酒以樂, 不選其具矣; 處喪以哀, 无問其禮矣. 禮者, 世俗之所爲也; 眞者, 所以受於天也, 自然不可易也. 故聖人法天貴眞, 不拘於俗. 愚者反此. 不能法天而恤於人, 不知貴眞, 祿祿而受變於俗, 故不足. 惜哉, 子之蚤湛於人僞而晚聞大道也.」

孔子又再拜而起曰:「今者丘得遇也, 若天幸然. 先生不羞而比之服役, 而身教之. 敢問舍所在, 請因受業而卒學大道.」

客曰:「吾聞之, 可與往者與之, 至於妙道; 不可與往者, 不知其道, 愼勿與之, 身乃无咎. 子勉之! 吾去子矣, 吾去子矣!」

乃刺船而去, 延緣葦間.

顏淵還車, 子路授綏, 孔子不顧, 待水波定, 不聞拏音而後敢乘.

子路旁車而問曰:「由得爲役久矣, 未嘗見夫子遇人如此其威也. 萬乘之主, 千乘之君, 見夫子未嘗不分庭伉禮, 夫子猶有倨傲之容. 今漁父杖拏逆立, 而夫子曲要磬折, 言拜而應, 得无太甚乎? 門人皆怪夫子矣, 漁人何以得此乎?」

孔子伏軾而歎曰:「甚矣由之難化也! 湛於禮義有間矣, 而樸鄙之心至今未去. 進, 吾語汝! 夫遇長不敬, 失禮也; 見賢不尊, 不仁也. 彼非至人, 不能下人, 下人不精, 不得其眞, 故長傷身. 惜哉! 不仁之於人也, 禍莫大焉, 而由獨擅之. 且道者, 萬物之所由也, 庶物失之者死, 得之者生, 爲事逆之則敗, 順之則成. 故道之所在, 聖人尊之. 今漁父之於道, 可謂有矣, 吾敢不敬乎!」

【離】'罹'와 같음.
【刺船】배를 잡아당겨 끎음.
【逆立】마주 대하여 섬.
【曲要磬折】'要'는 '腰'의 가차자이며 '磬折'은 공경하는 태도를 이르는 말. 경은 반달처럼 굽은 모양의 석경. 몸을 굽힘을 말함. 허리를 굽혀 공손히 예를 표함을 뜻함.
【軾】수레 앞의 橫木. 손으로 잡고 예를 표하기도 함.

32. 열어구列禦寇

'열어구列禦寇'는 바로 도가 삼현三賢 중의 하나인 열자列子이며 장자보다 앞선 사람이다. 첫 장에 이 열자와 백혼무인의 대화를 실은 것을 편명으로 삼은 것이다. 내용은 매우 복잡하며 주로 물아양망物我兩忘의 경지를 높이 보며 지교智巧나 작록爵祿, 탐공貪功 등을 과감히 버릴 것을 주장하고 있다.

"도를 알기는 쉽지만 그것을 말하지 않기는 어렵다. 도를 알면서도 말하지 않는 것은 하늘의 뜻으로 나아가는 것이며, 알고 있는 것을 말하는 것은 사람의 작위로 나아가는 것이다. 옛날 지인至人은 하늘을 따랐지 사람을 따르지 않았다."

229
(32-1)
남이 그대를 따르도록 한 죄

열어구列禦寇가 제齊나라로 가다 말고 돌아오는 길에 백혼무인伯昏瞀人을 만났다. 백혼무인이 말하였다.

"어찌하여 되돌아왔소?"

열자가 말하였다.

"제가 놀랐기 때문입니다."

백혼무인이 물었다.

"어떤 일에 놀랐소?"

열자가 말하였다.

"제가 가는 길에 열 집 정도의 주막에서 식사를 하였는데, 다섯 집이 제가 돈을 주기도 전에 먼저 식사를 제공하였기 때문입니다."

백혼무인이 말하였다.

"이와 같은 일로 그대가 어찌 놀랐다는 것이오?"

열자가 말하였다.

"그것은 저의 마음 속의 정성이 아직 풀리지 않아 겉으로 드러나 빛을 이룸으로써 밖으로 남의 마음을 위압하였기 때문입니다. 사람들로 하여금 저보다도 노인을 가볍게 여겨 그들을 공경하지 않도록 한 것이니, 이는 제 자신의 환난을 기르는 것과 마찬가지인 것입니다. 무릇 주막의 주인이란 다만 음식을 팔아 이익을 도모하는 사람들인데 그 이익이란 별것이 아니며 권한도 가볍습니다. 그런데도 저를 그처럼 대우하였으니 하물며 만승萬乘의 군주였다면 어떠하였겠습니까! 그의 몸은 나라를 위해 애쓰고 그의 정신은

정사政事를 처리하는데 다 쓰고 있습
니다. 아마 제가 가면 그는 저에게
나라 일을 맡겨 공을 세워주기를 바랄
것입니다. 그래서 놀랐다는 것입니다."

백혼무인이 말하였다.

"훌륭하도다. 그러한 관점이여!
그대가 그처럼 처신하면 사람들은
장차 그대를 따를 것이오."

얼마 지나지 않아 백혼무인이 열자

에게 가 보았더니 과연 문 밖에 신발들이 가득한 것이었다. 백혼무인은
북쪽을 향해 서서 세워놓은 지팡이에 턱을 괴고 한참을 서 있다가 말도
하지 않은 채 그대로 나왔다.

문지기가 이를 열자에게 고하자 열자는 신을 든 채 맨발로 문간까지
뛰어나와 이렇게 말하였다.

"선생님께서는 이미 오셨으니 약이 될 만한 가르침도 주지 않으십니까?"

백혼무인이 말하였다.

"그만두시오. 내 이미 그대에게 세상 사람들이 그대를 따를 것이라고
말하였더니 과연 그대를 이렇게 따르고 있소. 네가 사람들로 하여금
따르게 한 것이 아니라 그대가 사람들로 하여금 따르지 않도록 하지
못한 것이오. 어찌 남을 감동시키고 기쁘게 만들어 남과 다른 특이한
점을 겉으로 드러내고 있소! 또 필히 남을 감동시키려면 자신의 본성을
뒤흔들어야 할 것이니, 그러한 것은 아무런 의미가 없는 일이라오. 그대와
어울리는 자들은 그대에게 아무 것도 일러주지 못하오. 그들이 하는
하찮은 말들은 모두 사람들에게 해독을 끼칠 뿐이오. 남을 깨우쳐 주지도
못하고 스스로가 깨닫지도 못하는 자들과 어찌 익숙히 사귈 수 있겠소!
기교가 많은 자는 노고로울 것이며, 아는 것이 많은 자는 걱정이 많은
법이오. 능력이 없는 자는 오히려 추구하는 것이 없어, 그저 배불리
먹고 유유히 노닐다가 매어 있지 않은 배처럼 두둥실 떠다니며 마음을
텅 비워 소요하는 것이라오."

列禦寇之齊, 中道而反. 遇伯昏瞀人.

伯昏瞀人曰:「奚方而反?」

曰:「吾驚焉.」

曰:「惡乎驚?」

曰:「吾嘗食於十饗, 而五饗先饋.」

伯昏瞀人曰:「若是, 則汝何爲驚已?」

曰:「夫內誠不解, 形謀成光, 以外鎮人心, 使人輕乎貴老, 而鰲其所患. 夫饗人特爲食羹之貨, 無多餘之贏, 其爲利也薄, 其爲權也輕, 而猶若是, 而況於萬乘之主乎! 身勞於國而知盡於事, 彼將任我以事而效我以功, 吾是以驚.」

伯昏瞀人曰:「善哉觀乎! 汝處已, 人將保女矣!」

無幾何而往, 則戶外之屨滿矣. 伯昏瞀人北面而立, 敦杖蹙之乎頤, 立有間, 不言而出.

賓者以告列子, 列子提屨, 跣而走, 曁乎門, 曰:「先生旣來, 曾不發藥乎?」

曰:「已矣, 吾固告汝曰人將保汝, 果保汝矣. 非汝能使人保汝, 而汝不能使人无保汝也, 而焉用之感豫出異也! 必且有感搖而本才, 又无謂也. 與汝遊者又莫汝告也, 彼所小言, 盡人毒也. 莫覺莫悟, 何相孰也! 巧者勞而知者憂, 无能者无所求, 飽食而敖遊, 汎若不繫之舟, 虛而敖遊者也.」

【伯昏瞀人】德充符의 '伯昏无人'과 같은 사람.

【內誠不解】안으로 일어나는 욕심을 풀지 못함.

【敦杖蹙之乎頤】지팡이를 세워 턱을 굄.

【跣】맨발.

【發藥】약이 될 만한 말로 일러줌.

1.《列子》黃帝篇

子列子之齊, 中道而反, 遇伯昏瞀人. 伯昏瞀人曰:「奚方而反?」曰:「吾驚焉.」
「惡乎驚?」「吾食於十漿, 而五漿先饋.」伯昏瞀人曰:「若是, 則汝何爲驚己?」曰:
「夫內誠不解, 形謀成光, 以外鎭人心, 使人輕乎貴老, 而鼙其所患. 夫漿人特爲食羹
之貨, 多餘之贏; 其爲利也薄, 其爲權也輕, 而猶若是. 而況萬乘之主, 身勞於國,
而智盡於事; 彼將任我以事, 而效我以功, 吾是以驚.」伯昏瞀人曰:「善哉觀乎!
汝處己, 人將保汝矣.」無幾何而往, 則戶外之屨滿矣. 伯昏瞀人北面而立, 敦杖蹩之
乎頤. 立有閒, 不言而出. 賓者以告列子. 列子提屨徒跣而走, 曁乎門. 問曰:「先生
旣來, 曾不廢藥乎?」曰:「已矣. 吾固告汝曰, 人將保汝, 果保汝矣. 非汝能使人保汝,
而汝不能使人無汝保也. 而焉用之感也? 感豫出異. 且必有感也, 搖而本身, 又無
謂也. 與汝遊者, 莫汝告也. 彼所小言, 盡人毒也. 莫覺莫悟, 何相孰也.」

230
(32-2)

묵언黙言이 어렵다

정鄭나라 사람 완緩이 구씨裘氏 땅에서 열심히 공부하여 겨우 3년 만에 유자儒者가 되었다. 하수河水의 물이 9리里의 땅을 적셔 주듯 그의 혜택은 삼족에 미쳤으며 그 아우로 하여금 묵자墨者를 믿게 하였다. 그리하여 유자와 묵자를 믿는 형제가 서로 논쟁을 벌이게 되었는데, 그의 아버지가 묵자를 믿는 아우의 편을 들어주자 10년 만에 완은 자살하고 말았다.

그 아버지의 꿈에 그가 나타나 말하였다.

"아버님의 자식을 묵자를 믿도록 한 것은 저였습니다. 그런데 어찌하여 제 무덤 가에 한번 오셔서 이미 가을이 되어 잣나무 열매가 열리고 있는 모습을 보아주지 않으십니까?"

무릇 조물주가 사람들에게 보답할 때엔 그 사람에게 보답하지 않고 그 사람의 천성天性에 보답하는 것이다. 그의 천성이 그렇기 때문에 그를 그와 같이 되도록 한 것이다. 대체로 그는 완 자신은 다른 사람과는 다르다고 여겨 자신의 어버이까지 천히 여겼던 것이니 이는 마치 제齊나라 사람들이 우물을 파서 물을 마시면서 그것이 제 힘으로 판 것이라 서로 싸우는 것과 같다. 그 때문에 지금 사람들은 모두 이 완과 같다고 할 수 있다.

이로써 덕을 갖추고 있는 사람은 자신이 덕을 갖추고 있다는 것을 알지 못하는 법이니 하물며 도를 터득한 사람임에랴! 옛날에는 이를 두고 둔천지형遁天之刑이라 하였다.

성인은 그가 편히 거할 곳에 편안히 거하며 자신이 불안하게 느끼는 바에는 불안한 채로 있었다. 그러나 범속한 무리는 편히 거하지 못할 자리에 편안히 거하고 편안히 거할 자리에서는 도리어 불안은 느낀다.

장자가 말하였다.

"도를 알기는 쉽지만 그것을 말하지 않기는 어렵다. 도를 알면서도 말하지 않는 것은 하늘의 뜻으로 나아가는 것이며, 알고 있는 것을 말하는 것은 사람의 작위로 나아가는 것이다. 옛날 지인至人은 하늘을 따랐지 사람을 따르지 않았다."

鄭人緩也呻吟於裘氏之地. 祇三年而緩爲儒, 河潤九里, 澤及三族, 使其弟墨. 儒墨相與辯, 其父助翟. 十年而緩自殺.

其父夢之曰:「使而子爲墨者予也. 闔嘗視其良, 旣爲秋柏之實矣?」

夫造物者之報人也, 不報其人而報其人之天. 彼故使彼. 夫人以己爲有以異於人以賤其親, 齊人之井飮者相捽也. 故曰今之世皆緩也. 自是, 有德者以不知也, 而況有道者乎! 古者謂之遁天之刑.

聖人安其所安, 不安其所不安; 衆人安其所不安. 不安其所安.

莊子曰:「知道易, 勿言難. 知而不言, 所以之天也; 知而言之, 所以之人也; 古之至人, 天而不人.」

【緩】 인명.
【裘氏】 지명.
【呻吟】 글을 열심히 외우고 읽는 모습.
【翟】 緩의 아우. 墨翟을 상징함.
【相捽】 서로 밀고 당기면서 다툼.
【遁天之刑】 하늘의 은혜를 피해 도망칠 수밖에 없는 벌을 받은 불쌍한 사람. 도를 터득하지 못한 사람을 뜻함. 하늘이 은혜를 베풀어도 도망치는 자.

231
(32-3) 용을 잡는 법

　주평만朱萍漫이 용龍을 잡는 법을 지리익支離益에게서 배우고자 천금千金이나 나가는 집을 세 채나 팔아 대었다. 그리하여 3년 만에 그 기술을 익혔으나 그 기술을 써 볼 곳이 없었다.

　성인聖人은 꼭 그러한 것도 꼭 그렇다고 여기지 않는다. 그러니 마음에 투쟁하고자 하는 것도 없다. 보통 사람들은 꼭 그렇지 않은 것도 꼭 그렇다고 여긴다. 그 때문에 투쟁하고자 하는 마음이 많은 것이다. 투쟁하고자 하는 마음에 따르기에 그 행동에는 추구하는 것이 있는 것이며 투쟁심이란 이를 믿다가는 망하게 마련이다.

　소인小人의 지혜란 선물이나 편지를 주고받는 하찮은 것에서 떠나지 못하고, 정신은 천박한 일로 지치게 하면서도 도道와 사물을 아울러 터득해 도道와 사물을 합치시키겠다고 하고 있으니 태일太一 속에서 형태가 텅 비고 만다. 이러한 자들은 우주 속에서 미혹되고 사물에 마음이 얽매여 태초太初를 알지 못한다.

　지인至人은 정신을 시작도 없는 허무의 상태로 귀착시키고, 유형有形을 초월해 아무것도 없는 곳에서 편히 잠들며, 그 어떤 외물에도 구애됨이 없이 물처럼 흐르고, 태청太淸이라고 하는 텅 비고 밝은 경지가 생겨나게 한다. 안타깝도다! 그대들은 털끝만한 지식만 가지고 있어 위대한 안정安靜의 경지는 알지 못하고 있도다!

朱泙漫學屠龍於支離益, 單千金之家, 三年技成而无所用其巧.

聖人以必不必, 故无兵; 衆人以不必必之, 故多兵; 順於兵, 故行有求. 兵, 恃之則亡.

小夫之知, 不離苞苴竿牘, 敝精神乎蹇淺, 而欲兼濟道物, 太一形虛. 若是者, 迷惑於宇宙, 形累不知太初. 彼至人者, 歸精神乎无始而甘 瞑乎无何有之鄕. 水流乎无形, 發泄乎太淸. 悲哉乎! 汝爲知在毫毛, 而不知大寧!

【朱泙漫·支離益】인명. 허구의 가공 인물.
【單】'殫'과 같음. 다함. 전체를 소비함. 여기서는 그 값을 용 잡는 일을 배우는 값으로 치렀음을 말함.
【兵恃之則亡】《노자》31장 참조.
【苞苴竿牘】苞苴는 선물용 향초. 竿牘은 서신. 서로 사귐을 뜻함.

참고 및 관련 자료

1. 《老子》31장
夫佳兵者不祥之器, 物或惡之, 故有道者不處. 君子居則貴左, 用兵則貴右. 兵者不 祥之器, 非君子之器, 不得已而用之, 恬淡爲上. 勝而不美, 而美之者, 是樂殺人. 夫樂殺人者, 則不可得志於天下矣. 吉事尙左, 凶事尙右. 偏將軍居左, 上將軍居右. 言以喪禮處之. 殺人之衆, 以悲哀泣之, 戰勝以喪禮處之.

232
(32-4)

고름을 빨아내어 주는 자

송宋나라 사람으로 조상曹商이라는 자가 있었다. 송나라 임금을 위하여 진秦나라에 사신으로 갔는데 떠날 때에는 몇 대의 수레였으나 진나라 임금은 그를 좋아하여 수레 백 대를 덧붙여 주었다. 그는 송나라로 돌아와 장자를 만나서 말하였다.

"무릇 궁벽한 뒷골목에서 살면서 곤궁하여 짚신이나 삼고 목덜미는 비쩍 마른 채 부황이 난 얼굴로 지내는 것은 나는 견뎌내는 데 능하지 못하오. 그러나 단번에 만승萬乘의 천자를 깨우치고 백 대의 수레가 뒤따르게 하는 일이라면 내가 능히 해낼 수 있는 일이지요."

그러자 장자가 말하였다.

"진나라 임금이 병이 나서 의사를 불렀소. 종기를 터뜨려 고름을 짜낸 자에게는 수레 한 대를 주고, 고름을 빨아낸 자에게는 수레 다섯 대를 내렸소. 치료하는 방법이 하천下賤할수록 그에게 내리는 수레는 더욱 많았소. 그대는 어떤 방법으로 그의 치질을 고쳐 주었기에 수레를 그렇게나 많이 얻었소? 당장 가 꺼지시오!"

宋人有曹商者, 爲宋王使秦. 其往也, 得車數乘; 王說之, 益車百乘. 反於宋, 見莊子曰:「夫處窮閭阨巷, 困窘織屨, 槁項黃馘者, 商之所短也; 一悟萬乘之主而從車百乘者, 商之所長也.」

莊子曰：「秦王有病召醫, 破癰潰痤者得車一乘, 舐痔者得車五乘, 所治愈下, 得車愈多. 子豈治其痔邪? 何得車之多也? 子行矣!」

【曹商】인명.
【宋王】송나라 偃王.
【織屨】직접 신을 삼아 신음.
【槁項黃馘】목에 살이 없어 비쩍 말랐으며 얼굴 색은 누렇게 병든 기색임을 말함.
【痤】《太平御覽》에는 '疽'로 되어 있음.

233
(32-5)

공자에게 나라의 큰 일을 맡길 수 없습니다

노魯나라 애공哀公이 안합顔闔에게 물었다.

"나는 공자를 나라의 중요한 간부로 삼고자 하오. 그리하면 나라가 잘 다스려질까요?"

안합이 대답하였다.

"그렇게 하였다가는 참으로 위태로울 것입니다! 공자는 지금 새의 깃털로 장식을 하고, 화려한 말로 일을 하고 있으며, 가지에 해당하는 일을 주된 업무인 양 여기고 있습니다. 사람의 본성을 속여 백성들에게 보여주면서도 그것이 신실하지 못하다는 것을 모르고 있으며 헛되이 심신을 지치게 하여 시비에 사로잡혀 있으니 어찌 백성 위에 설 수 있겠습니까! 그가 임금의 마음에 드십니까? 그에게 백성들을 맡기시렵니까? 그것은 잘못 보신 것입니다. 지금 백성으로 하여금 실질을 떠나 허위를 배우게 하신다면 그것은 백성들을 바르게 보는 것이 아니며 후세를 위해서라도 염려하셔야 할 일입니다. 그만두시느니만 못합니다. 다스리기 어려운 일입니다."

魯哀公問乎顔闔曰:「吾以仲尼爲貞幹, 國其有瘳乎?」

曰:「殆哉圾乎! 仲尼方且飾羽而畫, 從事華辭, 以支爲旨, 忍性以視民而不知不信, 受乎心, 宰乎神, 夫何足以上民! 彼宜女與? 予頤與? 誤而可矣. 今使民離實學僞, 非所以視民也, 爲後世慮, 不若休之. 難治也.」

【貞幹】棟梁과 같은 뜻임. 중요한 간부를 가리킴.
【飾羽而畫】공자가 차리고 꾸미기를 좋아하였음을 말함.

234
(32-6)
베풀고 나서는 잊어야 한다

　사람들에게 베풀고 나서 이를 잊지 않는다면 이는 자연스러운 베풂이
아니다. 장사꾼은 그와 함께 하지 않는다. 비록 일이나 이익 때문에
그에게 함께 한다고 해도 마음 속으로는 그와 함께 하지 않는다.

　施于人而不忘, 非天布也. 商賈不齒, 雖以事齒之, 神者弗齒.

【非天布】 자연의 布施가 아님.
【齒】 함께 함. 이익을 위해 겉으로 동조하며 사업을 함께 함.

235
(32-7) 안팎의 형벌

사람이 밖으로부터 받는 형벌은 쇠나 나무의 형틀에 의한 것이지만 안으로부터 받는 형벌은 마음의 동요와 과도함이다. 소인宵人으로써 밖으로부터의 형벌을 받는 자는 쇠나 나무로 만든 형틀에 의해 신문을 당하지만, 안으로부터의 형벌을 받는 자는 음양 두 가지 기가 서로 갉아먹는다. 무릇 안팎으로 모든 형벌을 면할 수 있는 자는 오직 진인만이 이에 능할 뿐이다.

爲外刑者, 金與木也; 爲內刑者, 動與過也. 宵人之離外刑者, 金木訊之; 離內刑者, 陰陽食之. 夫免乎外內之刑者, 唯眞人能之.

【金木】 금은 나무를 베기 위한 톱, 칼, 도끼, 낫 등 쇠붙이로 만든 도구를 뜻하며 목은 나무를 지칭함.
【宵人】 小人의 다른 표현.
【陰陽食之】 음양의 두 가지 氣가 교차하면서 갉아먹음.

236
(32-8)
아홉 가지 시험

공자가 말하였다.

"무릇 사람의 마음이란 산천山川보다도 험하고, 하늘을 알기보다 어려운 것이다. 하늘은 춘, 하, 추, 동이나 아침, 서녁이라는 주기기 있지만, 사람은 두툼한 겉모습 속에 깊은 감정을 숨기고 있다. 그러므로 외모는 성실한 듯하면서도 마음은 교만한 자가 있고, 겉으로는 재능이 있어 보이나 사실은 그렇지 못한 자가 있으며, 외모는 부드러워 보이나 내심은 강직한 사람이 있고, 견실해 보이지만 내심은 게으른 자가 있으며, 여유가 있는 듯이 보이나 마음은 조급한 자가 있다. 그러므로 목마른 듯이 의로움으로 나아가던 자가 뜨거운 것을 피하듯 의로움을 떠나기도 하는 것이다.

따라서 군자는 멀리 놓고 부릴 때는 그 충성심을 살펴보고, 가까이 두고 부릴 때라면 그 공경심을 살펴야 하는 것이며, 번거로운 일을 시켜 그 능력을 살피고, 갑작스런 질문으로 그 기지를 살피며, 기한을 촉급하게 주어 그 믿음을 살피며, 재물을 그에게 맡겨 그 청렴함을 살피고, 위태로움을 알려 그 절의를 살피며, 남녀가 뒤섞인 곳에 두어 그 절조를 살피는 것이다. 이 아홉 가지의 시험을 다 마치고서야 못난 자를 잘못 얻는 일이 없게 되는 것이다."

孔子曰:「凡人心險於山川, 難於知天; 天猶有春秋冬夏旦暮之期, 人者厚貌深情. 故有貌愿而益, 有長若不肖, 有順懁而達, 有堅而縵,

有緩而釬. 故其就義若渴者, 其去義若熱. 故君子遠使之而觀其忠,
近使之而觀其敬, 煩使之而觀其能, 卒然問焉而觀其知, 急與之期
而觀其信, 委之以財而觀其仁, 告之以危而觀其節, 醉之以酒而觀
其則, 雜之以處而觀其色. 九徵至, 不肖人得矣.」

【貌愿而益】 '愿'은 謹厚함을 뜻하며 '益'은 '溢'과 같음.
【順懷而達】 겉으로 순종하면서도 속으로는 곧은 의지를 가지고 있음.
【緩】 '慢'의 가차자.
【釬】 '悍'의 가차자.

237
(32-9)
다섯 가지 흉덕凶德

　　정고보正考父는 사士에 임명되자 허리를 굽혔고, 대부大夫에 임명되자 온 몸을 굽혔으며, 경卿으로 임명되자 몸을 굽히고 담을 따라 걸어다녔으니 어느 누가 감히 본받지 아니하겠는가! 보통 사람인 경우에는 사士에 임명되면 몸을 뻣뻣이 하고 거만하게 굴며, 대부에 임명되면 수레 위에서 춤이라도 출 듯이 뽐내고, 경에 임명되면, 자기 아버지뻘의 가족이라도 이름을 부를 정도가 된다. 이들 가운데 누가 요堯나 허유許由의 겸손함에 합치될 수 있겠는가!

　　사람을 해치는 일 가운데 목적을 마음에 품고 덕을 행하며 마음 속으로 민첩하게 이익을 계산하는 것보다 큰 것은 없다. 그 마음이 눈썹처럼 움직이면서 자신의 마음 속으로 사물을 살피니 이렇게 제 마음으로 물건을 살피면 실패할 수밖에 없게 될 것이다.

　　흉한 덕에는 다섯 가지가 있으니 중덕中德이 그 첫째이다. 중덕이란 무엇인가? 중덕은 시비를 내세워 자신의 마음에 드는 시是라 하고 자신이 싫어하여 행하지 않는 것을 비非라고 욕하는 것이다.

　　사람이 궁해지는 데에는 여덟 가지 극단이 있고, 통달하는 데에는 세 가지 필연이 있으며, 육체에 화를 불러들이는 데에는 여섯 가지 창고가 있다.

　　아름답고, 멋진 수염이 나고, 키가 크고, 몸집이 크고, 힘이 세고, 수려하고, 용맹하고, 과감함 이 여덟 가지가 모두 남보다 뛰어나기에 사람이 궁해지는 것이다.

외물을 좇아가고 남을 따라 행동하고, 남만 못한 듯이 두려워하는 것, 이 세 가지는 보통 사람보다 못한 것처럼 보이게 할 수는 있지만 오히려 사람으로 하여금 통달하도록 하여 입신출세하도록 만드는 것이다.

지혜는 외물에만 통용되고, 용기 있게 행동하면 많은 원망을 사게 되며, 인의仁義를 내세우면 많은 책망을 듣게 된다.

삶의 실정에 통달한 자는 우뚝하며, 사물의 지식에 통달한 사람은 소인이 되고, 위명大命에 통달해 있는 사람은 자연을 따라 자유로우며, 자신만의 소명小命 정통한 자는 편한 경우를 만나면 머물고 만다.

正考父一命而傴, 三命而俯, 循牆而走, 孰敢不軌! 如而夫者, 一命而呂鉅, 再命而於車上儛, 三命而名諸父, 孰協唐許!

賊莫大乎德有心而心有睫, 及其有睫也而內視, 內視而敗矣, 凶德有五, 中德爲首. 何謂中德? 中德也者, 有以自好也而吡其所不爲者也.

窮有八極, 達有三必, 形有六府. 美髥長大壯麗勇敢, 八者俱過人也, 因以是窮. 緣循偃佒, 困畏不若人, 三者俱通達. 智慧外通, 勇動多怨, 仁義多責. 達生之情者傀, 達於知者肖; 達大命者隨, 達小命者遭.

【正考父】 宋나라 대부.

【一命】 고대 一命은 士가 되고 二命이면 大夫가 되며 三命이면 卿이 되었음.

【循牆而走】 담을 따라 걸음. 안전하기도 하고 겸손함을 뜻함.

【儛】 '舞'와 같음.

【名諸父】 숙부의 칭호를 부름.

【孰協唐許】 '누가 唐堯나 許由처럼 겸허할 수가 있는가'의 뜻.

【凶德有五】 화근이 되는 것은 心, 耳, 眼, 舌, 鼻 이 다섯 가지에서 비롯됨을 말함.

【中德】 마음(心)을 가리킴.

【八極】 위에 말한 美, 髥, 長, 大, 壯, 麗, 勇, 敢 등 8가지를 말함.

【三必】 뒤에서 말한 緣循, 偃佒, 困畏 등 3가지를 말함.

【緣循】 자연의 이치에 따름.

【偃佒】 偃仰과 같으며 남을 잘 따름을 뜻하는 쌍성어.

【困畏】 남에게 겸허한 태도를 가짐.

【傀】 '偉'와 같으며 '크다'(大), '우뚝하다'의 뜻.

【遭】 자신이 만나는 일에 따라 움직이다가 편한 경우를 만나면 멈추어 안주함.

238
(32-10) 천금의 구슬

　어떤 사람이 송宋나라 임금을 만나자 임금이 그에게 수레 열 대를 하사하였다. 그는 이 열 대로써 장자에게 교만하게 자랑을 늘어놓자 장자는 이렇게 말하였다.

　"하수河水 가에 가난하게 사는 사람이 있었는데 갈대로 발을 짜는 일을 생업으로 삼았습니다. 어느 날 그의 아들이 깊은 연못에 들어가 천금의 구슬을 주워 오자 아버지가 아들에게 이렇게 말하였지요. '돌로 이를 부숴 버려라! 무릇 천금의 구슬이란 틀림없이 아홉 겹의 깊은 못 속 검은 용의 턱 밑에나 있는 것이리라. 네가 그 구슬을 얻을 수 있었던 것은 흑룡이 마침 잠들어 있었던 때였으리라. 만약 흑룡이 깨어 있었다면 네 어찌 아직 잡혀먹지 아니하고 살아 남을 수 있었겠느냐!'

　지금 송나라의 심연深淵이란 깊은 못에 비할 바가 아니며, 송나라 임금의 사나움은 검은 용에 비할 게 아닐 정도입니다. 당신이 수레를 얻을 수 있었던 것은 틀림없이 마침 그가 잠을 자고 있었기 때문일 것이오. 만일 송나라 임금으로 하여금 깨어 있도록 하였다면 당신은 가루가 되었을 것이오."

　人有見宋王者, 錫車十乘, 以其十乘驕穉莊子.
　莊子曰:「河上有家貧恃緯蕭而食者, 其子沒於淵, 得千金之珠. 其父謂其子曰:『取石來鍛之! 夫千金之珠, 必在九重之淵而驪龍頷下,

子能得珠者, 必遭其睡也. 使驪龍而寤, 子尙奚微之有哉!』今宋國
之深, 非直九重之淵也; 宋王之猛, 非直驪龍也; 子能得車者, 必遭其
睡也. 使宋王而寤, 子爲齏粉矣!」

【錫】'賜'와 같은 뜻.
【睥】'교만하다'(驕)의 뜻.
【緯蕭】'緯'는 '葦', 혹 '짜다'(織)의 뜻으로도 봄. '蕭'는 갈대(荻蒿). '갈대를
 엮어 짜다'의 뜻.
【驪龍】검은 색의 용.

239
(32-11) 제물로 쓰일 소

어떤 사람이 장자를 초빙하려 하자 장자가 그 심부름 온 자에게 이렇게 응답하였다.

"당신은 제물로 쓰일 소를 보았을 것이오. 비단으로 수를 놓은 좋은 옷을 입히고 좋은 꼴과 콩을 먹이지만 일단 그 소가 태묘^{大廟}로 끌려 들어갈 때에는 비록 차라리 어미 잃은 외로운 송아지가 되고 싶다 한들 그렇게 될 수 있겠소!"

或聘於莊子. 莊子應其使曰:「子見夫犧牛乎? 衣以文繡, 食以芻菽, 及其牽而入於大廟, 雖欲爲孤犢, 其可得乎!」

【犧牛】 제사에 쓰이는 희생용의 소.
【芻菽】 말이나 소에게 먹이는 꼴과 콩.
【孤犢】 어미를 잃은 외로운 송아지.

참고 및 관련 자료

1.《史記》老莊申韓列傳

楚威王聞莊周賢, 使使厚幣迎之, 許以爲相. 莊周笑謂楚使者曰:「千金, 重利; 卿相,

尊位也. 子獨不見郊祭之犧牛乎? 養食之數歲, 衣以文繡, 以入大廟. 當是之時,
雖欲爲孤豚, 豈可得乎? 子亟去, 無汚我. 我寧游戲汚瀆之中自快, 無爲有國者所羈,
終身不仕, 以快吾志焉.」

2. 《韓詩外傳》 逸文(《太平御覽》 474)

楚襄王遣使者持金千斤, 白璧百雙, 聘莊子欲以爲相. 莊子曰:「獨不見夫入廟之
牲乎? 衣以文繡, 食以芻豢, 出則淸道而行, 止則居帳之內, 此豈不貴乎? 及其不免
於死, 宰執旌居其前, 或持其後, 當此之時, 雖欲爲孤犢, 從雞鼠游, 豈可得乎?
僕聞之: 左手據天下之國, 右手刿其吭, 愚者不爲也.」

3. 기타 참고 자료

《初學記》 27, 《北堂書鈔》 34, 《文選》 鮑明遠「擬古詩」注, 謝希逸「月賦」注,
《白帖》 2, 《莊子》 列禦寇篇, 《世說新語》 文學篇 劉峻注, 《淮南子》 精神訓, 泰族訓,
《文子》 上義篇

240
(32-12) 내 몸은 까마귀와 솔개의 먹이

장자가 장차 죽음에 이르자 제자들이 성대하게 장사지내고자 하였다. 그러다 장자가 말하였다.

"나는 하늘과 땅을 관곽棺槨으로 여기며, 해와 달을 연벽連璧으로 여기며, 별들을 주기珠璣로 삼고, 만물을 장송품葬送品으로 삼으려 한다. 나의 장례 도구가 그래도 갖추어지지 못한 것이 있느냐? 여기에 더 보탤 것이 무엇이 겠느냐?"

제자들이 말하였다.

"저희들은 까마귀나 솔개가 선생님을 파먹을까 두려운 것입니다."

장자가 말하였다.

"위쪽에 두면 까마귀와 솔개의 먹이가 될 것이고, 아래쪽에 묻으면 땅강아지나 개미들이 먹어치울 것이다. 한 쪽이 먹는다고 빼앗아 다른 놈들에게 주는 것인데 어찌 그리 편벽되게 생각하느냐!"

공평치 못한 것으로써 공평하게 하려 하면 공평한 것도 공평하지 못하게 된다. 마찬가지로 자연에 의해 감응하지 않은 것으로써 감응시키려 한다면 그것은 참된 감응이 될 수 없다. 명철한 사람은 외물外物에 사역되는 자에 지나지 않으며, 신지神智를 지닌 사람이야말로 사물에 감응할 수 있다. 무릇 명철함이 신령스러움을 이겨내지 못하는 것은 오래 전부터 그렇다고 알려진 것임에도 어리석은 자는 자기의 견해를 믿고 인간의 기준에 빠져 들어간다. 그들의 공적이라는 것은 다만 외물에만 있는 것이니 역시 슬픈 일이 아닌가!

莊子將死, 弟子欲厚葬之. 莊子曰:「吾以天地爲棺槨, 以日月爲連璧, 星辰爲珠璣, 萬物爲齎送. 吾葬具豈不備邪? 何以加此!」

弟子曰:「吾恐烏鳶之食夫子也.」

莊子曰:「在上爲烏鳶食, 在下爲螻蟻食, 奪彼與此, 何其偏也!」

以不平平, 其平也不平; 以不徵徵, 其徵也不徵. 明者唯爲之使, 神者徵之. 夫明之不勝神也久矣, 而愚者恃其所見入於人, 其功外也, 不亦悲乎!

【棺槨】 고대에는 관을 이중으로 하였으며 안쪽을 관, 바깥쪽을 곽이라 하였음. 內棺外槨.

【齎送】 증송하는 물건. 齎는 '자'로 읽으며 '資'의 뜻.

【螻蟻】 땅강아지나 개미.

33. 천하天下

　'천하天下'는 첫 장의 두 글자로 편명을 삼은 것이다. 장자 당시의 학술에 대한 총평이며 장자학파의 관점에서 당시 사상가들, 즉 묵가墨家, 송견宋銒과 윤문尹文, 팽몽彭蒙, 전병田駢, 신도慎到, 관윤關尹과 노자老子, 그리고 장자莊子 자신과 혜시惠施, 환단桓團, 공손룡公孫龍 등의 사상과 주장에 대하여 그 득실을 조목별로 따지며 포폄褒貶을 가한 것이다. 따라서 선진先秦 제자철학諸子哲學을 연구하는데 아주 귀중한 자료로 높이 평가받고 있다.

　"천하가 크게 어지러워지자 성현聖賢들이 모습을 감추고, 도덕도 통일을 이루지 못하였다. 이에 천하의 사람들은 한 가지 견해라도 더 많이 터득하면 스스로를 뽐내게 되었으니 비유컨대 이것은 이목구비가 각각 나름대로의 분명한 기능을 갖고 있으면서도 서로 통일이 될 수 없는 것과 같게 되었다."

莊子

241
(33-1) 천하 학술이
찢겨지기 시작한 이유

천하에는 방술方術을 닦는 사람이 많다. 그들은 모두 자기가 닦은 것을 더 보탤 것이 없다고 여기고 있다. 그러나 옛날의 이른바 도술이라고 하는 것은 과연 어디에 있었나? 답은 "그것이 존재하지 않은 곳은 없었다"였다. 그렇다면 "신령함은 어디로부터 내려 왔으며 명철함은 어디에서 생겨났는가?" "성덕聖德스러움도 그것이 생겨난 근원이 있고, 왕도王道도 그것이 이루어진 근원이 있으니 모두가 근원은 하나이다"라고 말할 수 있다.

대종大宗으로부터 떠나지 않은 자를 '천인'天人이라 하며, 정수精髓로부터 분리되지 않은 자를 '신인'神人이라 하고, 진리로부터 멀어지지 않는 자를 '지인'至人이라 한다. 그리고 하늘을 대종으로 삼고 덕을 근본으로 삼으며 도를 문으로 삼아 만물의 변화를 살피는 사람을 '성인'聖人이라 하며, 인仁을 은혜로운 것으로 여기고 의義를 이치로 삼으며 예禮를 행동 규범으로 삼고 악樂을 조화로 여겨 그윽한 향기를 뿜듯 인자한 사람을 '군자'君子라 일컫는다.

그리고 법으로 구분을 삼으며 이름을 겉을 삼고 참고하는 것으로 징험을 삼고, 고찰함으로 결단을 삼아 그 확실함이 하나, 둘, 셋, 넷 하고 세는 것처럼 분명하게 하여 관리들이 서로 어울려 그러한 일을 수행하는 것을 상례로 여기되 먹고 입는 것을 위주로 하며, 가축을 늘리고 재물을 모으며, 노인과 어린아이, 외로운 사람과 과부들을 보살펴 부양하는 것은 바로 백성들이 살아가는 이치이다.

옛날 사람들은 본성을 완비하고 있었도다! 그들은 신명과 합치되고, 천지와 어울려 만물을 길렀으며, 천하의 사람들이 화합하여 그 은택이 온 백성들에게 미쳤으며 근본 원리에 밝았고, 말단의 법도도 잘 적용시켰다. 그리하여 그들의 도는 육합과 사방으로 통하고, 크고 작고, 가늘고, 굵은 모든 사물의 운행에 적용되지 않는 것이 없었다. 그것이 분명하게 원리와 법도로 나타나 있는 것은 옛날의 법과 대대로 전해오는 사서史書들이다. 또 그것이 시詩, 서書, 예禮, 악樂에 기록되었다는 것은 추로鄒魯의 선비들과 진신搢紳의 선생들이 거의 모두 밝혀 놓았다. 시는 뜻을 서술하였고, 서는 사실을 서술하였으며, 예는 행실을 서술하였고, 악은 조화를 서술하였으며, 역易은 음양의 변화를 서술한 것이며, 춘추春秋는 명분名分을 서술한 것이다. 그 도는 온 천하에 널리 퍼져 중국中國에 알려졌으며 백가百家들의 학문 가운데 간혹 그것을 내세워 말하는 자도 있었다.

천하가 크게 어지러워지자 성현聖賢들이 모습을 감추고, 도덕도 통일을 이루지 못하였다. 이에 천하의 사람들은 한 가지 견해라도 더 많이 터득하면 스스로를 뽐내게 되었으니 비유컨대 이것은 이목구비가 각각 나름대로의 분명한 기능을 갖고 있으면서도 서로 통일이 될 수 없는 것과 같게 되었다. 곧 백가들의 여러 가지 재주들이 모두 나름대로의 뛰어난 바를 가지고 있어 때에 따라 활용되고 있음도 마찬가지이다. 비록 그렇다고는 하지만 그들은 모든 것을 갖추지도 못하였고, 모든 일에 두루 미칠 수도 없는 한쪽에 치우친 학문을 수행한 사람들이다. 그들은 천지의 아름다움을 판단하고, 만물의 이치를 분석하기도 하였다. 옛날의 온전하였던 사람들을 살펴보아도 천지의 아름다움을 갖추고 신명스러운 모습을 구비하고 있다고 칭할 만한 자가 드물다. 이 까닭으로 안으로 성덕聖德을 간직하고 밖으로 왕도王道를 실행하는 도라는 것은 어둡기만 할 뿐 분명하지 않았으며, 꽉 막힌 채 계발하지는 못하였다. 천하의 사람들은 각기 자신이 좋아하는 대로 일을 하며 스스로를 방도로 삼았다. 안타깝도다. 백가들은 자신이 뜻하는 쪽으로만 나아갈 뿐, 근본으로 되돌아 올 줄 몰라 결국 합당함을 이루지 못하고 말았으니! 후세의 학자들은 불행히도 하늘과 땅의 순수함이나 옛 사람의 대체大體를 보지 못하고 있으니 도술은 천하의 학자들에 의해 찢겨져 버리고 말았던 것이다.

天下之治方術者多矣, 皆以其有爲不可加矣. 古之所謂道術者, 果惡乎在? 曰:「无乎不在.」曰:「神何由降? 明何由出?」「聖有所生, 王有所成, 皆原於一.」

不離於宗, 謂之天人. 不離於精, 謂之神人. 不離於眞, 謂之至人. 以天爲宗, 以德爲本, 以道爲門, 兆於變化, 謂之聖人. 以仁爲恩, 以義爲理, 以禮爲行, 以樂爲和, 薰然慈仁, 謂之君子. 以法爲分, 以名爲表, 以參爲驗, 以稽爲決, 其數一二三四是也, 百官以此相齒, 以事爲常, 以衣食爲主, 以蕃息畜藏爲意, 老弱孤寡皆有以養, 民之理也.

古之人其備乎! 配神明, 醇天地, 育萬物, 和天下, 澤及百姓, 明於本數, 係於末度, 六通四辟, 小大精粗, 其運无乎不在. 其明而在數度者, 舊法世傳之史, 尙多有之. 其在於詩書禮樂者, 鄒魯之士搢紳先生, 多能明之. 詩以道志, 書以道事, 禮以道行, 樂以道和, 易以道陰陽, 春秋以道名分. 其數散於天下而設於中國者, 百家之學時或稱而道之.

天下大亂, 賢聖不明, 道德不一, 天下多得一察焉以自好. 譬如耳目口鼻, 皆有所明, 不能相通. 猶百家衆技也, 皆有所長, 時有所用. 雖然, 不該不徧, 一曲之士也. 判天地之美. 析萬物之理, 察古人之全, 寡能備於天地之美, 稱神明之容. 是故內聖外王之道, 闇而不明, 鬱而不發, 天下之人各爲其所欲焉以自爲方. 悲夫, 百家往而不反, 必不合矣! 後世之學者, 不幸不見天地之純, 古人之大體, 道術將爲天下裂.

【方術】학술. 특정 분야의 학문.
【道術】우주 본체와 인간 본원에 대하여 연구하는 학문.
【相齒】마치 이빨이 순서대로 나듯이 서열을 이룸.
【醇天地】천지를 기준으로 함. '醇'은 '準'과 같음. 疊韻互訓.

【鄒魯之士】儒家를 가리킴. 鄒는 孟子의 출생국, 魯는 공자의 출생국. 모두 지금의 山東省 지역이었음.

【搢紳】搢은 笏을 꽂음을 뜻하며 紳은 넓은 허리띠를 가리킴. 儒家의 복장을 뜻함. 넓은 의미로 유가를 지칭함.

【一曲】한쪽 끝에만 매달림.

참고 및 관련 자료

1. "詩以道志, 書以道事, 禮以道行, 樂以道和, 易以道陰陽, 春秋以道名分"의 27자는 뒷사람의 注文이 正文으로 잘못 삽입된 것으로 보고 있다. 馬叙倫은 "詩以道志以下六句, 疑古注文, 傳寫誤爲正文"이라 하였고, 張恒壽는 "馬叙倫義證謂系古注雜入正文. 按上文只講詩書禮樂, 這裡忽然增加易春秋合爲六經, 顯示後人增入. 上文三句: '其名而在度數者', '其在於詩書禮樂者', '其散於天下而設於中國者', 皆同類句法, 這裡多加此六語, 似不相稱, 馬說甚是"라 하였다.

242
(33-2)
묵가의 학문

    후세에 사치하지 않도록 하며, 만물을 꾸며대지 아니하며, 법도를 밝힐 필요가 없으며, 이의仁義로 스스로를 고무하며, 세상의 환난에 대비하는 것. 옛날의 도술에도 이와 같은 것이 있었다. 묵적墨翟과 금골리禽滑釐는 그러한 가르침을 듣고 기뻐하였으나 그것을 지나치게 실행하려 하였고, 그것을 지나치게 절제하려 하였다. 그들은 음악을 부정하면서 그 명분을 절용節用이라 하였다. 살아서는 노래를 부르지 않았고, 죽어서도 상복을 입지 않았다. 묵자는 널리 사람들을 사랑하고 두루 사람들을 이롭게 하였으며 싸움이라는 것도 있어서는 안 되는 것이라 주장하였다. 그의 도는 노하지 아니하고, 널리 배우기를 좋아하였으며 남과 다르다는 개념을 부정하였다. 선왕先王과는 달리 옛날의 예악禮樂을 훼손하였다. 황제黃帝에게는 함지咸池, 요堯에게는 대장大章, 순舜에게는 대소大韶, 우禹에게는 대하大夏, 탕湯에게는 대호大護, 문왕文王에게는 벽옹辟雍, 무왕武王과 주공周公에게는 무武라는 음악이 있었다.

    옛날의 상례喪禮는 귀천貴賤에 따라 그 의식이 달랐고, 신분의 상하에 따라 등급이 있었다. 천자는 관곽棺槨이 일곱 겹이었으며, 제후는 다섯 겹, 대부는 세 겹, 사士는 두 겹이었다. 지금 묵자만이 홀로 살아서 노래하지도 않고, 죽어서 상복을 입지도 않았으며 오동나무 관은 세 치 두께였으며 곽은 사용하지 않았으며 이를 규정으로 삼았다. 그러나 이러한 방식으로 남을 가르치다 보면 아마 사람들은 남을 사랑하지 않게 될 것이다. 이런 식으로 자신이 행동하다 보면 틀림없이 자신도 사랑하지 않게 될 것이다.

묵자의 도를 훼방할 뜻은 없다. 비록 그렇기는 하나 노래를 해야 할 때 노래하지 않고, 곡을 해야 할 때에도 곡을 하지 않고, 즐거워해야 할 때에도 즐거워하지 않는다면 이것을 과연 인정에 가까운 것이라고 할 수 있겠는가! 그들은 살아서는 부지런히 일만 하고 죽어서는 장사도 지내지 않으니, 그들이 말하는 도라는 것은 너무도 각박한 것이며, 사람으로 하여금 근심하도록 하고, 슬프게 느끼도록 하는 것으로 그러한 일은 실행하기도 어려운 것이다. 그러한 학설을 두고 성인의 도라고 하기는 어렵지 않나 생각한다. 천하 사람들의 마음에 거슬리고 천하 사람들이 감당할 수 없는 일이다. 비록 묵자 자신은 이것을 실행할 수 있었다 하더라도 천하 사람들은 어쩌란 것인가! 천하의 마음에서 떠나 있다면 그것은 왕도王道로부터 멀리 떨어져 있는 것이다.

묵자는 자신의 도에 대하여 이렇게 말하였다.

"옛날 우禹는 홍수를 막아 강江과 하河의 물을 터서 사이四夷와 구주九州를 소통시켰다. 그 때에 치수한 이름난 물이 3백 개였고, 지류는 3천이었으며 그밖에 많은 작은 물줄기는 수를 헤아릴 수도 없다. 우는 친히 삼태기와 가래를 들고 천하의 냇물을 모아 바다로 흘러들게 하였다. 그 때문에 장딴지에는 살이 없었고 정강이에는 털이 닳아 없어졌다. 장맛비에 목욕하고 모진 바람을 빗질로 삼아 만국萬國을 설치해 주었던 것이다. 우임금은 위대한 성인이면서도 그 육신은 천하를 위해 이처럼 수고롭게 하였던 것이다."

그리고는 후세의 묵자 제자들에게 가죽옷과 거친 갈포로 옷을 입게 하고, 나막신과 짚신을 신도록 하여 밤낮으로 쉬지 않고 자신을 괴롭히는 것을 지극한 것이라 여기도록 하였다. 그러면서 그는 "능히 이와같이 할 수 없다면 우의 도가 아니니 묵가라 이르기에 부족하다"라고 하였다.

상리근相里勤의 제자 오후五侯의 무리 및 남방의 묵가 고획苦獲, 기치己齒, 등릉자鄧陵子 같은 무리들은 모두가 묵자의 책을 읽었으면서도 서로 등진 채 그 주장이 같지 않아, 상대방을 별파別派라고 부르고, 견백동이堅白同異의 궤변으로 서로 헐뜯으며, 혹은 홀로, 혹은 끼리끼리 모여 이치에 맞지도 않는 말로 서로를 대하였다. 그리고 거자巨子를 성인이라 하고, 모두가 묵가의 종주가 되어 후세 묵가의 후계자가 되기를 원하는 일이 지금까지도 해결되지 못하고 있다.

묵적과 금골리의 생각이 옳기는 하나 그들의 행동은 그릇된 것이다. 장래에 후세의 묵자들로 하여금 스스로 고통을 자초하여 장딴지에는 살이 없고, 정강이에는 털이 없도록 서로 앞서나가도록 경쟁을 시켰을 따름이다. 그들은 천하를 어지럽힌 죄는 많고 천하를 다스리는 공은 적다. 비록 그렇다고는 하나 묵자는 진정으로 천하를 사랑하여 도를 추구하되 얻지 못하면 비록 그 몸이 아무리 여위었어도 그만두지 않았으니 그는 재사才士임에는 틀림없도다!

不侈於後世, 不靡於萬物, 不暉於數度, 以繩墨自矯, 而備世之急; 古之道術有在於是者. 墨翟禽滑釐聞其風而說之. 爲之大過, 已之大循. 作爲非樂, 命之曰節用; 生不歌, 死无服. 墨子氾愛兼利而非鬪, 其道不怒; 又好學而博, 不異, 不與先王同, 毁古之禮樂.

黃帝有咸池, 堯有大章, 舜有大韶, 禹有大夏, 湯有大濩, 文王有辟雍之樂, 武王周公作武. 古之喪禮, 貴賤有儀, 上下有等, 天子棺槨七重, 諸侯五重, 大夫三重, 士再重. 今墨子獨生不歌, 死不服, 桐棺三寸而无槨, 以爲法式. 以此教人, 恐不愛人; 以此自行, 固不愛己. 未敗墨子道, 雖然, 歌而非歌, 哭而非哭, 樂而非樂, 是果類乎? 其生也勤, 其死也薄, 其道大觳; 使人憂, 使人悲, 其行難爲也, 恐其不可以爲聖人之道, 反天下之心, 天下不堪. 墨子雖獨能任, 奈天下何! 離於天下, 其去王也遠矣.

墨子稱道曰:「昔者禹之湮洪水, 決江河而通四夷九州也, 名川三百, 支川三千, 小者无數. 禹親自操槖耜而九雜天下之川; 腓无胈, 脛无毛, 沐甚雨, 櫛疾風, 置萬國. 禹大聖也, 而形勞天下也如此.」

使後世之墨子, 多以裘褐爲衣, 以跂蹻爲服, 日夜不休, 以自苦爲極, 曰:「不能如此; 非禹之道也, 不足謂墨.」

相里勤之弟子, 五侯之徒, 南方之墨子苦獲·己齒·鄧陵子之屬,
俱誦墨經, 而倍譎不同, 相謂別墨; 以堅白同異之辯相訾, 以觭偶不
件之辭相應; 以巨子爲聖人, 皆願爲之尸, 冀得爲其後世, 至今不決.

墨翟·禽滑釐之意則是, 其行則非也. 將使後世之墨者, 必自苦以
腓无胈脛无毛, 相進而已矣. 亂之上也, 治之下也. 雖然, 墨子眞天下
之好也, 將求之不得也, 雖枯槁不舍也, 才士也夫!

【靡】'糜'와 같으며 '浪費하다'의 뜻.

【墨翟】墨子. 魯나라 사람으로 非攻, 兼愛, 非樂, 節用 등을 주창함. 지금 전하는
《묵자》는 모두 53편으로 되어 있음.

【禽滑釐】묵자의 제자. 처음에는 子夏에게 학문을 배웠으나 뒤에 묵자의 학술을
쫓음. '금활리'로도 읽음.

【咸池·大章·大韶·大夏·大濩·辟雍·武】모두 고대 각 왕조의 성인들 시대의
음악 이름.

【觳】각박함.

【臿耜】臿은 흙을 퍼 담는 기구. 耜는 보습, 따비 등 농기구.

【腓无胈】腓는 종아리. 胈은 흰 살.

【跂蹻】나막신(屐)과 짚신(草鞋).

【相里勤】인명. 남방 墨家 일파의 영수.《韓非子》顯學篇에 "自墨子之死也, 有相
里氏之墨, 有相夫氏之墨, 有鄧陵氏之墨. ……墨離爲三, 取舍相反不同"이라
하였음.

【五侯】인명. '伍侯'로도 씀.

【苦獲·己齒】인명. 두 사람 모두 남방 묵가의 인물.

【墨經】《묵자》중 제 10권의 經(上下) 두 편을 가리킴.

【堅白異同】원래 名家의 학설이며 이는 당시 각 학파에서 모두 철학 명제로
널리 거론되었음.

【觭偶】奇偶와 같음. 奇數와 偶數. 당시 널리 유행하던 변론의 주제. 명제.

【巨子】'鉅子'로도 표기하며 묵가 단체의 우두머리를 일컫는 말.

243
(33-3)
송견宋銒과 윤문尹文

　세속에 얽매이지 아니하며 사물을 꾸미지 아니하며, 남에게 구차하게 굴지 아니하고, 세상 사람들을 거스르지 않으면서 천히가 평안하고 백성들이 잘 살아주기를 바라는가 하면, 남도 나와 같이 모두 의식이 족하여 그칠 때 그치는 것을 두고 이로써 깨끗한 마음으로 삼았던 옛날 도술을 닦던 사람이 있었다.

　송견宋銒이나 윤문尹文은 이런 이야기를 듣고 즐거워하였다. 그들은 화산관華山冠을 만들어 씀으로써 자기들 학파임을 표현하였다. 그들은 만물을 접하면서 이를 구별하는 것을 시작으로 하고 마음이 용납되는 것을 마음의 행위라 하였다. 서로 친숙함으로써 다같이 즐거움을 삼고, 그로써 온 해내海內를 조화시키며, 정욕을 적게 갖는 것을 위주로 하였다. 남에게 모욕을 받아도 치욕으로 생각하지 아니하고, 백성들 사이의 싸움을 멈추게 하되 공격을 금하고 무기를 없앰으로써 세상의 싸움을 없애려 하였다. 이러한 주장을 온 천하에 두루 유포시키려고 윗사람들을 설득하고 아랫사람들을 교화시켰다. 천하의 사람들이 비록 그 주장을 받아들이지 않았어도 자신들의 강변을 그만두지 않았다.

　그래서 임금과 백성이 모두 싫어하는데도 억지로 자기들 주장을 내세웠다고 말하는 것이다.

　비록 그렇기는 하나 그들은 지나칠 정도로 남에게 잘 대해 주었으며 자신들을 위하는 일은 극히 적었다. 그들은 "사람의 정욕이 적다면 하루에 다섯 되 정도의 밥만 있어도 족히 살아갈 수 있다"라고 하였다.

선생 송견이나 윤문이 배불리 못 먹었을 뿐 아니라 그 제자들도 주렸으나 그들은 천하를 잊지 않았다. 그리고 밤낮으로 쉬지 않으면서 이렇게 말하였다.

"우리는 반드시 모두를 살려내리라!"

이 얼마나 구세주를 의도하는 오만함인가!

또 그들은 이렇게 말하였다.

"군자는 구차하게 사물을 자세히 살피고 따져서는 안되며 자신을 위해 사물을 빌려 써서도 안 된다."

그들은 천하에 무익한 것에 대하여는 차라리 전혀 관심을 두지 않느니만 못하다고 여겼다. 그들은 공격을 금하고 전쟁을 없애는 것을 밖으로 할 일로 삼고 정욕을 줄여 적게 하는 것으로 안으로 할 일로 여겼다. 그들의 주장은 대소大小와 정조精粗의 차이가 있기는 하지만 그들의 벼리가 되는 행동은 이 정도에 이르러 멈추고 말았다.

不累於俗, 不飾於物, 不苛於人, 不忮於衆, 願天下之安寧以活民命, 人我之養畢足而止, 以此白心, 古之道術有在於是者. 宋銒尹文聞其風而悅之. 作爲華山之冠以自表, 接萬物以別宥爲始; 語心之容, 命之曰心之行, 以聏合驩, 以調海內, 請欲置之以爲主. 見侮不辱, 救民之鬪, 禁攻寢兵, 救世之戰. 以此周行天下, 上說下敎, 雖天下不取, 強聒而不舍者也, 故曰上下見厭而強見也.

雖然, 其爲人太多, 其自爲太少; 曰: 「請欲固置五升之飯足矣.」

先生恐不得飽, 弟子雖飢, 不忘天下.

日夜不休, 曰: 「我必得活哉!」

圖傲乎救世之士哉! 曰: 「君子不爲苛察, 不以身假物.」

以爲无益於天下者, 明之不如已也. 以禁攻寢兵爲外, 以情欲寡淺爲內, 其小大精粗, 紀行適至是而止.

【宋鈃】《맹자》에는 '宋牼'으로 표기되어 있으며 齊 宣王 때 稷下學士로 宋나라 출신이었음. 《莊子》에는 '宋榮子'로도 표기하였음. 《漢書》 藝文志에 《宋子》 18편이 저록되어 있으나 지금은 전하지 않음. 원래는 '송형'으로 읽음.

【以聏合驩】 '聏'는 '매우 친절하게 대하다'의 뜻이며 '부드러운 태도로 남의 환심에 동조함'을 뜻함.

【先生恐不得飽】 여기서의 선생은 宋鈃이나 尹文을 가리킴.

244
(33-4)

팽몽彭蒙, 전병田騈, 신도愼到

공평히 하여 무리를 짓지 아니하고 평이하되 사사로운 마음을 갖지 않으며, 결연히 주장을 내세우지 아니하며, 사물을 따르되 두 가지 뜻을 가지지 않는다. 깊은 생각을 떠올리지도 않고 모책을 추구하지도 않으며 사물에 대하여 선택하지도 않으며 만물과 함께 살아가는 것, 옛날 도술을 닦던 사람들 중에는 이런 모습을 지녔던 사람이 있었다. 팽몽彭蒙, 전병田騈, 신도愼到는 이러한 이야기를 듣고 즐거워하였다.

그들은 만물은 다 같은 것이라는 주장을 가장 높이 내세우며 이렇게 말하였다.

"하늘은 만물을 덮어 주기는 하지만 그것을 싣고 있을 수는 없다. 땅은 만물을 싣고 있지만 그것을 덮을 수는 없다. 대도大道는 모든 것을 포용하기는 하지만 능히 말로 표현할 수 없다."

그들은 모든 사물에는 가능한 일이 있으며 동시에 불가능한 일도 있음을 알고 있었다. 그래서 이렇게 말하였다.

"자신의 생각에 따라 사물을 선택하면 사물을 모두 감쌀 수가 없고, 말로 도를 가르치면 온전히 전할 수가 없다. 도는 모든 것을 빠짐없이 포용하는 것이기 때문이다."

이 까닭으로 신도는 지혜를 버리고 자아를 버린 채 부득이함을 따라 행동하였고, 사물에 대해서는 되는 대로 따르는 것을 도리라 여겼다.

그는 이렇게 말하였다.

"알지 못하는 것을 알고자 하는 것은 장차 그 아는 것으로부터 닦달을 받아 그 뒤에는 결국 자신을 손상하는 것이 되고 만다."

그는 만물의 정황을 따르면 그뿐, 아무 것도 책임질 일이 없다고 여겼으며 천하 사람들이 현자賢者를 숭상하는 것을 비웃었다. 그는 방자한 행동으로 천하의 위대한 성인을 비난하고, 망치로 두드려 둥글게 깎은 듯 사물과 더불어 함께 빙빙 돌며, 옳고 그름도 접어두고 구차하게 따지려 들지 않았다. 지혜와 사려를 앞세우지 아니하고, 앞뒤도 알고자 하지 아니하였으며, 우뚝하게 살았을 뿐이었다. 떠밀린 이후에야 가고 잡아 끌린 뒤에야 움직여 마치 회오리바람이 돌아가듯, 깃털이 바람에 날리며 선회하듯, 맷돌이 돌아가듯, 온전히 하되 그른 데가 없었고, 동정動靜에도 허물이 없었으며 결코 죄를 짓는 일도 없었다. 이찌하여 그럴 수 있었겠는가? 지각이 없는 사물은 자신을 내세워 환난을 조성하지 않는다. 지혜를 쓰느라 번거로움을 당할 이유도 없었고, 동정에 이치를 떠나지 않았으니 이 까닭으로 종신토록 영예 같은 것도 없었다.

그 때문에 그는 이렇게 말하였다.

"지각이 없는 사물처럼 되고자 하였을 뿐이다. 성현의 지혜도 아무런 쓸모 없는 것이다. 무릇 흙덩이는 지각이 없지만 도道를 잃는 법이 없다."

호걸들은 서로 이것을 비웃으며 이렇게 말하였다.

"신도의 도는 살아 있는 인간이 행할 바가 아니라 죽은 사람에게나 어울릴 이치이다. 괴이히 여기기에 족할 뿐이다."

전변도 역시 그러하였다. 그는 가르치지 않는 배움을 터득하였다. 팽몽의 스승은 이렇게 말하였다.

"옛날에 도를 닦는 사람들에게는 옳은 것도 그른 것도 없는 경지에 이르렀다. 그 가르침은 종잡을 수가 없는 것이었으니 어찌 말로써 표현할 수가 있겠는가?"

그는 항상 사람들의 생각을 거꾸로 뒤집으면서도 남이 자신을 보아주기를 바라지도 않았다. 그러나 자기의 생각으로 판단하는 것은 벗어나지 못하였던 것이다. 그가 말한 도는 참된 도가 아니며, 그가 말한 옳은 것이란 결국 그른 것이 아닐 수 없는 것이다.

팽몽, 전병, 신도는 도를 알고 있지는 못하였다. 비록 그렇기는 하나 그래도 그들은 대체로 모두 도에 대하여 들어 본 사람들이다.

公而不黨, 易而无私, 決然无主, 趣物而不兩, 不顧於慮, 不謀於知, 於物无擇, 與之俱往, 古之道術有在於是者. 彭蒙田駢愼到聞其風而悅之.

齊萬物以爲首, 曰:「天能覆之而不能載之, 地能載之而不能覆之, 大道能包之而不能辯之.」

知萬物皆有所可, 有所不可, 故曰:「選則不徧, 敎則不至, 道則无遺者矣.」

是故愼到棄知去己, 而緣不得已, 泠汰於物, 以爲道理, 曰:「知不知, 將薄知而後鄰傷之者也.」

謑髁无任, 而笑天下之尚賢也; 縱脫无行, 而非天下之大聖. 椎拍輐斷, 與物宛轉, 舍是與非, 苟可以免. 不師知慮, 不知前後, 魏然而已矣. 推而後行, 曳而後往, 若飄風之還, 若落羽之旋, 若磨石之隧, 全而无非, 動靜无過, 未嘗有罪. 是何故? 夫无知之物, 无建己之患; 无用知之累, 動靜不離於理, 是以終身无譽.

故曰:「至於若无知之物而已, 无用賢聖, 夫塊不失道.」

豪桀相與笑之曰:「愼到之道, 非生人之行而至死人之理, 適得怪焉.」

田駢亦然, 學於彭蒙, 得不敎焉. 彭蒙之師曰:「古之道人, 至於莫之是莫之非而已矣. 其風窢然, 惡可而言?」

常反人, 不見觀, 而不免於魭斷. 其所謂道非道, 而所言之韙不免於非.

彭蒙田駢愼到不知道. 雖然, 槪乎皆嘗有聞者也.

【公而不黨】일부 판본에는 '公而不當'으로 되어 있음.

【彭蒙】齊나라의 은자이며 稷下學士의 하나.

【田駢】역시 齊나라 사람으로《漢書》藝文志 道家에《田子》25편이 저록되어 있으나 지금은 전하지 않음. '천변'으로도 읽음.

【愼到】조나라 사람으로 법가의 하나.《漢書》藝文志에《愼子》42편이 저록되어 있으나 지금 전하는 것은 5편이며 이는 후인이 輯佚한 것임.

【誸髁】순종함을 뜻함.

【椎拍輐斷】순순히 잘 따름. '輐斷'은 첩운연면어. 뒤의 '髡斷'도 같은 표현임.

【窢然】'窢'은 '寂'과 같음.

【䮭】'是'와 같음.

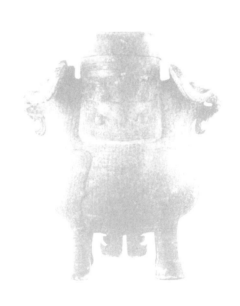

245
(33-5)
관윤關尹과 노담老聃

　만물의 근본을 정순精純한 것으로 여기고, 형체가 있는 사물은 조잡하다고 여기며, 부를 축적해도 부족하다 여기고, 담담하게 홀로 신명과 함께 거하는 것, 옛날의 도술이란 이런 정도였다.

　관윤關尹과 노담老聃은 이런 가르침을 듣고 기뻐하였으며 언제나 아무 것도 없는 허무의 경지를 내세우고 만물과 하나가 되는 태일太一을 으뜸으로 삼았다. 연약하고 겸손한 것으로 외표外表를 삼고 텅 비워두어 만물을 훼손하지 않는 것을 그 실질로 삼았다.

　관윤이 말하였다.

　"나에게는 일정한 정처라는 것이 없으며, 외물外物에 따라 스스로의 행동을 드러낼 뿐입니다. 그 움직임은 물과 같고, 그 고요함은 거울과 같으며, 호응하기로는 메아리와 같고, 황홀하여 존재하지 않는 듯하며, 적막하여 맑은 물과 같이 됩니다. 이에 동화되는 사람은 자연과 조화를 이루지만 이런 경지를 얻고자 의도하면 잃게 되지요."

　그리하여 그는 남보다 앞장선 적이 없으며 항상 남을 따랐다.

　노담은 이렇게 말하였다.

　"자신이 수컷처럼 강하다는 것을 알면서도 암컷처럼 연약함을 지키면 물이 골짜기로 모이듯 천하의 사람들의 귀의하게 되지요. 그 자신이 결백하다는 것을 알면서도 욕을 입어도 될 것임을 지켜내면 골짜기로 물이 모이듯이 천하가 귀의하게 되지요."

사람들은 모두 앞서려 할 때 그는 홀로 남보다 뒤처지려 하였다. 그는 또 천하의 묵은 때를 모두 받아들이라고 하였다. 그리하여 사람들이 모두가 알맹이만 요구할 때 그는 홀로 텅 빈 것을 취하였으며 저장하는 것이 없었기에 언제나 모든 것에 여유가 있었고, 그 자신이 몸소 행할 때는 느리게 하였으므로 힘을 낭비하지 않아도 되었다. 그리고 작위를 내세우지 않았기에 교묘한 것에 대하여는 비웃음으로 치부하였다. 사람마다 모두 복을 구할 때 그는 홀로 도리에 따라 스스로를 온전하게 지니려 하였다. 그러면서 그는 그저 허물에서 면하기만 하면 된다라고 하였다. 심원함을 본으로 삼고 간략함을 벼리고 삼았다. 그는 또 굳은 것은 깨어지게 마련이며, 날카로운 것은 꺾이게 미련이라고 하였다. 그는 언제나 외물을 너그럽게 포용하고 남을 깎아 내리지 않았으니 과연 지극한 경지에 올랐다고 할 만하다. 관윤과 노담이여! 옛날의 넓고 위대한 진인眞人이었도다!

以本爲精, 以物爲粗, 以有積爲不足, 澹然獨與神明居, 古之道術 有在於是者.

關尹老聃聞其風而悅之. 建之以常无有, 主之以太一, 以濡弱謙下 爲表, 以空虛不毀萬物爲實.

關尹曰:「在己无居, 形物自著. 其動若水, 其靜若鏡, 其應若響, 芴乎若亡, 寂乎若淸. 同焉者和, 得焉者失. 未嘗先人而常隨人.」

老聃曰:「知其雄, 守其雌, 爲天下谿; 知其白, 守其辱, 爲天下谷.」

人皆取先, 己獨取後, 曰受天下之垢; 人皆取實, 己獨取虛, 无藏也 故有餘; 其行身也, 徐而不費, 无爲也而笑巧; 人皆求福, 己獨曲全, 曰苟免於咎. 以深爲根, 以約爲紀, 曰堅則毀矣, 銳則挫矣. 常寬於物, 不削於人, 可謂至極. 關尹老聃乎! 古之博大眞人哉!

【關尹】 관윤자. 函谷關에서 老子를 만나 《도덕경》 5천 여자를 써 줄 것을 부탁했던 인물. 105 참조.

【濡弱】 '柔弱'과 같음.

【曲全】 《노자》 22장의 "曲則全"의 뜻.

【堅則毁矣】 《노자》 76장의 "堅强者死之道"와 9장의 "揣而銳之, 不可長保"의 뜻과 같음.

1. 《老子》 22장

曲則全, 枉則直, 窪則盈, 敝則新, 少則得, 多則惑. 是以聖人抱一爲天下式. 不自見, 故明; 不自是, 故彰; 不自伐, 故有功; 不自矜, 故長. 古之所謂曲則全者, 豈虛言哉! 誠全而歸之.

2. 《老子》 76장

人之生也柔弱, 其死也堅强. 萬物草木之生也柔脆, 其死也枯槁. 故堅强者死之徒, 柔弱者生之徒. 是以兵强則不勝, 木强則兵. 强大處下, 柔弱處上.

3. 《老子》 9장

持而盈之, 不如其已; 揣而銳之, 不可長保. 金玉滿堂, 莫之能守; 富貴而驕, 自遺其咎. 功成身退, 天之道.

4. 《列子》 仲尼篇

關尹喜曰:「在己無居, 形物其箸. 其動若水, 其靜若鏡, 其應若響. 故其道若物者也. 物自違道, 道不違物. 善若道者, 亦不用耳, 亦不用目, 亦不用力, 亦不用心. 欲若道而用視聽形智以求之, 弗當矣. 瞻之在前, 忽焉在後; 用之彌滿, 六虛廢之, 莫知其所. 亦非有心者所能得遠, 亦非無心者所能得近. 唯黙而得之而性成之者得之. 知而亡情, 能而不爲, 眞知眞能也. 發無知, 何能情? 發不能, 何能爲? 聚塊也, 積塵也, 雖無爲而非理也.」

246
(33-6) 나 자신 장자의 생각

　황홀하고 적막하여 형체가 없고, 변화는 무상하며, 삶과 죽음이 함께하며 하늘과 땅이 병존하며 신명에 따라 움직여 가노다! 망연히 어디로 가는 것인지, 황홀하게 어디로 가는 것인지, 만물을 모두 망라하고는 있지만 족히 돌아갈 곳이 없으니 옛날의 도술에도 이런 것이 있었다.

　장주莊周는 이 가르침을 듣고 즐거워하였다. 그는 아득하여 허원한 이야기와 황당무계한 말, 그리고 단서도 끝도 없는 언사로 이를 논하였다. 때로는 제멋대로 방자하게 굴되 치우치는 일이 없었고, 어느 한쪽 편만으로 그것을 드러내지도 않았다. 그는 지금 천하는 침체하고 혼탁하여 더불어 올바른 이론들을 펴 볼 수가 없다고 여겼다. 그리하여 치언卮言들을 끝없이 늘어놓고, 중요한 인물들에 가탁한 중언重言을 진실이라 믿게 하며, 우언寓言을 널리 펴나갔다. 그 홀로 천지의 정수와 신명과 더불어 왕래하고, 만물을 오만하게 보는 태도는 취하지 않았으며, 시비를 가려 꾸짖지 않았고, 다만 세속과 더불어 함께 처하였다.

　그가 쓴 책은 비록 내용이 특이하기는 하였으나 시원하게 흘러 사람의 마음을 손상시키지는 않았다. 그의 말은 참치參差하되 흥미가 있어 읽어 볼 만하였다. 그는 자기 마음 속이 꽉 차 밖으로 흘러나오는 것을 글로 써내지 않을 수 없었던 것이다. 위로는 조물자造物者와 더불어 노닐고, 아래로는 죽음과 삶의 밖에서 시작도 끝도 없는 자를 친구로 삼고 있었다. 그의 근본은 광대하고도 탁 트였으며, 심원하고도 크며 자유로웠다. 그의 대종大宗은 조밀하게 조화를 이루고 있어 위로 최고의 도에 닿아 있었다. 비록 그렇지만 그는 자연의 변화에 순응하고 외물에 대한 집착은 풀어버려 그 이치는 다함이 없었다. 그것은 미래에도 잘못될 수 없는 것이며 망망하고 아득하여 다할 수가 없는 것이었다.

芴漠无形, 變化无常, 死與生與, 天地並與, 神明往與! 芒乎何之, 忽乎何適, 萬物畢羅, 莫足以歸, 古之道術有在於是者.

莊周聞其風而悅之. 以謬悠之說, 荒唐之言, 无端崖之辭, 時恣縱而不儻, 不以觭見之也. 以天下爲沈濁, 不可與莊語, 以巵言爲曼衍, 以重言爲眞, 以寓言爲廣. 獨與天地精神往來而不敖倪於萬物, 不譴是非, 以與世俗處.

其書雖瓌瑋而連犿无傷也. 其辭雖參差而諔詭可觀. 彼其充實不可以已, 上與造物者遊, 而下與外死生无終始者爲友. 其於本也, 弘大而辟, 深閎而肆; 其於宗也, 可謂稠適而上遂矣. 雖然, 其應於化而解於物也, 其理不竭, 其來不蛻, 芒乎昧乎, 未之盡者.

【芴漠】芴은 惚과 같음. 황홀하고 막막하며 아득함을 뜻함.

【風】'諷'과 같음. 가르침. 비유를 뜻함.

【謬悠】虛遠함을 뜻하는 첩운어.

【荒唐】광대무변함을 뜻하는 첩운어.

【巵言】아무런 작위 없이 내놓는 말. 200의 주를 참조할 것.

【曼衍】慢衍으로도 표기하며 역시 常規에 얽매이지 않음을 표현하는 첩운어.

【敖倪】傲睨의 다른 표기. 오만하게 바라봄.

【瓌瑋】아주 특이함을 표현하는 첩운연면어.

【連犿】역시 混融함을 표현하는 첩운어.

【參差】가지런하지 않으나 알맞은 크기가 서로 어울린 모습을 표현하는 쌍성연면어.

【諔詭】기이함을 표현하는 연면어. 〈제물론〉의 '弔詭'와 같음.

247
(33-7)
혜시惠施의 학문

혜시惠施는 여러 방면에 걸쳐 학문이 뛰어났으며 그의 저서는 다섯의 수레에 실어야 할 정도였다. 그의 도는 복잡하고 그의 이론은 사물의 이치로 보아서는 들어맞지 않았다. 그는 만물을 분석하여 이렇게 말하였다.

"지극히 커서 그 밖이 없는 경지를 '대일大一'이라 하고, 지극히 작아 그 안이 없는 경우를 '소일小一'이라 한다. 두께가 없어 쌓을 수 없는 것일지라도 그 크기는 천리가 되지만 천지의 높낮이도 똑같이 낮은 것이요, 산과 못도 높낮이가 없이 평평한 것이다. 또 해도 하늘의 한 가운데 있는 듯 보이나 서쪽이나 동쪽으로 기울어 있는 것이다. 사물이 생겨난다는 것도 오히려 죽는 것이다. 크게 보면 모두 같지만 작은 각도에서 보면 모두가 다르며 이를 일러 '소동이小同異'라 하고, 만물은 모두가 같으면서 동시에 모두가 다르니 이를 일러 '대동이大同異'라 한다. 남쪽은 끝이 없지만 그래도 그 끝이 있을 것이니 오늘 월越나라로 출발하여도 어젯밤에 도착하였다고 할 수 있다. 동그랗게 이어진 고리는 풀 수가 있다. 나는 천하의 중앙을 알고 있다. 그러나 그곳은 연燕나라의 북쪽이면서 동시에 월越나라의 남쪽이다. 두루 만물을 사랑하면 하늘과 땅도 일체가 된다."

惠施多方, 其書五車, 其道舛駁, 其言也不中.

厤物之意, 曰:「至大无外, 謂之大一; 至小无內, 謂之小一. 无厚, 不可積也, 其大千里. 天與地卑, 山與澤平. 日方中方睨, 物方生方死.

大同而與小同異, 此之謂小同異; 萬物畢同畢異, 此之謂大同異. 南方
无窮而有窮, 今日適越而昔來. 連環可解也. 我知天下之中央, 燕之北
越之南是也. 氾愛萬物, 天地一體也.」

【惠施多方】惠施의 학술이 다방면에 걸쳐 廣博함을 말함.

【厤】'歷'과 같음.

【今日適越而昔來】오늘 월 땅에 갔는데 어제 도착하였다고 함. 시간의 선후를
뒤집을 수 있음에 대한 논리.

【連環】처음과 끝이 없는 고리. 한쪽으로 가면 다시 되돌아오며 시작도 끝도
없음을 말함.

참고 및 관련 자료

1. 《幼學瓊林》 992

多才之士, 才儲八斗; 博學之儒, 學富五車.

248
(33-8)

혜시, 환단桓團, 공손룡公孫龍

혜시는 이를 천하의 큰 도라 여겨 천하에 과시하며 변사들을 깨우쳐 주었고 천하의 변사들도 역시 모두 이 학설을 좋아하였다.

즉, 달걀에도 털이 있다. 닭에게는 세 개의 다리가 있다. 초楚나라 서울 영郢 땅 안에도 천하가 있다. 개를 양이라고 할 수도 있다. 말도 알을 낳는다. 두꺼비도 꼬리가 있다. 불은 뜨겁지 않다. 산에는 입이 있다. 수레바퀴는 땅을 구르지 않는다. 눈은 사물을 보지 못한다. 손가락으로 가리키는 것은 그곳에 닿는 것이 아니며 닿는다 해도 절대적으로 끝까지 가는 것은 아니다. 거북은 뱀보다 길다. 곡척矩으로는 네모를 그릴 수 없으며 원척規으로는 원을 그리지 못한다. 구멍에 넣는 쐐기는 구멍이 둘러싸지 못한다. 나는 새의 그림자는 움직이지 않는다. 빨리 날아가는 화살은 가지도 않고 멈추지도 않는 순간이 있다. 구狗와 견犬은 다르다. 누런 말과 검은 소는 셋이다. 흰 개는 검다. 외로운 망아지에는 어미가 있었던 적이 없다. 한 자 길이의 회초리를 매일 그 반을 부러뜨려도 만세토록 없어지지 않는다는 등의 논리였다.

변사들은 이런 주장으로 혜시와 응답하며 평생토록 끝간데를 몰랐다.

환단桓團이나 공손룡公孫龍이 바로 이들 변사의 무리이다. 그들은 사람의 마음을 수식하여 사람들의 의도를 바꾸기도 하였다. 그러나 그들은 말로 남을 이길 수는 있었으나 남의 마음까지 복종시키지는 못하였으니 이는 결국 변사들의 한계였다. 그러나 혜시는 날마다 그의 지혜로 사람들과 변론을 하며 특히 천하의 변사들과 함께 괴이한 논리를 폈으니 이것이 혜시 학설의 대강이다.

그러나 혜시는 자신의 구변을 두고 스스로 가장 똑똑한 것이라 생각하였다. 그리하여 자신의 변론을 천지의 장대함과 같다라고 하였으니 혜시는 남에게 자신을 드러내려고만 하였지 아무런 도술은 없었다.

남방에 기인이 있어 이름을 황료黃繚라 하였다. 그가 혜시에게 하늘이 추락하지 않고 땅이 함몰하지 않으며, 비바람과 천둥이 일어나는 이유를 물었다. 그러자 혜시는 조금도 사양치 않고 그에 응답하면서 깊이 생각해 보지도 않은 채 대답하였다. 두루 만물에 대하여 논리를 폈으며 쉬지 않고 논하여 한없이 많은 말을 하였는데도 아직도 모자란다고 여겨 더욱 더 괴이한 말을 덧붙이며 모든 사람들의 생각에 어긋나는 것을 실질로 삼고 남에게 이기고자 하는 것을 명분으로 삼았다. 이 때문에 그는 여러 사람들과 화합하지 못하였던 것이다. 스스로의 덕을 닦는 일에는 약하면서 사물에 대한 집착은 강하여 그의 도는 구석진 채 비뚤어져 있었다. 천지의 대도로부터 혜시의 재능을 본다면 한 마리의 모기나 등에가 노고로움을 다하고 있는 것과 같다. 그의 주장은 만사 그 어디에 쓸모가 있었겠는가! 그의 주장이 도술의 한 부분에라도 충당이 된다면 그나마 더욱 도를 귀히 여겼다고 할 만 하리라! 혜시는 스스로 도에 안락할 줄 몰랐고 만물에 대한 관심을 분산시키면서도 싫증을 내지 않았으며 끝내 변론에 능하다는 것으로 이름을 날렸던 것이다. 안타깝도다! 혜시는 재능을 가지고도 방탕하게 행동하여 참된 도를 터득하지 못하였고, 만물을 좇으면서 도의 근본으로 돌아올 줄 몰랐다. 이는 메아리를 막겠다고 소리를 지르고, 형체와 그림자를 경주시키려 한 것이었으니 안타깝도다!

惠施以此爲大, 觀於天下而曉辯者, 天下之辯者相與樂之. 卵有毛; 鷄三足; 郢有天下; 犬可以爲羊; 馬有卵; 丁子有尾; 火不熱; 山出口; 輪不蹍地; 目不見; 指不至, 至不絶; 龜長於蛇; 矩不方, 規不可以 爲圓; 鑿不圍枘; 飛鳥之景未嘗動也; 鏃矢之疾而有不行不止之時;

狗非犬; 黃馬驪牛三; 白狗黑; 孤駒未嘗有母; 一尺之捶, 日取其半, 萬世不竭. 辯者以此與惠施相應, 終身无窮.

桓團公孫龍辯者之徒, 飾人之心, 易人之意, 能勝人之口, 不能服人之心, 辯者之囿也. 惠施日以其知與人之辯, 特與天下之辯者爲怪, 此其柢也.

然惠施之口談, 自以爲最賢, 曰天地其壯乎! 施存雄而无術.

南方有倚人焉曰黃繚, 問天地所以不墜不陷, 風雨雷霆之故. 惠施不辭而應, 不慮而對, 徧爲萬物說, 說而不休, 多而无已, 猶以爲寡, 益之以怪. 以反人爲實, 而欲以勝人爲名, 是以與衆不適也. 弱於德, 強於物, 其塗隩矣. 由天地之道觀惠施之能, 其猶一蚊一虻之勞者也. 其於物也何庸! 夫充一尚可, 曰愈貴道, 幾矣! 惠施不能以此自寧, 散於萬物而不厭, 卒以善辯爲名. 惜乎! 惠施之才, 駘蕩而不得, 逐萬物而不反, 是窮響以聲, 形與影競走也. 悲夫!

【卵有毛】알은 그 속에 나중에 털이 될 성분을 함유하고 있음.
【鷄足三】닭의 발은 두 개이며 이는 실질. 그러나 닭의 발이 둘이라는 개념까지 합하면 실제 닭발은 세 개라는 뜻.
【郢】초나라의 도읍. 지금의 湖北 江陵.
【丁子有尾】정자는 초나라 말로 두꺼비(蝦蟆)를 가리킴. 실제 두꺼비는 꼬리가 없지만 올챙이 때에 꼬리가 있었으므로 시간을 겹쳐 거꾸로 생각한다면 꼬리가 있는 것이 된다는 논리.
【輪不蹍地】바퀴가 땅에 닿는 것이 아니라 땅이 바퀴에 닿아 밀어내고 있다는 논리.
【目不見】눈이라는 물체가 사물을 보는 것이 아니며 사람의 정신세계가 이에 작용하여 보는 것임.
【指不至】손가락으로 사물을 가리킬 때 손가락이 그 사물에 닿는 것이 아님.

【狗非犬】강아지가 태어나 아직 털이 자라기 전을 狗라 함. 따라서 狗는 犬의 포함관계의 언어로 두 가지가 완전 같은 것은 아니라는 논리.

【此其柢也】'柢'(저)는 대략(概)과 같은 의미임.

【桓團】전국시대 趙나라 사람으로 公孫龍과 함께 조나라 平原君(趙勝)을 섬겨 그의 문객이 되었음.《列子》에는 '韓檀'으로 표기되어 있음.

【倚人】'倚'는 '畸'자와 같으며 奇人을 뜻함.

【黃繚】사람 이름. 당시의 변사.

【駘蕩】넓고 放蕩하며 浩瀚하게 흐드러진 모습을 나타내는 雙聲連綿語.

참고 및 관련 자료

1.《列子》仲尼篇

中山公子牟者, 魏國之賢公子也. 好與賢人游, 不恤國事; 而悅趙人公孫龍. 樂正子輿之徒笑之. 公子牟曰:「子何笑牟之悅公孫龍也?」子輿曰:「公孫龍之爲人也, 行無師, 學無友, 佞給而不中, 漫衍而無家, 好怪而妄言. 欲惑人之心, 屈人之口, 與韓檀等肄之.」公子牟變容曰:「何子狀公孫龍之過歟? 請聞其實.」子輿曰:「吾笑龍之詒孔穿, 言『善射者能令後鏃中前括, 發發相及, 矢矢相屬; 前矢造準而無絶落, 後矢之括猶銜弦, 視之若一焉.』孔穿駭之. 龍曰:『此未其妙者. 逢蒙之弟子曰鴻超, 怒其妻而怖之. 引烏號之弓, 綦衛之箭, 射其目. 矢來注眸子而眶不睫, 矢隊地而塵不揚.』是豈智者之言與?」公子牟曰:「智者之言固非愚者之所曉. 後鏃中前括, 鈞後於前. 矢注眸子而眶不睫, 盡矢之勢也. 子何疑焉?」樂正子輿曰:「子, 龍之徒, 焉得不飾其闕? 吾又言其尤者. 龍誑魏王曰:『有意不心. 有指不至. 有物不盡. 有影不移. 髮引千鈞. 白馬非馬. 孤犢未嘗有母.』其負類反倫, 不可勝言也.」公子牟曰:「子不諭至言而以爲尤也, 尤其在子矣. 夫無意則心同. 無指則皆至. 盡物者常有. 影不移者, 說在改也. 髮引千鈞, 勢至等也. 白馬非馬, 形名離也. 孤犢未嘗有母, 非孤犢也.」樂正子輿曰:「子以公孫龍之鳴皆條也. 設令發於餘竅, 子亦將承之.」公子牟黙然良久, 告退, 曰:「請待餘日, 更謁子論.」

2.《荀子》不苟篇

君子行不貴苟難, 說不貴苟察, 名不貴苟傳, 唯其當之爲貴. 負石而赴河, 是行之難爲者也, 而申徒狄能之, 然而君子不貴者, 非禮義之中也. 山淵平, 天地比, 齊秦襲,入乎耳, 出乎口, 鉤有須, 卵有毛, 是說之難持者也, 而惠施·鄧析能之, 然而君子不貴者, 非禮義之中也. 盜跖吟口, 名聲若日月, 與舜禹俱傳而不息, 然而君子不貴者, 非禮義之中也. 故曰:「君子行不貴苟難, 說不貴苟察, 名不貴苟傳, 唯其當之爲貴.」詩曰: 『物其有矣, 唯其時矣.』此之謂也.

3. 《韓詩外傳》卷三

君子行不貴苟難, 說不貴苟察, 名不貴苟傳, 惟其當之爲貴. 夫負石而赴河, 行之難爲者也, 而申徒狄能之, 君子不貴者, 非禮義之中也. 山淵平, 天地比, 齊秦襲, 入乎耳, 出乎口, 鉤有鬚, 卵有毛, 此說之難持者也, 而鄧析惠施能之, 君子不貴者, 非禮義之中也. 盜跖吟口, 名聲若日月, 與舜禹俱傳而不息, 君子不貴者, 非禮義之中也. 故君子行不貴苟難, 說不貴苟察, 名不貴苟傳, 維其當之爲貴. 詩曰: 『不競不絿, 不剛不柔.』言當之爲貴也.

부 록

《莊子》관련 序文 및 서록

부 록

《莊子》 관련 序文 및 서록

1. 〈莊子序〉 ······················· 晉, 郭象

夫莊子者, 可謂知本矣, 故未始藏其狂言, 言雖無會而獨應者也. 夫應而非會, 則雖
當無用; 言非物事, 則雖高不行; 與夫寂然不動, 不得已而後起者, 固有間矣,
斯可謂知無心者也. 夫心無爲, 則隨感而應, 應隨其時, 言唯謹爾. 故與化爲體,
流萬代而冥物, 豈曾設對獨遘而游談乎方外哉! 此其所以不經而爲百家之冠也.
　　然莊生雖未體之, 言則至矣. 通天地之統, 序萬物之性, 達死生之變, 而明內
聖外王之道, 上知造物無物, 下知有物之自造也. 其言宏綽, 其旨玄妙. 至至
之道, 融微旨雅; 泰然遺放, 放而不敖. 故曰不知義之所適, 猖狂妄行而蹈其
大方; 含哺而熙乎澹泊, 鼓腹而游乎混芒. 至仁(人)極乎無親, 孝慈終於兼忘,
禮樂復乎已能, 忠信發乎天光. 用其光則其朴自成, 是以神器獨化於玄冥之境
而源流深長也.
　　故其長波之所蕩, 高風之所扇, 暢乎物宜, 適乎民願. 弘其鄙, 解其懸, 灑落之
功未加, 而矜夸所以散. 故觀其書, 超然自以爲已當, 經崑崙, 涉太虛, 而游惚恍
之庭矣. 雖復貪婪之人, 進躁之士, 暫而攬其餘芳, 味其溢流, 彷佛其音影, 猶足曠然
有忘形自得之懷, 況探其遠情而玩永年者乎! 遂綿邈淸遐, 去離塵埃而返冥極
者也.

【郭象】 자는 子玄. 晉나라 때 유명한 玄學家. 《莊子》의 向秀 주가 사라지고
게다가 〈秋水〉와 〈至樂〉편이 없음을 알고 자신의 주를 넣어 〈郭氏注〉를 냄.
뒤에 〈向秀本〉이 발견되어 《장자》의 주가 二本이 전함. 司徒掾을 거쳐 黃門侍郎을
지냈으며 東海王(司馬越)에게 발탁되어 太傅主簿를 역임함. 《晉書》(50)에 전이
있음.

2. 〈莊子序〉 ·················· 唐, 成玄英(西華法師)

夫莊子者, 所以申道德之深根, 述重玄之妙旨, 暢无爲之恬淡, 明獨化之窅冥, 鉗揵九流, 括囊百氏, 諒區中之至敎, 實象外之微言者也.

其人姓莊, 名周, 字子休, 生宋國睢陽蒙縣, 師長桑公子, 受號南華仙人. 當戰國之初, 降襄(衰)周之末, 歎蒼生之業薄, 傷道德之陵夷, 乃慷慨發憤, 爰著斯論. 其言大而博, 其旨深而遠, 非下士之所聞, 豈淺識之能究!

所言子者, 是有德之嘉號, 古人稱師曰子. 亦言子是書名, 非但三篇之總名, 亦是百家之通題. 所言內篇者, 內以待外立名, 篇以編簡爲義. 古者殺靑爲簡, 以韋爲編; 編簡成篇, 猶今連紙成卷也. 故元愷云:「大事書之於策, 小事簡牘而已.」內則談於理本, 外則於其事迹. 事雖彰著, 非理不通; 理旣幽微, 非事莫顯; 欲先明妙理, 故前標內篇. 內篇理深, 故每於文外別立篇目, 郭象仍於題下卽註解之, 逍遙·齊物之類是也.

自外篇以去, 則取篇首二字爲其題目, 駢拇·馬蹄之類是也.

所言逍遙遊者, 古今解釋不同. 今汎擧紘綱, 略爲三釋. 所言三者:

第一, 顧桐柏云:「逍者, 銷也; 遙者, 遠也. 銷盡有爲累, 遠見無爲理. 以斯而遊, 故曰逍遙.」

第二, 支道林云:「物物而不物於物, 故逍然不我待; 玄感不疾而速, 故遙然靡所不爲. 以斯而遊天下, 故曰逍遙遊.」

第三, 穆夜云:「逍遙者, 蓋是放狂自得之名也. 至德內充, 无時不適; 忘懷應物, 何往不通! 以斯而遊天下, 故曰逍遙遊.」

內篇明於理本, 外篇於其事迹, 雜篇雜明於理事. 內篇雖明理本, 不无事迹; 外篇雖明事迹, 甚有妙理; 但立敎分篇, 據多論耳.

所以逍遙建初者, 言達道之士, 智德明敏, 所造皆適, 遇物逍遙, 故以逍遙命物. 夫無待聖人, 照機若鏡, 旣明權實之二智, 故能大齊於萬境, 故以齊物次之. 旣指馬(蹄)天地, 混同庶物, 心靈凝澹, 可以攝衛養生, 故以養生主次之. 旣善惡兩忘, 境智俱妙, 隨變任化, 可以處涉人間, 故以人間世次之. 內德圓滿, 故能支離其德, 外以接物, 旣而隨物昇降, 內外冥契, 故以德充符次之. 止水流鑑, 接物无心, 忘德忘形, 契外會內之極, 可以匠成庶品, 故以大宗師次之. 古之眞聖, 知天知人, 與造化同功, 卽寂卽應, 旣而驅馭群品, 故以應帝王次之. 駢拇以下, 皆以篇首二字爲題, 旣無別義, 今不復次篇也.

而自古高士, 晉漢逸人, 皆莫不耽翫, 爲之義訓; 雖注述無可間然, 並有美辭, 咸能索隱. 玄英不揆庸昧, 少而習焉, 研精覃思三十矣. 依子玄所注三十篇, 輒爲疏解, 總三十卷. 雖復詞情疏拙, 亦頗有心跡指歸; 不敢貽厥後人, 聊自記其遺忘耳.

3. 〈莊子集釋序〉 ·················· 清, 王先謙

郭君子子瀞爲莊子集釋成, 以授先謙讀之, 而其年適有東夷之亂, 作而歎曰: 莊子其有不得已於中乎! 夫其遭世否塞, 拯之末由, 神彷徨乎馮閎, 驗小大之無垠, 究天地之終始, 懼然而爲是言也.

騶衍曰:「儒者所謂中國, 於天下之八十一分居其一分耳, 赤縣神州外自有九州, 裨海環之, 大瀛海環其外.」惠施曰:「我知天下之中央, 燕之北, 越之南是也.」而莊子稱之, 亦言儵與忽鑿混沌死, 其說若豫睹將來而推厥終極, 亦異人矣哉!

子貢爲挈水之槔, 而漢陰丈人笑之. 今之機械機事, 倍於槔者相萬也. 使莊子見之, 奈何? 蠻觸氏爭地於蝸角, 伏尸數萬, 逐北旬日. 今之蠻觸氏不知其幾也, 而莊子奈何?

是故以黃帝爲君以有蚩尤, 以堯爲君而有叢枝‧宗‧膾‧胥敖. 黃帝‧堯非好事也, 然而欲虛其國, 刑其人, 其不能以虛靜治, 決矣. 彼莊子者, 求其術而不得, 將遂獨立於寥闊之野, 以幸全其身而樂其生, 烏足及天下!

且其書嘗暴著於後矣. 晉演爲玄學, 無解於胡羯之氛; 唐尊爲眞經, 無救於安史之禍. 徒以藥世主淫侈, 澹末俗利欲, 庶有一二之助焉.

而其文又絶奇, 郭君愛翫之不已, 因有集釋之作, 附之以文, 益之以博. 使莊子見之, 得毋曰「此猶吾之糟粕」乎? 雖然, 無迹奚以測履, 無糟粕奚以觀於古美矣! 郭君於是書爲副墨之子, 將群天下爲洛誦之孫已夫!

光緒二十年歲次甲午冬十二月, 長沙愚弟王先謙謹撰.

4. 〈經典釋文序錄〉 ·················· 唐, 陸德明

莊子者, 姓莊, 名周, (太史公云: 字子休.) 梁國蒙縣人也. 六國時, 爲漆園吏,

與魏惠王·齊宣王·楚威王同時,（李頤云: 與齊愍王同時.）齊楚嘗聘以爲相, 不應. 時人皆尙遊說, 莊生獨高尙其事, 優遊自得, 依老氏之旨, 著書十餘萬言, 以逍遙自然無爲齊物而已; 大抵皆寓言, 歸之於理, 不可案文責也.

然莊生弘才命世, 辭趣華深, 正言若反, 故莫能暢其弘致; 後人增足, 漸失其眞. 故郭子玄云:「一曲之才, 妄竄奇說, 若閼弈·意脩之首, 危言·游鳧·子胥之篇, 凡諸巧雜, 十分有三.」漢書藝文志「莊子五十二篇」, 卽司馬彪·孟氏所注是也. 言多詭誕, 或似山海經, 或類占夢書, 故注者以意去取. 其內篇衆家並同, 自餘或有外而無雜. 惟子玄所注, 特會莊生之旨, 故爲世所貴. 徐仙民·李弘範作音, 皆依郭本. 今以郭爲主.

❀ 崔譔注十卷, 二十七篇.（淸河人, 晉議郎. 內篇七, 外篇二十.）

❀ 向秀注二十卷, 二十六篇.（一作二十七篇, 一作二十八篇, 亦無雜篇. 爲音三卷.）

❀ 司馬彪注二十一卷, 五十二篇.（子紹統, 河內人, 晉秘書監. 內篇七, 外篇二十八, 雜篇十四, 解說三, 爲音三卷.）

❀ 郭象注三十三卷, 三十三篇.（字子玄, 河內人, 晉太傅主簿. 內篇七, 外篇十五, 雜篇十一, 爲音三卷.）

❀ 李頤集解三十卷, 三十篇.（字景眞, 潁川襄城人, 晉丞相參軍, 自號玄道子. 一作三十五篇, 爲音一卷.）

❀ 孟氏注十八卷, 五十二篇.（不詳何人.）

❀ 王叔之義疏三卷（字穆□, 琅邪人, 宋處士. 亦作注.）

❀ 李軌音一卷.

❀ 徐邈音三卷.

5. 〈莊子列傳〉 ·················· 漢, 司馬遷《史記》老莊申韓列傳

莊子者, 蒙人也, 名周. 周嘗爲蒙漆園吏, 與梁惠王·齊宣王同時, 其學無所不闚, 然其要本歸於老子之言. 故其著書十餘萬言, 大抵率寓言也. 作《漁父》·《盜跖》·《胠篋》, 以詆訿孔子之徒, 以明老子之術.《畏累虛》·《亢桑子》之屬, 皆空語無事實. 然善屬書離辭, 指事類情, 用剽剝儒·墨, 雖當世宿學不能自解免也. 其言洸洋自恣以適己, 故自王公大人不能器之.

楚威王聞莊周賢, 使使厚幣迎之, 許以爲相. 莊周笑謂楚使者曰:「千金, 重利; 卿相, 尊位也. 子獨不見郊祭之犧牛乎? 養食之數歲, 衣以文繡, 以入大廟.

當是之時, 雖欲爲孤豚, 豈可得乎? 子亟去, 無汚我. 我寧游戲汚瀆之中自快, 無爲有國者所羈, 終身不仕, 以快吾志焉.」

　장자莊子는 몽蒙 땅 사람으로, 이름은 주周이다. 일찍이 몽 지방의 칠원漆園이라는 곳에서 관리가 되었었다. 양혜왕梁惠王·제선왕齊宣王과 같은 시대 사람으로 매우 박학하여 들여다보지 않은 학문이 없을 정도였으며 그의 주된 학문의 근본은 노자에 기초를 두고 있었다.

　저서는 10여만 자에 달하는 것이었으며 대체로 노자의 학문에 설명을 더한 우화이다. 〈어부漁父〉, 〈도척盜跖〉, 〈거협胠篋〉을 지어서 공자의 무리를 비판하면서 노자의 학술을 밝혔다. 외루허畏累虛·항상자亢桑子 등의 무리는 모두가 가공의 이야기로서 사실이 아닌 것들이다. 그러나 장자의 문장은 매우 훌륭하여, 세상 일과 인정을 살피고 이로써 유가儒家와 묵자墨子의 학설을 공격하여 당시의 석학이라고 하는 그 누구도 장자의 공격으로부터 벗어날 수 없을 정도였다.

　그의 말은 바다와 같아서 끝이 없고, 모든 것을 자신의 주장에 맞추되 걸림이 없이 분방하였다. 그런 까닭에 왕공이나 대인들에게는 우대를 받지 못하였다.

　초나라 위왕威王이 장주莊周가 어질다는 말을 듣고 사신을 보내 예물로써 후히 대우하고 재상으로 맞아들이고자 하였다. 그러자 장주는 웃으면서 초나라 사신에게 이렇게 말하였다.

　"천금이라면 돈으로서는 큰 돈이고 재상이라면 벼슬로서 높은 자리지요. 그러나 그대는 교제郊祭에 제물로 바쳐지는 소를 보지 못하였소? 그 소는 몇 년을 두고 잘 먹고 무늬 옷을 입지만 결국은 태묘에 바쳐지는 제물의 희생이 되고 말지요. 바로 그때를 당해 하찮은 돼지를 부러워한들 그런 돼지의 자유를 얻을 수 있겠소? 그대는 어서 돌아가시오. 나를 욕되게 하지 마시오. 나는 차라리 더럽고 탁한 곳에서 노닐며 내 자유를 누릴지언정 나라를 가진 자에게 얽매이고 싶지는 않소. 종신토록 벼슬을 하지 않고 나의 뜻에 쾌적하게 지내고 싶소."

임동석(苗浦 林東錫)

慶北 榮州 上苗에서 출생. 忠北 丹陽 德尙골에서 성장. 丹陽初中 졸업. 京東高 서울 教大 國際大 建國大 대학원 졸업. 雨田 辛鎬烈 선생에게 漢學 배움. 臺灣 國立臺灣師 範大學 國文研究所(大學院) 博士班 졸업. 中華民國 國家文學博士(1983). 建國大學校 教授. 文科大學長 역임. 成均館大 延世大 高麗大 外國語大 서울대 등 大學院 강의. 韓國中國言語學會 中國語文學研究會 韓國中語中文學會 會長 역임. 저서에《朝鮮譯 學考》(中文)《中國學術概論》《中韓對比語文論》. 편역서에《수레를 밀기 위해 내린 사람들》《栗谷先生詩文選》. 역서에《漢語音韻學講義》《廣開土王碑研究》《東北民族 源流》《龍鳳文化源流》《論語心得》〈漢語雙聲疊韻研究〉등 학술 논문 50여 편.

임동석중국사상100

장자莊子

莊周 撰 / 林東錫 譯註

1판 1쇄 발행/2009년 12월 12일

2쇄 발행/2011년 10월 10일

발행인 고정일

발행처 동서문화사

창업 1956. 12. 12. 등록 16-3799

서울강남구신사동563-10 ☎546-0331~6 (FAX)545-0331

www.epascal.co.kr

잘못 만들어진 책은 바꾸어 드립니다.

*

사업자등록번호 211-87-75330

ISBN 978-89-497-0599-6   04080

ISBN 978-89-497-0542-2   (세트)